SEU FUTURO EU

HAL HERSHFIELD

SEU FUTURO EU

COMO AS DECISÕES DE HOJE MOLDAM A VIDA QUE VOCÊ QUER AMANHÃ

Tradução
Diego Franco Gonçales

Planeta ESTRATÉGIA

Título original: *Your future self*

Preparação: Ana Maria Fiorini
Revisão: Ligia Alves e Queni Winters
Projeto gráfico e diagramação: Gisele Baptista de Oliveira
Capa e ilustração de capa: Gabriela Pires

DADOS INTERNACIONAIS DE CATALOGAÇÃO NA PUBLICAÇÃO (CIP)
ANGÉLICA ILACQUA CRB-8/7057

Hershfield, Hal
Seu futuro eu / Hal Hershfield ; tradução de Diego Franco Gonçales. - São Paulo : Planeta do Brasil, 2025.
304 p.

ISBN: 978-85-422-3747-4
Título original: Your future self

1. Desenvolvimento pessoal 2. Hábitos 3. Finanças I. Título II. Gonçales, Diego Franco

25-2998 CDD 158.1

Índice para catálogo sistemático:
1. Desenvolvimento pessoal

MISTO
Papel | Apoiando o manejo florestal responsável
FSC® C112738
FSC www.fsc.org

Ao escolher este livro, você está apoiando o manejo responsável das florestas do mundo

2025
Todos os direitos desta edição reservados à
Editora Planeta do Brasil Ltda.
Rua Bela Cintra, 986, 4º andar – Consolação
São Paulo – SP – 01415-002
www.planetadelivros.com.br
faleconosco@editoraplaneta.com.br

Para Jennifer, Hayes e Smith,
que me ajudam a celebrar
tanto o presente quanto o futuro.

Introdução

Caminhando por uma floresta muito densa, de repente você encontra um portão de ferro forjado. Lê-se em uma placa de aparência rústica: “Caminho para o futuro”. Do outro lado, há uma estrada de cascalho que serpenteia entre as árvores. Curioso, você decide ir em frente.

Você abre o portão e segue pelo caminho, e percebe imediatamente que o ar está mais frio do que meros segundos atrás. Em pouco tempo, você está de volta ao seu bairro, mas vinte anos no futuro. Chegando à sua casa, você vê alguém saindo pela porta da frente e se vê... olhando para si mesmo. Ou para uma versão sua, vinte anos mais velha, com todas as marcas do tempo para comprovar isso. Há alguns quilos a mais na sua cintura, mais rugas no seu rosto e uma cadência mais suave no seu caminhar.

Ao se aproximar do seu futuro eu, uma enxurrada de possíveis assuntos o invade. É como encontrar um velho amigo que você não vê há anos: é difícil decidir sobre o que perguntar primeiro.

Claro, você está interessado no seu cônjuge e nos seus filhos, além de como o mundo ao seu redor mudou, para não falar de vinte anos de fofocas acumuladas. Provavelmente, perguntas sobre sua saúde e dinheiro, satisfação com a carreira e felicidade pessoal estão no topo da lista. O que você descobriu sobre sua vida e sobre como a viveu que o deixou orgulhoso? Onde encontrou sentido e alegria? Quais são seus arrependimentos? E decepções? Que legado você imagina deixar quando tudo tiver acabado?

Mas espere: antes de começar o interrogatório com seu futuro eu, vale a pena tirar um momento para considerar quanto você quer mesmo saber sobre os próximos vinte anos da sua vida. Existe algum aspecto do seu futuro que você prefere manter em segredo? E o mais importante: de que modo a conversa com seu futuro eu mudará a maneira como você pensa e vive a sua vida hoje, depois de regressar por aquele portão?

A cena que acabei de descrever é baseada em "O mercador e o portal do alquimista", conto de Ted Chiang no qual o narrador – o mercador – visita um alquimista que tem, como o título sugere, um portal mágico que permite encontros entre eus do passado, presente e futuro.[1] Embora seja uma história de ficção científica, eu a indico para meus alunos de marketing e tomada de decisão comportamental da Universidade da Califórnia em Los Angeles (UCLA). Também digo aos meus amigos e familiares, de maneira muito enfática, que eles definitivamente precisam ler esse conto.

Isso porque ele ilumina de forma brilhante a noção de viagem no tempo, algo em que as pessoas são surpreendentemente boas. Não da maneira como fazem os personagens de inúmeras histórias de ficção científica, é claro, mas em nossa própria mente.

Porque aí está o pulo do gato: você já atravessou o portão mágico.

Quando a pesquisa em neuroimagem ainda estava em seus primórdios, os pesquisadores geralmente se ocupavam com o estudo de questões básicas, embora críticas. Uma delas era: o que acontece em nosso cérebro quando estamos apenas descansando, sem pensar em nada em particular? Pedia-se às pessoas que ficassem imóveis em um scanner e repousassem a mente. Os pesquisadores responsáveis por esses primeiros trabalhos esperavam que a atividade cerebral se parecesse com uma tela vazia, semelhante à que veríamos se tivéssemos acabado de desligar a TV. No entanto, o que eles descobriram foi o que hoje é conhecido como "rede de modo padrão".[2]

A rede de modo padrão é acionada quando pensamos sobre uma apresentação na qual estamos trabalhando... o que nos faz pensar no que essa apresentação significará para nossas perspectivas de carreira... o que nos faz lembrar – ai! – de que esquecemos de enviar a um colega alguns artigos relativos a essa apresentação, como tínhamos prometido... o que nos faz lembrar de outras coisas que precisamos fazer (hoje!). E, de repente, lembramos daquele cartão que precisamos comprar para o aniversário do nosso pai na próxima semana, o que nos faz refletir sobre o tipo de pai que ele foi na nossa infância. Um tempo depois, estamos pensando dez anos à frente, sobre o que podemos ensinar aos nossos filhos quando eles entrarem na adolescência.

Em um intervalo de poucos segundos, nossos pensamentos podem ir e voltar do presente para o futuro próximo ou distante, voltar para o presente, depois para o passado e de novo para o futuro distante, o que é conhecido como *viagem no tempo mental*. É algo tão fácil para nós que muitas vezes não nos damos conta da sua importância; afinal, quando estamos apenas descansando, nossas redes de modo padrão estão ativamente dando suporte às nossas viagens mentais. Mas nossa capacidade para tais viagens no tempo pode ser, como Steven Johnson escreveu no *The New York Times*, "a característica que define a inteligência humana".[3] O psicólogo Martin Seligman e seu coautor John Tierney vão além. Segundo eles afirmam, o que diferencia nossa espécie é a "capacidade de contemplar o futuro... prosperamos quando consideramos nossas perspectivas".[4]

Às vezes, nos envolvemos intencionalmente com esse tipo de viagem no tempo. Veja, por exemplo, o caso de Shawdi Rahbar. Em 6 de maio de 2020, ela se sentou à mesa para escrever uma carta sobre seus relacionamentos e sua busca pela felicidade. Não se tratava de um registro normal em um diário, nem de uma carta para um amigo próximo. Era uma carta que ela enviaria a si mesma e que só seria entregue um ano depois. Rahbar foi uma das mais de 18 mil pessoas que escreveram cartas para si mesmas somente naquele dia (e uma das mais de 10 milhões de pessoas, no total), no FutureMe, uma plataforma extremamente popular que segue o modelo de cápsula do tempo comumente criada em escolas norte-americanas: um conjunto de cartas, fotos e outros objetos e lembranças armazenado e enterrado em algum tipo de caixa para ser recuperado em cinco ou dez anos.[5]

Há todo um espectro de emoções e tópicos nas cartas do FutureMe. Algumas estão repletas de ansiedade sobre a direção a ser tomada ("Estou com medo. Muito, muito medo. Há tantos caminhos possíveis na vida e não sei qual deles é para mim").[6] Algumas são incentivadoras ("Mas quero que você saiba... estou sempre aqui torcendo por você").[7] E algumas são simplesmente engraçadas ("Querido futuro eu, quer saber a diferença entre nós dois? Você é mais velho").[8]

O que antes significava uma espécie de rito de passagem do ensino médio - escrever cartas para nós mesmos no primeiro ano para nos serem entregues na formatura - ganhou uma nova importância com a pandemia de covid-19. Suspeito que muitas pessoas ficaram muito mais curiosas sobre o que o futuro nos reservava.

E, talvez mais do que nunca, as pessoas quisessem aproveitar aquela breve pausa em suas vidas para mudar os caminhos do seu futuro eu.

Matt Sly, fundador do FutureMe, me contou recentemente que criou o site porque, quando estava no ensino fundamental, escreveu uma carta para seu eu de vinte anos, mas ficou desapontado quando se deu conta de que, ao completar essa idade, a carta não chegou. Será que seu antigo professor não se esqueceu de enviá-la? Como seria, ele se perguntou, ser capaz de se comunicar com seus eus presentes e futuros? O site apela para essa curiosidade que todos nós temos. Embora Sly o tenha realizado como um projeto paralelo, sem verba de marketing, o tráfego no FutureMe explodiu de cerca de 4 mil cartas por dia em 2019 para até 25 mil por dia um ano depois, quando as pessoas tentavam ganhar perspectiva sobre suas vidas e se conectar com quem seriam no futuro. Mais de 5 milhões de cartas foram enviadas só em 2020; claramente, saber o que o futuro nos reserva é bastante atrativo (mas escrever cartas, assunto que abordarei no Capítulo 7, é apenas uma das formas de expressar esse desejo).

Minha pesquisa se concentra em entender como essa capacidade de viajar no tempo – ainda que em nossa própria mente – pode nos ajudar a administrar nossas emoções e melhorar nossas decisões sobre as coisas que importam. Coisas como, por exemplo, nossas finanças e nossa saúde. Essas são apenas duas das áreas em que nossos desejos atuais se chocam com nossos desejos de longo prazo. Queremos o carro um pouco mais caro e mais bonito; queremos aquele coquetel extra ou a sobremesa de aparência deliciosa. E, ao mesmo tempo, queremos ser financeiramente estáveis e fisicamente saudáveis.

No entanto, ao fortalecer as conexões entre nossos eus do passado, do presente e do futuro, podemos chegar a uma nova perspectiva sobre o que é importante – e ajudar a criar o futuro que desejamos. Este, na essência, é um dos propósitos principais deste livro.

O fato de a viagem no tempo ocorrer dentro da nossa cabeça não significa que ela não possa mudar a realidade. A maneira como você pensa sobre seu futuro pode ter um enorme impacto sobre seu eu presente *e* futuro.

Certo, mas o que quero dizer com "futuro eu"? Conforme o senso comum, somos só um "eu" ao longo da vida. Afinal de contas, durante esse tempo todo conservamos nosso nome, nossas memórias e a maior parte das nossas preferências. É claro que nossas células se renovam, a moda é constantemente atualizada, as amizades mudam e nosso rosto envelhece, mas "somos quem somos". Minha pesquisa conta uma história diferente: em vez de haver um "eu" central em nosso âmago, somos um agregado de "eus" separados e distintos. Você, na verdade, é um *nós*.

Pense nas diferentes maneiras como vivemos a vida: temos um eu noturno, que fica acordado até tarde assistindo à televisão. Mas também temos um eu matutino, quando passeamos com o cachorro, vamos à academia ou pensamos com ansiedade sobre os eventos do dia. De forma mais ampla, enxergamos com clareza nosso eu atual, em nosso emprego atual, com nossos colegas e amigos atuais. E nos lembramos de um eu diferente de dez anos atrás, quando estávamos na escola ou começando no mercado de trabalho. E podemos facilmente imaginar que seremos de novo um eu diferente daqui a dez ou vinte e cinco anos, com mais experiência, habilidades e maturidade emocional.

Quando se trata de pensar em nossos eus futuros, os detalhes sobre *como* viajamos no tempo podem ter um grande impacto. Se eu quiser estar saudável e em forma daqui a cinco anos para poder continuar brincando muito com meus filhos, posso estar pensando em um futuro eu que seja cerca de cinco anos mais velho do que sou agora. No entanto, há muitos futuros "eus" ao longo do caminho entre o agora e o depois.[9] O que importa, como sugerem alguns psicólogos, é se existem aspectos do meu futuro eu que são relevantes para o que estou fazendo hoje. Talvez, por exemplo, eu tenha decidido que parte do processo de ficar mais saudável é acordar cedo amanhã e sair para correr. Meu "eu" matinal não é tão estranho a mim quanto meu "eu" de daqui a cinco anos, mas talvez eu ainda tenha dificuldade de entrar em contato com os sentimentos do "eu" de amanhã de manhã (e ele pode não estar tão em contato com os meus, considerando que eu programei o despertador para as 5h30 da manhã!). Para poder acordar e sair para correr, preciso me conectar com o que o meu eu de amanhã de manhã estará sentindo – será que ele estará cansado e sonolento e vai querer ficar na cama? Em outras palavras, como posso ajudar meu eu de amanhã a se manter motivado? Ajudaria, por exemplo, se eu programasse a cafeteira para ligar às 5h25?

A lição mais geral é que aprender a viajar no tempo de forma eficaz pode melhorar a maneira como pensamos e tratamos esses diferentes eus do futuro e, assim, nos ajudar a criar um futuro melhor.

Os profissionais de marketing de instituições de caridade nos ensinaram que, quanto mais vividamente exibirem as pessoas, maior é a probabilidade de doarmos dinheiro. Será que podemos fazer com que as pessoas pensem de forma igualmente vívida sobre *elas mesmas* no futuro?

Uma solução: em minha pesquisa, *mostrei* às pessoas imagens de seus futuros eus. Tiramos fotos dos participantes com uma expressão neutra e as tratamos digitalmente para criar avatares envelhecidos. Mimetizando todas as coisas divertidas que acontecem à medida que envelhecemos, deixamos seus cabelos mais grisalhos, suas orelhas mais caídas e suas olheiras... mais pesadas.

E tornamos a experiência imersiva. Usando projeções de realidade virtual, os participantes encontravam a *si próprios* em um espelho virtual. Para metade do grupo mostramos seu eu atual; para a outra metade, seu eu do futuro. Depois disso, pedimos que preenchessem uma pesquisa. Aqueles que se confrontaram com seus eus futuros acabaram depositando mais dinheiro em uma conta poupança hipotética do que aqueles que não o fizeram.[10] Desde então, testei esse tipo de intervenção em milhares de pessoas, registrando as decisões que tomaram com seu suado dinheirinho.[11]

Esse é apenas um exemplo possível, mas há uma lição maior a ser extraída: para tomar decisões melhores hoje, que criem amanhãs mais felizes, precisamos encontrar maneiras de diminuir a distância entre nossos eus atual e futuro. Precisamos facilitar a viagem no tempo para nos ajudar a atravessar esse portal mágico. Esse é o objetivo deste livro.

Em vez de inventar uma máquina do tempo, meu plano é oferecer uma compreensão melhor de como pensamos sobre nós mesmos ao longo da vida. A primeira parte do livro apresenta a filosofia e os dados por trás desse percurso. Ao viajar para futuros distantes – pelo menos mentalmente –, espero convencer você de que nossos futuros eus podem representar versões diferentes das pessoas que somos hoje. Buscamos a permanência, de modo que a ideia de que podemos ter várias versões de nós mesmos espalhadas ao longo do tempo talvez seja desanimadora. No entanto, continuo achando que a ideia de que nossos futuros eus são pessoas completamente diferentes deveria nos reconfortar. Se pudermos tratar esses eus distantes como se fossem pessoas próximas – com as quais nos preocupamos, a quem amamos e queremos apoiar –, então poderemos começar a fazer escolhas para elas que melhorem consideravelmente nossa vida agora e no futuro.

Mas também podemos usar essa mesma ideia – a noção de que nossos futuros "eus" são "outras pessoas" – para entender melhor por que tantas vezes não alcançamos nossas metas. Esse é o foco da segunda parte do livro. Nela, destaco três "erros" comuns que cometemos em viagens no tempo. "Perdemos nosso voo", isto é, ficamos excessivamente ancorados nas preocupações do presente e deixamos de considerar o futuro. Fazemos um "mau planejamento de viagem", ou seja, pensamos no futuro de maneira superficial, sem considerar profundamente como ele será. E, por fim, "levamos as roupas erradas", confiamos demais nos sentimentos e nas circunstâncias do nosso eu atual e os projetamos em um futuro eu que talvez não se sinta dessa mesma forma.

É claro, uma coisa é entender nossos erros, e outra é fazer algo a respeito deles. Portanto, a última parte do livro trata de soluções, que visam facilitar a viagem de agora para o futuro. Nela, eu me concentro em maneiras de aproximar nossos eus futuros dos nossos eus presentes, bem como em métodos que nos ajudam a "manter o curso". No entanto, como criar um amanhã melhor não deve se resumir à dor, também destaco técnicas que facilitam o enfrentamento dos sacrifícios do presente. Ao mesmo tempo, pode ser igualmente importante celebrar de vez em quando o presente a serviço de melhores hojes e amanhãs.

No conto de ficção científica de Chiang, o mercador fica desapontado ao saber que viajar pelo portal não permitirá que ele altere o futuro. No entanto, o alquimista observa que, ao viajar no tempo, ele pode ao menos *conhecer* o futuro.

Na verdade, podemos ir além do mero conhecimento. Porque, ao refletir sobre nossos possíveis futuros eus, podemos fazer planos para eles. Moldá-los. Mudá-los.

Seu destino não é fixo. Muito pelo contrário.

PARTE UM

O percurso à frente

Quem somos nós conforme nos movemos no tempo?

CAPÍTULO 1

Somos os “mesmos” ao longo do tempo?

Pedro Rodrigues Filho nasceu com parte do crânio afundada. O ferimento foi causado por um pai violento, que espancara sua mãe durante a gravidez. No espectro natureza *versus* criação, Pedro parecia receber suas tendências violentas de ambos os lados da equação. E foram esses atos de violência que acabaram desempenhando um papel de destaque na vida de Pedro, já que ele acabou se tornando um dos assassinos em série mais prolíficos do século 20.

Por que eu começo um livro - supostamente sobre o aumento do bem-estar de longo prazo - com a história de um homem que se transformou em um Dexter da vida real? Aqui está a resposta: como você verá, a pessoa que Pedro é agora é muito diferente daquela que ele já foi. E o arco de sua vida levanta uma questão fundamental: o que determina quem nos tornamos? Em outras palavras, como garantimos que nosso futuro eu seja a pessoa que nosso eu presente quer que ele seja? É uma pergunta que se aplica não apenas a casos extremos como o de Pedro, mas também ao resto de nossas vidas.

Um passado que ninguém desejaria

Em 1966, quando tinha treze anos, Pedro foi espancado por um primo mais velho. Ele era pequeno para a idade, e apanhar de seu parente fez o resto de sua família e as crianças da vizinhança rirem dele. Determinado a se vingar, ele esperou até que ele e seu primo estivessem trabalhando na fábrica de seu avô para empurrá-lo em uma moenda de cana-de-açúcar. O equipamento mutilou gravemente o braço e o ombro de seu primo, mas não lhe tirou a vida.

Um ano depois, o pai de Pedro foi demitido de seu emprego como segurança de uma escola por supostamente roubar algo do depósito do estabelecimento. Ele jurou que o responsável pelos roubos foi o guarda diurno, mas foi demitido mesmo assim. De acordo com sua autobiografia, Pedro, não suportando a ideia de seu pai ser acusado em falso, reuniu armas e facas na casa de sua família e partiu para uma viagem de trinta dias na floresta, caçando para comer e planejando dar o troco. Quando voltou à cidade, ele procurou o homem que tinha demitido seu pai – o prefeito da cidade – e o matou a tiros. Ainda consumido de raiva pelo tratamento injusto dado ao pai, localizou o guarda diurno, atirou nele duas vezes, cobriu o corpo com móveis e caixas e ateou fogo.

Mas esses foram apenas os primeiros do que viriam a ser muitos episódios de violência brutal. E aos dezoito anos Pedro já tinha ganhado o apelido de "Pedrinho Matador". Ele tatuou "Mato por prazer" no antebraço direito e o nome de sua falecida noiva ao lado da frase "Sou capas [sic] de matar por amor" no ombro direito.

Assim que a polícia o capturou, ele foi acusado de dezoito assassinatos e levado para um presídio notoriamente desumano em São Paulo. Para ser transferido da delegacia ao presídio, ele foi colocado na parte de trás de uma viatura com um estuprador em série. O estuprador não sobreviveu à viagem.

Em 1985, Pedro já havia matado 71 pessoas – incluindo o próprio pai! –, e sua sentença foi ampliada para quatrocentos anos de cadeia. Ainda assim, a matança não parou. Enquanto esteve preso, ele foi responsável pelo assassinato de mais 47 detentos, embora afirmasse que foram mais de cem. Isso não é desculpa para sua violência, é claro, mas sim um testemunho de seus talentos como assassino: as vítimas na prisão representavam alguns dos piores criminosos da sociedade.[12]

Quando não estava ocupado matando outros detentos, Pedro se entregava a um rigoroso programa de exercícios, tendo aprendido a ler e escrever, quando começou a receber e responder cartas de fãs.

No início dos anos 2000, as autoridades brasileiras perceberam que tinham um problema, e não era o fato de Pedrinho Matador estar diminuindo sistematicamente a população carcerária. Na verdade, eles perceberam que o Código Penal brasileiro fora criado quando a expectativa de vida no país era de 43 anos. De acordo com esse código, os presos não deveriam ficar detidos por um período maior que trinta anos.

Temendo a libertação de um dos criminosos mais notórios do país, os juízes encontraram uma brecha legal: prisioneiros poderiam receber sentenças ampliadas por crimes cometidos após os originais terem sido julgados. No entanto, Pedro recorreu dessas punições adicionais e venceu.

Foi assim que, em abril de 2007, após trinta e quatro anos atrás das grades – apenas quatro a mais do que o máximo atual –, ele foi solto.

Não existe um programa de ressocialização robusto no Brasil. No entanto, Pedro conseguiu se ajustar a uma vida muito mais tranquila após se mudar para uma casinha simpática em uma região remota do Brasil. As autoridades, no entanto, estavam desesperadas para colocá-lo de volta na prisão e, em 2011, o prenderam por motins ocorridos durante sua detenção anterior. Em dezembro de 2017, ele foi solto mais uma vez. Aos 64 anos, ele estava com o físico em dia, mantinha sua rotina de calistenia e começou um canal no YouTube com a ajuda de um vizinho, pelo qual passou a compartilhar mensagens e histórias inspiradoras.

Segundo relatos seus – que certamente devem ser olhados com cuidado –, passou anos sem matar e não sentia mais necessidade disso. Pode um homem que já foi diagnosticado como psicopata, que matou dezenas de pessoas, mas que passou a viver uma vida ascética (aparentemente honesta), ser considerado um *novo* homem?

Decidi perguntar a ele.

Marcar esse encontro não foi fácil. Meu tradutor, um estudante de pós-graduação que fala português, ficou receoso de dar seus contatos a um assassino em série condenado. Então, primeiro criou um endereço de e-mail com um pseudônimo e, depois, marcou um horário para todos nós conversarmos. Era no meio da pandemia, e, como minha esposa e eu estávamos trabalhando de casa, perguntei a ela se eu poderia usar o escritório para atender a ligação sem distrações. Mas nossa conversa foi adiada várias vezes, até que minha esposa enfim precisou do escritório para seus atendimentos (ela é psicóloga infantil e estava prestes a entrar em uma sessão de terapia com uma criança em apuros... o que, devo admitir, era difícil de preterir em relação à minha entrevista com Pedro).

Assim, eu me vi sentado em uma cadeira de balanço em frente ao berço do meu filho pequeno enquanto conversava com o assassino em série mais famoso do Brasil. Comecei perguntando a Pedro se de alguma forma ele se considerava igual ao seu eu mais jovem, ou se, em vez disso, ele era uma pessoa fundamentalmente diferente.

Sua resposta foi inequívoca: "Tenho nojo de quem eu era antes, e agora me considero uma nova pessoa".

Mas eu queria saber se houve um momento específico em que ele se tornou essa nova versão de si mesmo. Ele disse que a coisa foi gradual, porém que, sim, um evento específico provocou sua transformação.

Durante uma transferência de cela, três outros prisioneiros se juntaram e o esfaquearam muitas vezes – no rosto, na boca, no nariz, no estômago, pelo corpo todo. Ao resistir, ele matou um deles. Como resultado, foi colocado na solitária e, lá, aconteceu uma espécie de "negociação" entre ele e seu Deus.

Ele prometeu a Deus que se tornaria uma pessoa nova e diferente se fosse libertado da prisão. Em muitos aspectos, ele parece ter cumprido a promessa. Para começar, ele não tinha mais vontade de matar. E, embora costumasse ser "explosivo", reagindo com violência a qualquer um que o aborrecesse, passou a lidar com as frustrações de maneiras mais socialmente aceitáveis (por exemplo, tornou-se um grande fã de exercícios).

Quando conversamos, Pedro acordava às 4h da manhã para se exercitar e ganhava um pequeno salário em uma usina de reciclagem. Ele descreveu a si mesmo, na essência, como um eremita, e dizia evitar álcool, festas e aglomerações. Em seu tempo livre, dava conselhos sobre como mudar de vida para jovens que cometeram crimes. Embora eu não entenda português, o tom de Pedro soou genuíno quando ele me disse que tinha grande prazer em "transformar" os outros, aconselhando-os a se afastar do crime.

Mas ele também apontou os desafios da transformação: embora tivesse visto outras pessoas da prisão mudarem de vida (uma delas até se tornou pastor), a grande maioria dos detentos "é quem é", e é difícil mudar completamente quando "tudo o que você conhece é aquilo de dentro da prisão".

Então, embora sua vida cotidiana tivesse se transformado, Pedro era em 2020 a mesma pessoa de antes? Ou seria Pedro – que passou a atender por "Pedrinho *ex*-Matador" – uma pessoa completamente diferente?

Sendo mais preciso: nossos eus presente e futuro podem diferir um do outro de maneiras substanciais, e isso tem alguma importância?

Trata-se de uma questão que os filósofos vêm debatendo há séculos. Estou ciente de que uma maneira muito eficiente de fazer as pessoas pararem de prestar atenção é usar as palavras "filósofos", "debater" e "séculos" na mesma frase. Mas entender o que nos torna iguais – ou diferentes – ao longo do tempo oferece um ponto de partida ideal para descobrir por que às vezes tratamos mal nosso futuro eu – por que às vezes fazemos escolhas hoje das quais nos arrependeremos mais tarde – e como podemos nos sair melhor.*

O barco que deu a volta ao mundo

Imagine que você decidiu tirar alguns anos de folga da sua vida comum, comprar um barco e navegar ao redor do mundo. (Eu sei, eu sei, os dois dias mais felizes do dono de barco são aquele em que ele o compra e aquele em que o vende, mas, para este pequeno exercício, vamos fingir que é um sonho seu.) Sabendo

---

* Pedrinho Matador foi morto em Mogi das Cruzes (SP), em março de 2023, após a redação original deste livro. (N.T.)

que você enfrentará alguns ventos fortes ao longo do caminho, e sendo um grande fã de trocadilhos, você decidiu batizar seu novo barco de *The Whirled Traveler.** Você planeja pegar seu iate recém-adquirido (já que vai comprar um barco, é melhor pensar grande) e, partindo da costa norte da Europa, viajar rumo ao oeste pelo Atlântico e fazer sua primeira parada em uma das ilhas do Caribe – digamos, Aruba.

Você passa por algumas tempestades e, quando chega em Aruba, percebe que uma de suas velas sofreu danos durante a longa viagem. Mas não tem problema. Você a substitui por uma nova e continua pelo canal do Panamá em direção à Polinésia Francesa. No entanto, ao chegar lá, vê que algumas tábuas do convés começaram a rachar, e agora *elas* precisam ser substituídas.

Por azar, esse tipo de coisa continua acontecendo em sua viagem. E quando você volta em segurança para o norte da Europa, quase três anos depois, substituiu todas as partes do seu iate, da vela ao convés e, sim, até mesmo o casco. Se isso parece loucura, lembre-se de que acabei de pedir para você se imaginar deixando seu emprego para viajar pelo mundo, o que por si só já é muita loucura.

A grande questão é a seguinte: depois de navegar por três anos e substituir todas as partes do seu barco, ele ainda é o *The Whirled Traveler* ou é agora um barco totalmente diferente?

Nota obrigatória: é claro que não sou o primeiro a fazer essas perguntas. Séculos atrás, Plutarco discutiu essas questões por meio da história do herói grego Teseu, o fundador de Atenas.[13]

---

* Trocadilho com a sonoridade da palavra *whirled*, "rodopiou", e *world*, "mundo" – o iate "rodou o mundo", rodopiando por causa dos ventos. [N.T]

Teseu teria matado vários monstros em suas aventuras, o mais famoso deles o Minotauro. No entanto, ele se tornou mais conhecido por seu barco do que por essas façanhas heroicas. Quando ele, vindo de Creta, retornou a Atenas, os atenienses – para homenageá-lo – decidiram preservar seu navio no porto. Quando uma tábua apodrecia, ela era substituída por outra para que o monumento a Teseu permanecesse de pé. Ao longo dos séculos, o barco inteiro deve ter sido substituído.

Entre os filósofos antigos, o navio de Teseu se tornou o ponto central de uma discussão que nunca terminou de fato. Imagino-os sentados até tarde da noite, bebendo vinho, usando o barco para debater o conceito de mudança. Um lado sustentaria que o navio, apesar da troca de todas as suas peças, ainda era o mesmo, enquanto o outro alegaria que não, que isso seria de fato impossível.

Mas, se quisermos tentar responder a essa pergunta, acho útil dar um passo atrás e perguntar: o que faz de um barco um barco? Mais precisamente: quantas partes de nós precisam mudar para que nos tornemos outra pessoa?

O você de agora é o mesmo de quando tinha 8 anos?

Admito que essa é uma pergunta engraçada de fazer. "É claro que sou a mesma pessoa ao longo do tempo!", você talvez exclame, caso tenha a propensão de gritar com os livros que lê.

Posso apostar que a maioria de nós acredita que somos quem somos; características superficiais podem ser alteradas, mas não nosso eu "central". Afinal, o garoto que quebrou o dente da frente na segunda série brincando de lutinha com os amigos não é outra pessoa – ainda sou basicamente eu!

Pense no caso de Jerzy Bielecki e Cyla Cybulska, que se conheceram e se apaixonaram no campo de concentração nazista de Auschwitz em 1943.[14] Trabalhando com um amigo no depósito de uniformes, Jerzy fez um uniforme falso de guarda da SS. Depois falsificou um documento que o autorizava a levar um prisioneiro até uma fazenda próxima. Em um dia de verão em 1944, um guarda sonolento deixou Jerzy levar Cyla para fora do campo. Eles caminharam por dez noites até chegarem à casa do tio de Jerzy. Sentindo uma forte necessidade de ajudar os outros, Jerzy juntou-se ao exército clandestino polonês. Depois de algum tempo, e por uma série de falhas de comunicação, tanto Jerzy como Cyla concluíram que o outro tinha morrido.

Quase quarenta anos depois, Cyla, então morando no Brooklyn, contou com tristeza à sua governanta a história do homem que a salvou, mas depois morreu. Coincidentemente, a governanta tinha acabado de ver na TV um homem contar a mesma história para uma emissora polonesa e se perguntou se poderia ser a mesma pessoa – e se ele não estivesse morto?

Uma semana depois dessa conversa, Cyla desceu de um avião em Cracóvia e foi recebida por Jerzy com um buquê de 39 rosas, uma para cada ano que passaram separados. Ambos estavam viúvos, e se viram cerca de quinze vezes mais antes de Cyla morrer, em 2005. Em uma de suas entrevistas finais antes de morrer em 2010, Jerzy declarou que continuava muito apaixonado por seu antigo amor.

A ideia de que esse casal, que se conheceu brevemente por volta dos 20 anos, ainda pudesse estar apaixonado tantos anos depois é um argumento poderoso a favor da estabilidade da identidade de alguém. Com esse tempo e o trauma que ambos vivenciaram, não é difícil imaginar que eles poderiam ter mudado e crescido de maneiras irreconhecíveis para o outro: o reencontro deles poderia muito bem ter sido um constrangedor episódio entre estranhos.

Nós nos afeiçoamos e celebramos histórias como a de Jerzy e Cyla porque buscamos permanência com nossos parceiros de longo prazo. Parte da promessa tácita do casamento é de que, ao longo da vida em conjunto, seu parceiro ainda será a mesma pessoa cujo sorriso você notou quando começaram a namorar. (Claro, parte da promessa é de que vocês também *crescerão* juntos, mas é bem provável que você não esteja se casando com alguém cuja identidade desejaria mudar por completo.)

No entanto, esse desejo de permanência pode ser uma tolice.

Um dos artigos mais populares publicados no *The New York Times* tinha o seguinte título: "Por que você se casará com a pessoa errada". Nele, o filósofo Alain de Botton fez a afirmação pessimista, mas reconfortante, de que não existem uniões perfeitas nem parceiros perfeitos. Nós nos casamos com outras pessoas não necessariamente porque queremos ser felizes (embora achemos que seja esta a verdadeira razão!), mas porque queremos tornar permanentes os sentimentos que tínhamos no início de um relacionamento.[15] Esse desejo, no entanto, pode não ser totalmente racional. "Nós nos casamos", escreve de Botton, "para engarrafar a alegria que sentimos quando a ideia de pedir a mão da pessoa em casamento nos ocorreu pela primeira vez", mas deixamos de reconhecer por completo que nossos sentimentos por nossos parceiros se transformarão e mudarão de maneiras imprevisíveis. Da mesma forma, nossos parceiros – e nós também – também se transformarão e mudarão.

Então, o que continua *mesmo* igual ao longo do tempo? E o que muda? Essas são perguntas que Brent Roberts, um psicólogo que pesquisa a personalidade, estudou durante grande parte de sua vida. Com Rodica Damian e outros colegas, ele publicou recentemente um artigo em que analisa a continuidade – e a mudança – da personalidade ao longo de um período de cinco décadas.[16]

Em 1960, quase meio milhão de estudantes norte-americanos do ensino médio (cerca de 5% dos alunos) passaram dois dias e meio participando de várias pesquisas e testes. Chamada de Projeto Talent, a ideia foi concebida pelo psicólogo John C. Flanagan, que acreditava que muitos jovens adultos não estavam conseguindo entrar em carreiras em que conseguiriam prosperar. Sua solução foi avaliar as habilidades e aspirações dos estudantes norte-americanos do ensino médio para que, em algum momento, eles pudessem ser encaminhados a melhores possibilidades de emprego.

Cinquenta anos depois, quase 5 mil desses mesmos alunos foram avaliados mais uma vez. Esse grupo foi cuidadosamente selecionado para representar o grupo original – era composto de aproximadamente o mesmo número de homens e mulheres de regiões geográficas semelhantes às da amostra original. Ao analisar as respostas da pesquisa de 1960 e 2010, Damian e Roberts puderam ver o que acontece quando um adolescente de 16 anos se transforma em um adulto de 66 anos. Eles se perguntaram: até que ponto são estáveis os traços de personalidade centrais ao longo de cinquenta anos?

A melhor resposta é que depende de como você faz a pergunta.

Aqui vai uma maneira de pensar a respeito: se você fosse o adolescente mais tímido da sua classe, haveria uma chance razoável de estar entre os mais tímidos do seu grupo de amigos adultos. Como Brent me explicou, imagine que você quisesse apostar em quão provável seria que um adolescente sociável com seus colegas se transformasse em um adulto também sociável. Suas chances de acertar nesse palpite seriam de cerca de 60%. Melhor do que um lance de dados, mas ainda longe de uma aposta garantida.

Nossas experiências moldam de modo poderoso quem nos tornamos, então nada garante que nosso eu adulto se assemelhará ao nosso eu adolescente. Parte da motivação para esse artigo veio das experiências de Rodica, que cresceu numa Romênia devastada pela guerra na década de 1990. Como me explicou, ela achava curioso que algumas pessoas que conhecera quando criança continuassem a prosperar e a mudar de personalidade de modos positivos mesmo diante de adversidades, enquanto outras não.

Portanto, há alguma estabilidade na sua situação em relação aos outros, mas ainda é possível mostrar crescimento em características importantes. Por exemplo, a maioria das pessoas muda em termos de quão conscienciosas e emocionalmente estáveis são à medida que envelhecem.[17] Mas há diferenças significativas entre as pessoas: algumas mudam muito, enquanto outras nem tanto. No conjunto de dados do Projeto Talent, por exemplo, 40% dos adultos mostraram mudanças confiáveis para qualquer característica dada, enquanto os outros 60% não.

Isso não significa que todos nós nos tornamos pessoas diferentes da adolescência aos 60 anos. Temos cinco traços de personalidade essenciais – abertura a novas experiências, conscienciosidade, simpatia, extroversão e neuroticismo –, e a maioria das pessoas mostra mudanças significativas em algum deles em dez anos. Não é pouca coisa – uma das características essenciais muda em uma década! Mas quatro em cada cinco permanecem praticamente as mesmas. A continuidade parece ser o padrão que prevalece. Como Brent disse: “Isso não quer dizer que as pessoas reformulem inteiramente sua personalidade em uma década”.

Então, se somos ou não a mesma pessoa ao longo do tempo não é uma questão simples de responder.[18] De alguns modos, somos os mesmos, mas de outros, não. Retomando a metáfora do iate, embora possamos substituir as velas ou a pintura, nossas tábuas permanecem as mesmas. Ou talvez coloquemos tábuas novas, mas conservemos o mastro original. Não somos um barco totalmente novo, porém definitivamente não somos o *mesmo* barco.

Essas mudanças inevitáveis em seu futuro eu suscitam um conjunto de questões muito práticas. Tendo em conta que mudaremos, e de modos inesperados, o que determina de que maneira essas mudanças impactam nossa percepção de autocontinuidade? Pedrinho Matador, por exemplo, estava convencido de que era uma pessoa totalmente nova por não ter mais instintos homicidas. Da mesma forma, um navio que recebeu uma nova pintura pode parecer novo, mesmo que a estrutura se conserve.

Essa percepção de continuidade importa porque tem um grande impacto em nosso comportamento. Se ainda sentimos que o *The Whirled Traveler* é o *nosso* barco, então o trataremos bem. Continuaremos substituindo peças conforme necessário e talvez até mesmo investindo em algumas melhorias. No entanto, se ele começar a parecer um barco diferente – uma máquina à qual temos pouco apego ou com a qual compartilhamos pouco da nossa história –, então começaremos a tratá-lo como aquele carro que alugamos na última viagem em família.

A mesma lógica se aplica à sua identidade. Quando você sente uma forte conexão entre seus eus presente e futuro – mesmo que seu eu do presente seja diferente de seu eu do passado, e seu eu do futuro seja diferente de quem você é hoje –, é muito mais provável que realize o árduo trabalho do autoaperfeiçoamento.

Tudo se resume ao seu corpo

Se você fosse ao encontro da sua classe do ensino médio, ninguém o chamaria pelo nome do seu melhor amigo. Seus amigos – ou as pessoas que você agora meio que conhece das redes sociais – o veriam e reconheceriam que você é a mesma pessoa que já habitou o corpo de um jovem de 18 anos. Claro, seu rosto pode ter envelhecido, e talvez seu penteado seja diferente, mas você ainda está no corpo com o qual seus amigos conviveram todos aqueles anos.[19] Como afirmam alguns filósofos, quando o assunto é a sua identidade, o que persiste ao longo do tempo é o físico.[20]

Mas as células da sua pele se renovam, seus glóbulos vermelhos são reciclados, e você provavelmente ficará mais baixo (ou mais alto, se for como meu sogro, que gosta de me contar que sua cirurgia de hérnia na coluna lhe deu uns centímetros extras de altura). Claro, essas são apenas algumas das eventuais alterações corporais que você pode enfrentar ao longo do tempo. Mas quanto seu corpo precisa mudar para que você pare de ser você?

Aqui vai uma maneira meio boba de descobrir isso: você decide fazer amizade com um cientista maluco, que faz a você uma proposta. Ele vai pegar tudo de dentro da sua cabeça – todos os seus pensamentos, sentimentos e memórias – e transferir para o cérebro de outra pessoa. Depois dessa cirurgia complicada e demorada, haverá dois corpos. Um que se parece com você, mas que não tem mais o conteúdo da sua mente, e um que não se parece com você, porém com seus pensamentos e sentimentos.

Ele dobra a aposta e decide dar um milhão de dólares a um dos corpos.[21] Já o outro corpo... bem, esse será torturado. Antes da sua cirurgia, você decide qual deles será torturado e qual deles enfim terá dinheiro suficiente para que seus filhos entrem na faculdade. Qual você escolhe?

Meu palpite é que você passou o dinheiro para o corpo com sua mente e atribuiu a tortura ao corpo em que sua mente já esteve. Se você escolheu esse caminho, isso sugeriria que talvez nosso corpo não seja a chave para a nossa identidade.

Mas espere: deixe-me propor outro experimento mental. Imagine que você tenha um tumor que o mataria a menos que você passasse por um procedimento de transplante de cérebro. Você continuaria vivo, mas suas memórias, preferências, planos - em essência, toda a sua vida mental - seriam destruídos.[22] Você aceitaria? A morte é certa caso não faça a cirurgia, mas ela também pode acontecer caso você a faça.

Então, a teoria do "corpo", como alguns a chamam, diz que o que faz você continuar sendo "você" é seu corpo. No entanto, esses rápidos experimentos mentais mostram que é difícil dizer se é *mesmo* isso que faz de você a mesma pessoa ao longo do tempo.[23]

Tudo se resume às suas memórias

Para John Locke, filósofo britânico do século 17, o corpo não poderia ser a resposta. Em vez disso, a percepção dele é de que aquilo que o torna o mesmo ao longo do tempo é a sua "consciência". Uma maneira de interpretar essa perspectiva é a seguinte: o que importa é sua memória. Então, se tem 35 anos, você contém o "você" de hoje e sua versão de quando tinha 15 anos. Essas duas versões compartilham uma identidade porque a pessoa posterior é capaz de se lembrar dos pensamentos e ações da pessoa anterior. Pense em uma espécie de cadeia de memórias - você aos 35 anos se lembra de pensamentos e sentimentos de quando tinha 15, e essa versão se lembra de ter 12 anos, e assim por diante.

Em outras palavras, sua identidade continua a mesma porque você tem memórias de diferentes pontos no tempo, e cada uma delas está conectada a memórias anteriores. Locke sugere que, se você consegue se lembrar do seu primeiro dia, digamos, na segunda série, então consegue se lembrar dessa sua versão. Se a pessoa que você é agora compartilha memórias com aquela que você era, uma identidade persistente é conservada ao longo de todos esses anos.

Assim como com a teoria do corpo, também existem problemas em relação a essa visão. Por exemplo, se eu esqueço o que comi no café da manhã de ontem, isso significa que não sou mais a mesma pessoa que fui naquele momento? Um problema talvez mais significativo: ninguém se lembra dos primeiros dias de suas vidas. Isso significa que nossa versão bebê era uma pessoa diferente, já que não conservamos memórias daquela época? Não nos tornamos nós mesmos até, digamos, termos nossas memórias iniciais?

Talvez seja algo completamente diferente

Há uma velha piada sobre um reitor de uma universidade que está frustrado porque o departamento de Física exige muito dinheiro para pesquisa. Ele pergunta: "Por que vocês não são como o departamento de Matemática – tudo o que eles precisam é de lápis, papel e latas de lixo. Ou melhor ainda, como o departamento de Filosofia. Tudo o que eles precisam é de lápis e papel". Eu sei que piadas perdem a graça quando são explicadas, mas aqui está o argumento dessa: filósofos criam ideias sem nunca precisar testá-las. No contexto da identidade ao longo do tempo, é muito bom para filósofos criarem teorias sobre o que torna as pessoas iguais – ou diferentes – ao longo da vida. Mas quão bem essas teorias se associam ao modo como de fato pensamos sobre o assunto na vida real?

Em outras palavras, o que pessoas comuns acham que importa quando se trata da continuidade do eu ao longo do tempo?

Foi precisamente a essa pergunta que Sergey Blok, na época um estudante de pós-graduação em Psicologia na Universidade de Northwestern, decidiu responder no início dos anos 2000. Ele pediu aos participantes de sua pesquisa que imaginassem que um contador chamado Jim se envolveu em um terrível acidente de carro. A única maneira de ele sobreviver? Você adivinhou – um transplante de cérebro! Dessa vez, trata-se de um experimento médico maluco no qual o cérebro dele será cuidadosamente removido e colocado em um robô.

Por sorte, o transplante é bem-sucedido. Quando os cientistas ligam o robô, eles escaneiam o cérebro de Jim dentro dele e descobrem que todas as suas memórias estão intactas. Ou, ao menos, essa é a versão contada para metade dos participantes do experimento. A outra ouve que, embora o cérebro tenha sobrevivido, os cientistas descobrem ao escaneá-lo que nenhuma das memórias era a mesma de antes da operação.

Se o robô "ainda" é o Jim, mesmo sem suas memórias antigas, isso seria um ponto a favor da teoria do corpo. Mas, se as memórias são necessárias para que Jim continue sendo Jim, precisaríamos marcar um ponto para a teoria da memória. Nesse estudo, que, segundo Blok reconheceu, teve um pequeno número de participantes, houve um vencedor claro: as pessoas se mostraram três vezes mais propensas a dizer que o robô ainda poderia ser considerado Jim se as memórias sobrevivessem ao procedimento de transplante.[24]

Na tentativa de descobrir os ingredientes da continuidade, vale a pena descobrir no que as pessoas comuns e os filósofos acreditam. Mas em ambos os casos estamos lidando com cenários imaginários, do tipo que provavelmente não acontecerá em nossas vidas. E isso dificulta determinar o que importa no que diz respeito à nossa identidade ao longo do tempo.

Então, como testar essas ideias sem depender de experimentos mentais?

Nina Strohminger, professora da Wharton School, da Universidade da Pensilvânia, Estados Unidos, decidiu adotar uma abordagem não tradicional para entender o que une os eus do presente, do passado e do futuro.

Em seu apartamento na Filadélfia, com leves palreios de papagaio ao fundo, ela me disse que, embora tivesse feito diversos experimentos mentais, não achava que eles deveriam ser a única fonte de evidência. Então ela resolveu apelar às casas de repouso.

Especificamente, ela entrou em contato com cuidadores de pacientes com distúrbios neurodegenerativos, doenças em que o cérebro passa por mudanças cruciais - algo muito parecido com os dos personagens daqueles experimentos filosóficos.[25]

Ela focou três grupos de pacientes. Em um grupo, que tinha Alzheimer, o corpo dos pacientes era saudável, mas as memórias estavam desaparecendo. No outro grupo, com esclerose lateral amiotrófica (ELA), a mente dos pacientes permanecia saudável, mas suas funções corporais estavam se deteriorando. E no último grupo, que tinha demência frontotemporal (DFT), as habilidades motoras e a maioria das memórias se mantinham intactas, mas ocorriam deficiências morais. Por exemplo, muitos pacientes com DFT mostram empatia reduzida, tornam-se desonestos e não prestam mais muita atenção às normas sociais.

Os cuidadores responderam a uma série de perguntas, incluindo "Você sente que ainda sabe quem é o paciente?" e "O paciente parece um estranho para você?". Pacientes com ELA, a doença que afeta principalmente o corpo, mas não a mente, foram percebidos como aqueles com a menor perturbação de identidade. O Alzheimer veio em seguida. Já a DFT foi considerada como tendo de longe o maior impacto na identidade.[26]

Muitas vezes, o debate sobre o que nos torna quem somos à medida que a vida passa se resume a "corpo" *versus* "mente". O fato de que os pacientes com DFT parecem menos com seus antigos eus sugere haver algo mais a considerar. Mas o que pode ser?

Como explicam Nina e seu coautor, Shaun Nichols, o que nos faz continuar a ser quem somos – ou que nos tornemos pessoas completamente diferentes – é o nosso senso de um "eu moral". Aspectos como o fato de uma pessoa ser gentil ou mordaz, empática ou insensível, educada ou brusca, consistem naqueles que mais significativamente ligam uma pessoa mais jovem ao seu eu mais velho.

Nina e seus colegas descobriram que, quando esses traços morais são fundamentalmente alterados, nossos relacionamentos também parecem ser alterados.[27] Nina me contou um exemplo revelador: ela perguntou a uma de suas amigas, uma artista, o que precisaria mudar em sua personalidade para que sua companheira não a enxergasse mais como a mesma pessoa. Depois de pensar a respeito, sua amiga respondeu: "Acho que se eu me tornasse ruim de verdade em arte. Se eu me tornasse uma artista ruim, minha parceira me deixaria. Ela diria: 'Essa não é a pessoa com quem me casei, e eu não a amo mais'".

Nina então inverteu a pergunta. "Diga-me algumas mudanças que poderiam acontecer com sua esposa para que você dissesse que ela não é mais a pessoa com quem se casou. Que mudanças precisariam acontecer para você dizer que ela não é mais a mesma pessoa, e que não a ama mais?" A amiga respondeu rapidamente: "Humm... acho que se ela virasse uma pessoa maldosa".

Há um ponto cego interessante aqui – quando o assunto eram seus próprios traços, a amiga de Nina presumiu que a arte era uma parte tão essencial da própria identidade que, se fosse alterada, ela não seria mais a mesma pessoa aos olhos da esposa. No entanto, quando a questão foi invertida, as coisas mudaram. Agora, o que mais importava era o senso de gentileza de sua esposa. Isso faz sentido: gentileza, afinal, é o que Nina e seus colegas chamam de "traço moral essencial".

Essa história é uma ilustração perfeita de como esses tipos de traços morais, quando alterados, podem impactar não só nosso senso de estabilidade de identidade, mas também nossos relacionamentos. Sim, mudamos de amigos e amores, mas, se todos eles mudassem, isso representaria um sério desafio ao nosso senso de um eu contínuo ao longo do tempo.

Então, Pedrinho ex-Matador se tornou uma pessoa fundamentalmente diferente ou ele ainda era a mesma pessoa de antes?

Acredito que a pesquisa sobre o "eu moral essencial" é o mais próximo que podemos chegar de uma resposta. Quando os traços morais essenciais permanecem intactos, mesmo que muitas outras coisas mudem, podemos enxergar um fio de continuidade nas pessoas. É por isso que entendemos que algumas mantêm um senso de continuidade ao longo do tempo, mas reconhecemos uma mudança completa em outras.

O que acontece, no entanto, quando viramos a lente para nós mesmos? Claro, podemos enxergar continuidade - e a falta dela - nos outros; reconhecemos a transformação de Pedrinho ex-Matador de um assassino de sangue-frio em um defensor da não violência. Mas quão provável é que enxerguemos nosso próprio futuro eu como nós mesmos ou como algo completamente diferente de quem somos agora? E como essas crenças são capazes de impactar as decisões que tomamos hoje? Esse é o conjunto de perguntas que abordarei no próximo capítulo.

As respostas podem ter implicações sérias em sua dieta e conta bancária, entre outras coisas.

DESTAQUES

- Nós mudamos com o tempo? Alguns aspectos da nossa personalidade mudam, enquanto outros permanecem os mesmos.
- É difícil tomar decisões de longo prazo (como com quem se casar) se nossos eus futuros são diferentes de nosso eu presente.
- Se as pessoas conservam seus traços morais ao longo do tempo, provavelmente consideraremos seus eus presente e futuro semelhantes.

CAPÍTULO 2

Seria o eu do futuro realmente... eu?

Próximo a Keflavik, na Islândia, há uma atração turística conhecida como Lagoa Azul. Ela é conhecida por sua profunda cor azul-celeste, temperaturas chocantemente altas e qualidades terapêuticas. (A água rica em minerais e a terra branca e pastosa são boas para a alma e também para a pele - estudos demonstraram que a lagoa pode ajudar a tratar psoríase e reduzir rugas.[28]) Embora a Lagoa Azul possa parecer outra maravilha natural islandesa, ela se formou no final da década de 1970 pelo escoamento de uma usina geotérmica nas proximidades.

Eu sempre quis visitar a Islândia e sua lagoa, e foi por isso que agarrei a oportunidade de participar de uma conferência acadêmica lá (bem melhor que os costumeiros hotéis Hilton de aeroportos). O encontro foi patrocinado pela Universidade de Sydney e contou com palestras com enfoque na maneira como as pessoas pensam sobre o tempo.

Sentado no fundo da sala de conferências, fiquei olhando por uma grande janela de vidro para os turistas enrolados em toalhas a caminho das fumegantes fontes termais. Minha esposa, que se juntou a mim na viagem, estava em algum lugar naquelas fontes ou tirando fotos em uma geleira próxima. Isso significa que eu estava um pouco distraído quando Laurie Paul, uma professora de Filosofia de Yale, subiu ao palco. Eu queria estar relaxando na Lagoa Azul, não preso dentro de um hotel monótono.

"Imagine que você tem uma oportunidade única de se tornar um vampiro", começou Laurie. "As coisas são um pouco diferentes agora, e os vampiros não bebem o sangue de outros humanos, mas sim de animais criados de modo humano."[29]

Foi uma bela maneira de começar uma palestra acadêmica – de repente parei de pensar sobre aqueles turistas e a Lagoa Azul e comecei a contemplar minha possível vida como um vampiro. Como Laurie observou, muitas pessoas ficam intrigadas com a ideia, já que imortalidade, poder e velocidade vêm no pacote. Mas digamos que você não esteja 100% convencido: você quer mesmo se tornar um "morto-vivo"? Quer mesmo beber sangue? Querendo ajuda para tomar a decisão, você decide pedir conselhos aos seus amigos vampiros.

Eles estão se divertindo muito – realmente amam ser vampiros! E eles garantem que você também adoraria a experiência. Você já usa roupas pretas o tempo todo (provavelmente não é verdade, mas finja que é), gosta de pratos exóticos e está disposto a provar comidas novas, e adora ficar acordado até tarde da noite. Em outras palavras, tornar-se um vampiro se adequaria muito bem a você. Você quer saber mais, mas, quando pergunta, é informado de que só precisa entrar de cabeça.

Mas há um porém.

Uma vez que você se torne um vampiro, não tem como voltar atrás. Não é possível se aventurar nesse novo estilo de vida, então decidir "não, isso não é para mim" e voltar para sua existência mortal. Ser vampiro é para sempre.

O que os vampiros têm a ver com eus futuros?

Poucos dias antes de eu começar a pensar em vampiros, minha esposa e eu estávamos no banheiro nos preparando para nosso último dia de trabalho antes da viagem. Eu estava envolvido em um profundo debate interno sobre qual creme de barbear colocar na mala (O tamanho viagem seria o bastante? O de tamanho normal seria confiscado pelos seguranças?) quando ela me deu um tapinha no ombro. Com um sorriso cúmplice, ela me entregou um teste de gravidez com duas barras rosa-escuras.

Espere, eu me perguntei, eu estava realmente vendo duas linhas ali? Nós iríamos *mesmo* nos tornar pais? Claro, eu estava emocionado. Eu já queria ser pai havia algum tempo e comecei a fantasiar sobre as coisas divertidas que eu em algum momento faria com meu futuro filho (o que, admito, girava em torno de apresentá-lo a boas músicas e bons filmes).

Mas então, enquanto ouvia a palestra na Islândia, minha alegria expectante foi substituída por uma sensação crescente de ansiedade.

Seria se tornar pai tão diferente de se tornar um vampiro?

Eu já tinha dito a mim mesmo que sabia como seria a vida quando tivéssemos uma criança – eu conhecia outras pessoas com filhos! Eu até conhecia algumas crianças! Mas eu entendia de verdade a paternidade? Eu ainda seria capaz de manter meus interesses e paixões? Eu seria paciente/me divertiria/seria um bom parceiro/ainda conseguiria dormir?

Quando pedi a alguns amigos que me contassem mais sobre ser um pai de primeira viagem, eles me disseram que era ótimo e profundo, e que não conseguiam imaginar a vida de outra forma (exceto pela parte de ficar sem dormir) – todas as coisas que você esperaria que pais recentes dissessem.

Sim, eles disseram, você deve virar pai, se puder. Aí eu pedi mais informações. Bem... eu precisaria ter um filho para descobrir como *realmente* era ser pai.

No meio da minha própria ansiedade crescente, Laurie interrompeu seu experimento mental. O problema dos vampiros, ela observou, não era nada mais do que uma analogia velada para... virar pai! Tornar-se um vampiro é uma decisão irrevogável, assim como ter um filho.

Ao traçar esse paralelo, ela estava aventando uma ideia atrativa: não há como de fato conhecermos nossos futuros eus. Mesmo com os melhores esforços para viajar no tempo, torna-se impossível saber o que essas versões distantes de nós sentirão e pensarão. Porque, assim como um vampiro, ou um pai, quando nos transformamos em novas versões de nós mesmos – quando nos tornamos nossos futuros eus –, nossos pensamentos e sentimentos podem mudar de maneiras imprevisíveis. Para reiterar, não é se trata apenas de que não há como saber como será nossa vida cotidiana. Na verdade, não há como saber o que pensaremos e sentiremos, já que esses pensamentos e sentimentos podem mudar drasticamente quando nos transformarmos em nossos futuros eus.

Isso significa que nosso futuro é definido por um senso de incerteza existencial. De alguma forma, nosso futuro eu sempre será estranho para nós.

Ao ouvir isso, no entanto, não me desesperei totalmente, e você também não deveria.

Considere as lições do capítulo anterior: quando pensamos em outras pessoas, somos capazes de enxergar uma conexão – um fio de continuidade – entre seus eus passado, presente e futuro desde que seus traços morais permaneçam intactos.

Se for possível ter confiança de que nossos eus futuros conservarão alguns de nossos valores morais essenciais, então talvez não haja problema em continuar cuidando deles e planejando essa versão distante de nós, mesmo que ela esteja envolta por um manto de incognoscibilidade. Meu futuro eu como pai pode ser um estranho para mim, mas, enquanto ele mantiver meus compromissos com o Red Sox, empatia pelos outros e os copinhos de pasta de amendoim da Reese's (você pode dizer que esse não é um traço moral essencial, mas eu discordo), então talvez eu possa justificar gastar meu tempo pensando nele e planejando sua vida.

Mas como devemos pensar sobre nós mesmos ao longo do tempo? O que nos permite enxergar conexões entre o eu de hoje e o eu de amanhã? Mais precisamente: pensamos nos nossos eus futuros como se fossem uma extensão contínua de quem somos hoje, ou pensamos neles como se fossem uma pessoa completamente diferente?

Como você verá, chegar a uma melhor compreensão de como enxergamos nossos eus futuros - como extensões de nós ou como *outras* pessoas - pode iluminar nossas escolhas atuais.

A mala e os filósofos

Começamos a a pensar sobre nossa identidade em termos de quem somos para os outros surpreendentemente cedo: entre 6 e 9 anos, as crianças começam a se definir por meio de seus relacionamentos com a família e os amigos.[30] Somos filhos, filhas, irmãos, irmãs, pais, maridos e esposas. É um hábito baseado na esperança: como presumimos que esses relacionamentos permanecerão estáveis, atrelamos nossa identidade a eles, confiando que isso também tornará estável nossa identidade pessoal.

No capítulo anterior, falamos sobre o navio de Teseu e sobre como é difícil dizer se, ao longo do tempo, os objetos - e outras pessoas - continuam os "mesmos" ou se tornam outra coisa.

Perguntas semelhantes podem se aplicar a nós mesmos ao longo do tempo, mas, como nos conhecemos muito melhor do que os outros, há alguns poréns. Se você quiser uma analogia útil para abordar questões de semelhança relativas a nós mesmos, pense em uma boa mala que comprou no início da vida. Você a carrega em todas as suas viagens, preenchendo-a com diferentes itens e souvenirs. Com o tempo, a mala vai sendo castigada pelo uso, agredida por esteiras de aeroporto, compartimentos de bagagem e vazamentos de produtos de higiene. No entanto, você provavelmente diria que ainda é a mesma mala, não uma completamente diferente. O mesmo acontece com nossos eus: como aquela velha mala, eles podem mudar, alterar-se e ficar manchados, mas continuam sendo uma única entidade ao longo do tempo, em grande parte por causa daqueles relacionamentos duradouros.

Isso pode parecer óbvio – é lógico que sou a mesma pessoa com o passar dos anos! Quem mais eu seria? Contudo, essa ideia de um eu único e contínuo certamente teve seus detratores. David Hume, filósofo escocês do século 18, rejeitou a ideia de imediato. Em seu ousadamente intitulado *Tratado da natureza humana*, Hume argumentou que não existe algo como um eu.[31] Você não é uma mala.

Por quê? De acordo com Hume, para que algo mantenha uma identidade, esse algo precisa manter o mesmo conjunto de propriedades em qualquer intervalo de tempo. É claro que não representa o caso dos seres humanos, que estão constantemente mudando suas opiniões e preferências. De acordo com Hume, seria sensato aposentar a ideia de uma identidade estável ao longo do tempo.

Derek Parfit, outro filósofo britânico, também opinou sobre esse debate. Parfit, que morreu em 2017, era um pensador peculiar e brilhante. Sem querer perder tempo com assuntos que não estivessem relacionados à sua escrita e vida acadêmica, ele usava a mesma roupa todos os dias – camisa branca de botão e calça preta. Durante grande parte de sua vida adulta, chegou a comer a mesma coisa todas as manhãs: salsicha, iogurte, pimentão verde e uma banana, tudo misturado na mesma tigela.[32] (Ele adotou essa dieta por razões de saúde, pensando que ela era o epítome de um café da manhã saudável. Quando descobriu com um amigo nutricionista que não era bem o caso, mudou a receita no dia seguinte, sem pestanejar.)

Assim como Hume, Parfit era obcecado pelo problema da identidade. Para explorar os paradoxos do eu, criou inteligentes experimentos mentais para tentar chegar a alguma compreensão a respeito do que nos torna (ou não) contínuos ao longo do tempo. Assistir às suas antigas palestras é um pouco como assistir à intersecção entre um episódio de *Star Trek* e um líder de uma seita discutindo suas revelações mais recentes. Alto e magro, com um rosto chupado, óculos imponentes e uma cabeleira branca, ele parece uma caricatura absurda de um filósofo moderno.

Ele começa pedindo que você imagine uma máquina de teletransporte – ela copia você inteiro (seu corpo, mente, pele, memórias) e o transporta para Marte.[33] Agora vamos pensar em uma versão nova e atualizada desse transportador de corpos. Enquanto você está sendo escaneado, é acidentalmente deixado para trás na Terra, mesmo assim uma cópia sua é enviada para Marte e vai viver lá. Agora há dois de você. Mas qual é o "verdadeiro"?

Assim como o teletransportador de corpos fez uma cópia sua que aterrissou em Marte, Parfit sugere que podemos aplicar essa noção de cópias a nós mesmos ao longo do tempo. Em vez de um único eu constante – uma identidade estável –, talvez sejamos mais uma coleção de eus *separados*.

Aqui vai outra analogia que pode ser útil para entender a ideia levantada por Parfit: pense na comparação entre "eu único" e "eus separados" como a diferença entre um microempreendedor e uma pequena startup. O microempreendedor, assim como o eu único, exerce as funções de muitas pessoas, mas ainda é apenas um trabalhador. A partir dessa visão, somos uma pessoa individual ao longo da vida, mesmo que nossos interesses, gostos, crenças e relacionamentos possam mudar.

Por sua vez, uma pequena startup é semelhante ao modelo de "eus separados": tem muitas pessoas trabalhando para ela, cada uma desempenhando uma função diferente. Com base nesse ponto de vista, podemos ter muitos eus *diferentes* ao longo do tempo, cada um com interesses, gostos, crenças, talentos próprios. Embora essas pessoas trabalhem todas para a mesma empresa, é importante reconhecer suas diferenças.

A ideia de eus separados pode ser um pouco perturbadora. Quando falo sobre isso em minhas aulas, às vezes me deparo com pequenas crises existenciais de meus alunos. Se sou uma coleção de eus separados, quem sou eu de fato? Como podemos responsabilizar as pessoas por coisas que fizeram antes se uma versão anterior delas está à parte de quem são agora? E a pessoa com quem me casei é uma pessoa diferente daquela com quem estou casado agora? (Se for o caso, valha-me Deus, para que servem os votos nupciais?!)

Para Parfit, o que importa é o senso de conexão que cada eu separado tem com os demais. Pense mais uma vez sobre a startup com vários funcionários diferentes. Ao longo da existência da companhia, à medida que ela evolui de startup para uma empresa mais estabelecida, novos funcionários podem entrar e antigos sair.

Ao se sobreporem por algumas semanas ou meses, os funcionários mais velhos poderão passar para os mais novos informações cruciais e a cultura da empresa. E esses, por sua vez, as passarão para os futuros funcionários nos próximos anos. Dessa forma, laços conectam os primeiros funcionários aos posteriores. Mas podem ocorrer quebras na cadeia – alguns funcionários podem ficar apenas um curto período e mal se sobrepor aos mais novos; ou algumas informações podem simplesmente não ser repassadas. Com um número suficiente desse tipo de quebra, alguns funcionários posteriores podem não ter nenhum senso de conexão com os anteriores.[34] Eles podem ser como estranhos uns aos outros.

De forma semelhante, nossa identidade pode ser pensada como uma série de eus conectados ao longo do tempo.

Cada eu sucessivo tem muito em comum com o anterior e o posterior. Mas, com distância suficiente entre os eus – isto é, com distância suficiente ao longo do tempo –, começamos a perder algumas dessas conexões.

E em algum momento, com muita distância – uma grande extensão de tempo –, eus passados de muito tempo atrás ou eus de um futuro distante podem nos parecer *estranhos*. Eles podem parecer pessoas completamente diferentes.

Quem se importa se meu futuro eu é um estranho para mim?

Beleza, mas e daí? Qual é a importância de versões futuras de nós mesmos serem como estranhos para nós?

Por uma razão muito simples: *tratamos estranhos de forma diferente*. Pense em algum colega de trabalho com quem não interage com tanta frequência. Além do nome e do departamento em que trabalha, você provavelmente não sabe muito sobre a vida dele. E se ele pedisse para você ajudá-lo no fim de semana – digamos, fazer a mudança para um novo apartamento –, você provavelmente diria não. Afinal, você tem muitas outras coisas para cuidar, e não há nenhuma obrigação real de ajudar um estranho. Até mesmo pessoas legais tendem a agir de forma egoísta, priorizando a si mesmas e seus amigos e familiares. Não é assim que *sempre* agimos, mas essa pode ser uma tendência forte.

Para dar um exemplo triste: aproximadamente um ano após a vacina contra a covid-19 estar disponível, as pessoas mais vulneráveis à doença – os adultos mais velhos – também eram as mais propensas a se vacinar (89% dos adultos com mais de 65 anos estavam totalmente vacinados até o final de 2021, tomando exemplos dos Estados Unidos).[35] Afinal, era de total interesse deles, já que estavam em maior risco. Em contraste, apenas cerca de dois terços dos adultos entre 25 e 49 anos estavam totalmente vacinados até o final de 2021. Para esse segmento mais jovem, muito menos vulnerável ao vírus, um dos principais benefícios da vacinação – além de prevenir doenças graves – era proteger os outros e impedir a disseminação da doença.[36] Quando uma ação nos beneficia, podemos estar mais propensos a concluí-la. No entanto, quando completos estranhos são os beneficiários, podemos tender a agir em nosso próprio interesse. Existem ressalvas, mas, para os adultos mais jovens, isso significava não se dar ao trabalho de tomar uma injeção.

Ligue os pontos aqui: se vemos nossos futuros eus como estranhos, e tendemos a agir de forma egoísta, então qual seria a razão racional para fazer coisas em benefício deles? Seria algo quase irracional!

Comer aquela fatia extra de bolo de chocolate que vai fazê-lo ganhar alguns centímetros na cintura? Por que não? Essa cintura não é “minha”, mas do meu futuro eu – e eu nem o conheço! Gastar um pouco mais na TV 4K de última geração ou colocar esse dinheiro em uma previdência privada? Compre a TV! Quem se importa com a versão futura e aposentada de mim? Ela não passa de um estranho. Ir à academia ou assistir à próxima série da Netflix? Netflix, é claro – por que suar por outro eu?

Derek Parfit fala sobre esse conceito considerando o exemplo de um garoto adolescente que começa a fumar. Ele sabe que fumar pode fazer seu eu mais velho sofrer significativamente, mas mal se importa com isso. "Esse garoto", escreve Parfit, "não se identifica com seu futuro eu. Sua atitude em relação a esse futuro eu é, de certa forma, como sua atitude em relação a outras pessoas."[37]

Ou considere a comédia filosófica de Jerry Seinfeld. Como parte de seus números de stand-up na década de 1990, Seinfeld notou a estranheza dos anúncios de eletrodomésticos que iam ao ar na época do Natal, muitos dos quais prometendo nenhum pagamento até março do ano seguinte. "Nenhum pagamento até março?", ele se perguntava. É como se março nunca fosse chegar! Claro, eu não tenho dinheiro agora, mas aquele cara em março... capaz que *ele tenha*. De maneira muito inteligente, Seinfeld observou que era culpado do mesmo tipo de erro em relação a seu próprio corpo, já que ficava acordado até tarde da noite, sem se preocupar com a maneira como seu eu matinal se sentiria depois de apenas cinco horas de sono:

> *Aí, você acorda de manhã, com o alarme, e está exausto e sonolento... Ah, eu odeio aquele "cara da noite"! Veja bem, o "cara da noite" sempre ferra o "cara da manhã". Não há nada que o "cara da manhã" possa fazer. A única coisa que o "cara da manhã" pode fazer é tentar perder o horário com frequência suficiente para que o "cara do dia" perca o emprego e o "cara da noite" não tenha mais dinheiro para sair.*[38]

Quando Seinfeld relatou esse problema no programa *Tonight Show*, o apresentador Jay Leno ouviu e então ofereceu uma solução: "Se o cara da manhã acordasse mais cedo ainda, o cara da noite estaria cansado!". "Sim", respondeu Seinfeld e, depois de uma pausa, acrescentou: "A menos que o cara do dia tire uma soneca".

Seinfeld, com seu humor característico, constata uma verdade notada pela primeira vez por filósofos e com a qual podemos nos identificar: de fato somos capazes de enxergar nossos futuros eus como se eles fossem estranhos.

Ao estudar a mente e o cérebro, podemos entender melhor por que às vezes tratamos nossos eus futuros como estranhos e como podemos acabar aprendendo a tratá-los com mais gentileza.

Sobre aniversários e bebidas nojentas

Imagine seu próximo aniversário. Como você o enxerga?

Agora imagine seu aniversário em um futuro distante – digamos, daqui a vinte anos. E agora, o que você enxerga?

Em ambos os casos, você provavelmente pensou nas coisas típicas associadas a aniversários: bolo, bebida e amigos.

Mas há alguma diferença entre os dois cenários?

Emily Pronin, professora de Psicologia da Universidade de Princeton, promoveu uma versão desses questionamentos a diferentes grupos de pessoas. O primeiro grupo foi convidado a descrever uma refeição que estava comendo no momento (ela os entrevistou em refeitórios universitários). Quando escreveu sobre suas refeições, grande parte deles o fez de uma perspectiva em primeira pessoa. Descreveram a cena conforme ela se desenrolava diante de si, a partir de sua própria visão.

Um segundo grupo foi convidado a imaginar uma refeição em um futuro muito distante (o que, para estudantes universitários, significava "algum momento depois dos 40 anos"). Houve uma diferença crucial nesse grupo: em vez de adotar uma perspectiva em primeira pessoa, eles se mostraram mais propensos a usar um ponto de vista de terceira pessoa. Eles se enxergavam de fora, como se fossem observadores testemunhando a cena; usaram, por exemplo, "ele" ou "ela" para descrever seu futuro eu, em vez de "eu".

Na nossa cabeça, o futuro eu parece ser outra pessoa![39]

Pronin quis saber então se essa visão tem consequências: também *tratamos* nossos eus futuros como outra pessoa? Para responder, ela perguntou às pessoas sobre suas preferências em relação a ingerir uma bebida de gosto ruim. Mentindo de leve, ela disse aos participantes que estava estudando o sentimento de nojo, que seria induzido quando consumissem um "líquido de sabor desagradável". (O líquido, de aparência assustadora, era na verdade uma mistura de ketchup, molho de soja e água.) Para convencer os alunos a experimentarem a bebida, Pronin os lembrou de que estavam contribuindo para a ciência.

Foi aqui que as coisas ficaram interessantes. Um grupo foi questionado sobre quanto estariam dispostos a consumir – isto é, beber de verdade – no final do experimento. O segundo grupo foi questionado sobre quanto beberiam, mas ouviram que, em virtude de problemas administrativos, apenas poderiam ingerir a bebida no início do semestre seguinte (se não retornassem, perderiam os créditos da matéria que estavam recebendo por participar). E um terceiro grupo foi questionado sobre quanto da bebida gostariam de atribuir ao participante seguinte da pesquisa.

Em média, as pessoas escolheram consumir no ato cerca de três colheres de sopa. (Francamente, fiquei surpreso que tenha sido tão alto; talvez os alunos de Princeton simplesmente fiquem realmente animados em fazer coisas pelo "bem da ciência".)

Quando se tratava de dar o líquido nojento a outra pessoa, a quantidade era mais próxima de meia xícara (cerca de oito colheres de sopa).[40] E para o futuro eu? Também cerca de meia xícara.

Isso sugere que, de muitas maneiras, não apenas enxergamos nossos futuros eus como se fossem outras pessoas - nós também os tratamos assim.[41]

Matt Damon, Natalie Portman e um aluno de pós-graduação entram em uma sala...

Aparelhos de ressonância magnética são extremamente caros de usar. (Talvez você tenha tido o prazer de estar dentro de um. A experiência é semelhante a ficar trancado em um caixão barulhento por 45 minutos ou mais.) Há os custos associados à manutenção da máquina, à equipe que a opera e aos físicos e cientistas da computação que garantem que os programas executados em segundo plano estejam funcionando corretamente. Para um pesquisador, usar um deles pode custar mais de mil dólares por hora.

A menos que... você o use entre meia-noite e quatro horas da manhã. Aí custa só a metade. Como eu estava em um ponto da minha carreira de pós-graduação em que podia facilmente ficar acordado até tarde e não era muito abonado em termos de financiamento para pesquisa, apareci no centro de neuroimagem de Stanford à meia-noite e meia, tentando entender se havia alguma base, em nosso cérebro, para a ideia de que nosso futuro eu poderia ser outra pessoa.

A sala era fria, estéril e mobiliada com alguns computadores e uma janela de vidro. Do outro lado da janela havia um scanner de ressonância magnética gigante, de nível hospitalar. Mas, ao contrário das máquinas de ressonância magnética típicas usadas para fazer imagens de pulmões e joelhos, esta continha uma cama e um pequeno espelho que refletia imagens de uma tela de computador. No dia seguinte, após chegarem os resultados, pude observar a atividade no cérebro dos participantes enquanto eles experimentavam uma série de pensamentos e sentimentos.[42]

Uma das primeiras perguntas que psicólogos fizeram ao usar esse tipo de ressonância magnética funcional (fMRI) foi: é fácil para o cérebro dizer o que é "eu" e o que "não é eu"? Em outras palavras, pode o cérebro entender a diferença entre o eu e o outro? Embora possa parecer uma questão puramente acadêmica, "localizar" o eu no cérebro pode representar um passo fundamental para entender a consciência.

Um grupo de pesquisadores pediu que pessoas fossem até a máquina, deitassem e olhassem para uma lista de palavras relativas a características (como "ousado", "falante" e "dependente") piscando na tela acima da cabeça delas. Logo acima dessas palavras, elas veriam "EU" ou "BUSH". (Na época, George W. Bush era o presidente dos Estados Unidos, então ele parecia uma boa escolha para ser a outra pessoa.) Segurando um controle de clique, a tarefa do participante da pesquisa era simples: se a palavra relativa a uma característica se aplicasse à pessoa em quem estavam pensando (eles mesmos ou George Bush), elas teriam que clicar em um botão; se não, precisariam clicar em outro.

Há uma parte do cérebro conhecida como córtex pré-frontal medial, que fica logo atrás da sua testa. Não maior que um cartão de crédito, essa região ficava mais ativa quando as pessoas pensavam em si mesmas, em comparação a quando pensavam em outra pessoa.[43] Em outras palavras, essa área não estava particularmente interessada em George Bush – ela se importava com *você*.

Para neurocientistas e psicólogos sociais, foi uma descoberta e tanto: mostrava que havia algo especial sobre o "eu".

Tendo lido o artigo que descreve este estudo, não pude deixar de me perguntar: se o cérebro consegue diferenciar o que é eu e o que não é eu, *e* se o futuro eu é enxergado como se fosse um estranho, então... será que o eu do futuro se parece com *outra pessoa* em nossos cérebros?

Pensei em levar a ideia a um dos meus mentores, um professor de Psicologia e Neurociência chamado Brian Knutson, para ver se ele orientaria o projeto e, bem, se pagaria para que eu me sentasse ao scanner e o realizasse. Brian tem mais pontos de QI do que muitas pessoas que conheço e tinha facilidade em dizer não a projetos que não lhe interessavam. Por isso fiquei maravilhado quando ele se animou e quis embarcar no projeto.

A metodologia ia direto ao ponto. Os participantes se deitariam no scanner e julgariam palavras relativas a características que se aplicavam ao seu eu atual, ao seu futuro eu ou a outra pessoa agora e dali a dez anos.

Embora a pesquisa anterior tenha usado George Bush como a "outra pessoa" nessa empreitada neurocientífica, não achamos que fosse uma boa ideia. Para começar, à época da minha pesquisa ele era um presidente mais controverso do que em comparação a quando o trabalho anterior fora realizado.

Quem, então, deveríamos usar para representar o "outro"? Decidimos pedir ajuda aos universitários. Pedimos a eles que selecionassem as pessoas mais conhecidas, mas menos controversas, com as quais tinham familiaridade. Duas respostas receberam a maioria dos votos: Matt Damon e Natalie Portman.

Isso foi em 2007. Hoje os nomes certamente seriam diferentes, mas o objetivo era encontrar pessoas que fossem conhecidas por todos e não particularmente provocativas. Queríamos ter certeza de que quaisquer diferenças que enxergássemos no cérebro fossem legítimas, e não por outro motivo, como emoções fortes.

A imagem a seguir mostra o que aconteceu na parte do cérebro capaz de perceber a diferença entre o eu e outra pessoa. As linhas representam o fluxo sanguíneo para essa região, outra maneira de medir quão ativa uma parte do cérebro está quando você pensa ou sente algo. (Mais sangue é igual a mais atividade.)

FLUXO SANGUÍNEO NO CÉREBRO

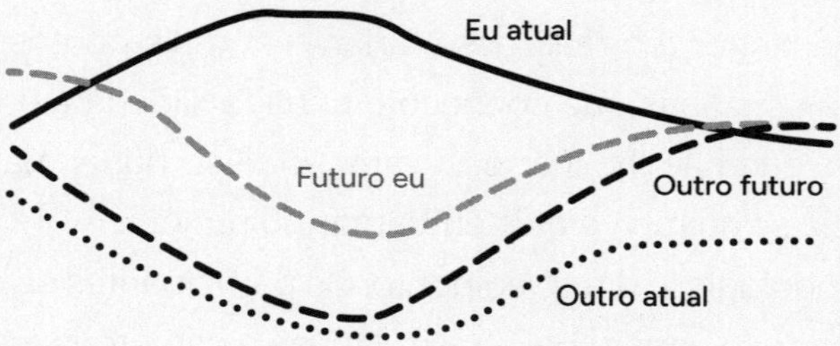

Pense no eixo horizontal como o tempo durante o exame: começa, à esquerda, quando uma palavra relativa a uma característica foi mostrada a um participante, e em direção ao centro do gráfico é cerca de quatro segundos depois que essa palavra foi mostrada. Esse é o ponto no tempo em que se espera ver mais fortemente o efeito de um pensamento no fluxo sanguíneo em determinada parte do cérebro.

É provável que você perceba de imediato o que está acontecendo. Dê uma olhada na linha cinza tracejada – trata-se da atividade no cérebro que emerge ao pensar sobre o futuro eu. E ela é mais semelhante à atividade produzida a partir de pensamentos sobre outra pessoa – esteja ela no presente ou no futuro.

Provavelmente vale a pena repetir: no cérebro, o futuro eu se parece mais com outra pessoa do que com o eu atual!

Brian, meu orientador, me pediu para refazer o estudo só para ter certeza de que essas descobertas eram confiáveis. Depois de mais dois meses de noites sem dormir no scanner, os mesmos resultados surgiram.

Outros estudos chegaram a conclusões semelhantes.[44] Deixe-me compartilhar meu favorito, que usou uma ferramenta de neuroimagem chamada estimulação magnética transcraniana (ou EMT, para abreviar). A EMT envia um pequeno pulso magnético pelo cérebro que efetivamente desliga qualquer região-alvo. Para pessoas com depressão crônica, a EMT está sendo usada hoje em dia para ligar e desligar as partes do cérebro envolvidas na regulação do humor, levando a melhorias significativas nos sintomas.[45]

Há uma pequena seção do cérebro chamada junção temporoparietal, que nos ajuda a "ler" a mente dos outros para que possamos ter empatia por eles e ver as coisas pela sua perspectiva. Quando os pesquisadores "desligaram" a junção temporoparietal, os participantes não se transformaram repentinamente em sociopatas de sangue frio.[46] Mas eles mostraram quedas nas pontuações em escalas que medem a empatia. Como resultado, eles não conseguiam tão facilmente "ler" a mente de outras pessoas.

Agora vem a parte doida. As pessoas não só tiveram dificuldade em "ler" a mente dos outros como também em "ler" a mente dos seus futuros eus. Quando a região que faz essa leitura foi desligada, as pessoas optaram por gastar mais dinheiro agora em vez de economizar.

Quando a capacidade de ter empatia com os outros foi reduzida, as pessoas também apresentaram dificuldade em ter empatia com seus futuros eus, tratando-os como se *eles* também fossem outras pessoas. Por que economizar para sua aposentadoria? Aquele eu mais velho é um estranho para mim.

Por que enxergamos nosso futuro eu como outra pessoa?

Nossa tendência a nos envolver nesse tipo de pensamento - isto é, enxergar nosso futuro eu como se fosse outra pessoa - pode resultar de uma peculiaridade básica da percepção.

Se olhasse pela janela da cozinha e visse duas abelhas zumbindo por ali, você seria capaz de vê-las claramente. Mas, se notasse duas abelhas a distância, seria mais difícil diferenciá-las - a imagem delas provavelmente ficaria borrada, tornando mais difícil dizer onde uma termina e a outra começa.

Algo semelhante pode estar acontecendo quando fazemos comparações entre nossos eus presente e futuro. Conforme demonstrado pelos psicólogos Sasha Brietzke e Meghan Meyer, as pessoas enxergam uma separação clara entre os eus presente e futuro que estejam próximos.[47] Assim como as duas abelhas na janela, somos capazes de ver facilmente as diferenças, por exemplo, entre o eu de hoje e um eu futuro de daqui a três meses. No entanto, quando solicitados a comparar eus futuros que estavam a três, seis, nove e doze meses *um do outro*, estes foram considerados relativamente semelhantes entre si. Essa tendência de condensar eus futuros até apareceu no cérebro: eus futuros que estavam mais distantes do presente compartilhavam um padrão de atividade neural.

Temos dificuldade em enxergar detalhes de objetos distantes. Da mesma maneira, nosso futuro eu, distante de nós no tempo, também pode parecer borrado. Em contraste, nosso eu presente é extremamente vívido, assim como um objeto ao nosso alcance. Isso sugere que parte da razão pela qual nossos eus distantes não são enxergados como "nós" pode ser o fato de que não podemos vê-los com tanta clareza.

Como discutiremos no Capítulo 7, no entanto, existem truques para melhorar nossas percepções dos nossos futuros eus.

Certo, então o eu do futuro é outra pessoa... Isso é ruim?

Claro que pensar em futuros eus como se fossem outras pessoas é apenas uma analogia.[48] Uma vez me fizeram uma difícil pergunta durante uma palestra para consultores financeiros: se o futuro eu for mesmo outra pessoa, podemos nos casar com ela? Responderei "não" para essa.

Mesmo assim, é uma analogia útil. Se pensarmos em nossos futuros eus como se fossem outras pessoas, então faz sentido nos tratarmos tão mal às vezes. É compreensível não fazer dieta, economizar ou não se exercitar em prol daqueles estranhos temporalmente distantes, sobretudo quando temos esse eu presente muito vívido que está com fome, com preguiça e quer muito aquele iPhone novo.

Lembre-se: há momentos em que podemos ser fundamentalmente egoístas, agindo muitas vezes de maneiras que aumentam nosso próprio bem-estar, mas não o bem-estar dos outros. Se meu futuro eu for outra pessoa - um estranho -, então talvez não haja argumentos convincentes para agir em seu interesse.

Mas... nem *sempre* somos egoístas em nossas ações.

Fazemos sacrifícios o tempo todo - seja por nossos filhos, nossos melhores amigos, nossos pais idosos, nossos cônjuges e, sim, às vezes, nossos colegas de trabalho (pelo menos aqueles de quem gostamos).

Sendo direto: podemos enxergar nossos eus futuros como se fossem outras pessoas. Mas o que realmente importa é que *tipo* de outras pessoas eles são.[49]

Se nossos eus futuros são estranhos - como aquele colega de trabalho que você mal conhece -, então, claro, não há muitos bons motivos para nos sacrificarmos por eles. Assim como no cenário em que nos transformamos em um vampiro, um pai ou qualquer outra nova versão de nós mesmos, não há como conhecer realmente os futuros eus que nos tornaremos. Mas, se nossos eus distantes forem enxergados como emocionalmente mais próximos de nós - mais como um grande amigo ou um ente querido -, então podemos ficar consideravelmente mais propensos a fazer hoje coisas que nos beneficiem amanhã.

No próximo capítulo, aprenderemos mais sobre esses relacionamentos com nossos eus futuros e como eles fazem diferença em áreas importantes de nossas vidas.

DESTAQUES

- Não há como conhecer de fato nossos eus futuros porque, quando nos tornamos eles, nossos pensamentos e sentimentos podem mudar de maneiras imprevisíveis. Mas ainda somos capazes de nos importar e fazer planos em benefício desses eus.
- Várias versões de nós se espalham ao longo do tempo. Podemos pensar nelas como conectadas por uma série de correntes interligadas. Mas, com o tempo, os elos da corrente podem enfraquecer, de modo que versões distantes de nós se pareçam com estranhos.
- Tratamos estranhos de forma diferente de como tratamos a nós mesmos, muitas vezes deixando de considerar seus interesses. Se nossos eus futuros parecem estranhos, não é de admirar que tantas vezes façamos coisas hoje das quais nos arrependemos amanhã.
- De várias maneiras, vemos nossos eus distantes como se fossem outras pessoas. O que importa são os relacionamentos que temos com essas outras pessoas.

CAPÍTULO 3

Relacionamentos com nossos futuros eus

Em 1773, Benjamin Franklin escreveu uma carta ao seu amigo Jacques Barbeu-Duborg na qual expressava seu desejo de voltar à vida em cerca de cem anos. Franklin queria desesperadamente ver o que aconteceria com o país que ele ajudara a fundar.

Mas, como inventor, Franklin não ficava satisfeito com desejos abstratos.[50] Em vez disso, ele mergulhou na logística da ressurreição: "Eu preferiria uma morte comum, [e então ser] imerso com alguns amigos em um barril de [vinho] Madeira". Um século depois, ele queria "ser chamado de volta à vida pelo calor solar do meu querido país!".

É difícil imaginar uma versão mais extrema - e improvável - de conexão com um eu futuro. E, no entanto, existe hoje um grupo crescente de pessoas envolvidas em algo exatamente como o que Franklin estava imaginando há mais de duzentos anos. Não com um grupo de amigos em um tanque de vinho doce (embora essa pareça ser uma maneira divertida de ser preservado), mas em um recipiente de aço cheio de nitrogênio, no qual as temperaturas caem abaixo de zero.

Arizona: um lugar perfeito para se congelar

No final da década de 1960, Linda McClintock e Fred Chamberlain leram de forma independente um livro obscuro intitulado *The Prospect of Immortality* [O prospecto da imortalidade], um tratado sobre o conceito de preservação da vida. Na época, a ideia realmente era ficção científica. No entanto, depois de se conhecerem em uma convenção da comunidade criônica no sul da Califórnia, e depois se apaixonarem, os dois decidiram explorar a sério a possibilidade da criopreservação. Eles foram motivados em parte pelo pai de Fred, que sofrera havia pouco um derrame debilitante e estava bastante fragilizado.

Então, em 1972, Fred e Linda Chamberlain fundaram em Scottsdale, Arizona, uma empresa de criopreservação chamada Alcor. O clima lá é árido e a localização da cidade a torna relativamente imune a desastres naturais como furacões, tornados, nevascas e terremotos que assolam muitas outras regiões dos Estados Unidos. Ninguém quer que seu pacífico pós-morte seja interrompido por uma enchente ou pelo desabamento de um prédio.

Quatro anos depois, o pai de Fred se tornou o primeiro paciente criopreservado da Alcor. Com corredores reluzentes e brilhantes câmaras de preservação abrigando fileiras de corpos congelados, a instalação de última geração na qual ele agora reside está muito longe de como as coisas pareciam nos primeiros dias da empresa. Naquela época, a Alcor tinha apenas um paciente (o pai de Fred) e cinco membros que se comprometeram a ser preservados. A organização agora ostenta cerca de duzentos pacientes e quase 1,4 mil membros.

Mas a abordagem geral permaneceu praticamente a mesma ao longo do tempo: assim que uma pessoa é declarada legalmente morta, uma equipe de criônica viaja para o local da morte, restaura artificialmente a circulação sanguínea e a respiração e, em seguida, coloca o corpo do paciente em uma banheira de gelo. À medida que o paciente resfria, ele é protegido por cerca de dez medicamentos, seu sangue é substituído por uma solução que preserva os órgãos se ele precisar ser levado para a Alcor em uma linha aérea comercial, e então ele é transportado (com cuidado!) para Scottsdale, onde "crioprotetores" são injetados em seu corpo (para evitar danos posteriores ao corpo e órgãos). Ao longo dos cinco a sete dias seguintes, o corpo do paciente é resfriado a - 160 °C, o que permite ser preservado e armazenado em um estado sólido por - em teoria - milhares de anos (no entanto, com o ritmo atual dos avanços médicos e tecnológicos, a Alcor estima que seus pacientes precisarão esperar entre apenas cinquenta e cem anos, aproximadamente).

A promessa esperançosa desse procedimento é de que alguma geração futura desenvolverá a tecnologia para permitir um "renascimento" final. Alguns crioclientes congelam apenas a cabeça e o cérebro, presumindo que, se existir uma tecnologia para a ressurreição, então também teríamos tecnologia para regenerar o corpo. No entanto, cerca de metade dos membros da Alcor decide congelar o corpo inteiro - custa significativamente mais, mas eles não querem voltar à vida com os membros de um estranho.

Assumindo compromissos com um eu desconhecido

Talvez eu esteja muito limitado pelos paradigmas científicos atuais, mas a ideia de desembolsar mais de 200 mil dólares com esse procedimento me parece... caro demais, especialmente para aquilo que, em essência, representa muito mais esperança que evidência. No entanto, ouvir os membros da comunidade criônica falarem sobre seus planos é, em alguma medida, inspirador.

Para muitos deles, a fé em um reavivamento final é motivada pelo desejo de se conectar com entes queridos do passado e do presente. (De fato, a paciente criogênica mais jovem tem 2 anos; seus pais decidiram preservá-la quando ela foi diagnosticada com câncer no cérebro, sucumbindo logo depois.)

O mesmo parece ser verdade para Linda. Perguntei o que ela mais gostaria de saber ou ver quando enfim fosse reanimada e, após uma breve pausa, ela exclamou de modo pungente: “Bem... Fred!”. (Ele foi criopreservado em 2012.)

Embora eu tivesse várias outras perguntas sobre a criopreservação em si (e se a energia acabar? Aparentemente não se trata de uma grande preocupação, pois o congelamento profundo requer apenas um trabalhador dedicado capaz de completar o nitrogênio líquido de vez em quando), o que me deixou mais curioso foi o relacionamento de Linda com seu eu futuro.

Em muitos aspectos, Linda – e a comunidade criônica em geral – representa um teste extremo da ideia de que nossos relacionamentos com nossos eus futuros moldam nossas decisões, comportamentos e bem-estar. Por definição, parece que qualquer pessoa disposta a gastar uma pequena fortuna em criopreservação precisa se sentir muito conectada com aquele distante eu futuro que um dia pode se tornar.

Com certeza, a vida atual de Linda reflete totalmente suas intensas conexões com a futura Linda. Adepta de uma dieta vegetariana durante vinte anos, ela agora se tornou totalmente vegana. Fez essa mudança depois de conhecer uma pesquisa que vincula uma dieta baseada em vegetais à prevenção do declínio cognitivo. Quanto a exercícios e alimentação, ela afirma que tudo o que faz se baseia na otimização de sua saúde cerebral de longo prazo; o revivamento, por si só uma possibilidade remota, será muito mais difícil se houver alguma neurodegeneração subjacente.

Linda Chamberlain pode bem constituir uma exceção. Certamente, suas crenças sobre a extensão da vida estão nas franjas da sociedade, embora estejam começando a ser mais aceitas pela ciência convencional. Sua forte ligação com seu futuro eu – e os comportamentos saudáveis que resultaram disso – pode parecer extrema. Mas há outros como ela na comunidade criônica. De fato, participantes da conferência "Revertendo o envelhecimento" – dedicada aos apoiadores da extensão da vida – foram questionados sobre quanta conexão sentiam com seus eus *muito* distantes (aqueles com 180 anos de idade).[51] Eles relataram sentimentos significativamente maiores de conexão com seus eus futuros do que um grupo de adultos saudáveis que não fizeram parte da conferência.

Isso faz sentido: se eles não estivessem tão conectados, provavelmente encontrariam outras maneiras de gastar esses 200 mil dólares.

Futuros eus entre os não congelados

Está claro que se sentir próximo do seu futuro eu é importante para os clientes da criônica. Mas essa descoberta suscita um conjunto maior de questões: a maneira como nos relacionamos com nossos futuros eus importa em outros contextos? Quais são as implicações práticas do nosso relacionamento com esses seres hipotéticos?

Essas são as perguntas a que venho tentando responder há algum tempo.

O primeiro desafio consiste em descobrir como perguntar a alguém sobre seu futuro eu. Afinal, se você não está acostumado a pensar ativamente sobre seu futuro eu ou sobre seu relacionamento com ele, essa linha de questionamento pode ser confusa.

Aqui está o que você não deve fazer: não deve perguntar às pessoas quanto elas *gostam* de seu futuro eu. Ou, pelo menos, não faça essa pergunta a uma amostra de estudantes de graduação norte-americanos.

Quando eu fiz isso – em uma das minhas primeiras tentativas de medir relacionamentos com futuros eus –, quase todo mundo disse: "Ah, eu amo meu futuro eu", ou coisa assim.[52]

No entanto, simplesmente não acreditei que isso estava correto, que todos sentissem um vínculo tão forte com seus eus distantes. Se assim fosse, então não veríamos tantos casos em que futuros eus são deixados à míngua. A academia do seu bairro estaria muito mais lotada. E a Dunkin' Donuts não seria uma rede internacional.

Pensei que devia existir um jeito diferente de chegar às nossas verdadeiras conexões com futuros eus.

A resposta veio na forma de um psicólogo bastante gentil chamado Art Aron. Professor de Psicologia da Universidade Stony Brooke, Aron usa, na maior parte dos dias, um suéter leve (bege, marrom, às vezes estampado) sobre uma camisa, além de uma mochila pendurada nos ombros.

Quando, na década de 1970, ele estava começando a pós-graduação na Universidade da Califórnia em Berkeley, Aron ficou desesperado para encontrar um tópico de pesquisa que lhe conviesse.[53] O normal a fazer naquela época era estudar algo que ninguém mais havia estudado antes. Mais ou menos nessa época, ele se apaixonou por Elaine, com quem está casado há mais de 40 anos. Então, ele decidiu estudar o que estava sentindo: amor. Ou, mais especificamente, relacionamentos românticos. Como eles começam, o que os mantém vivos durante um longo casamento e qual é a base biológica do amor.

Embora Aron seja mais conhecido por ter formulado 36 questões para perguntar a alguém por quem você quer se apaixonar – perguntas que ele criou e publicou com Elaine –, outra linha de pesquisa também conduzida por ele com sua esposa é igualmente poderosa.[54]

Juntos, eles desenvolveram uma teoria sobre relacionamentos próximos, ao observar que um dos ingredientes principais era o sentimento de que seu parceiro romântico (ou ente querido) estava incluído em seu senso de identidade. Se alguma vez você esqueceu se uma história aconteceu com você ou seu parceiro, por exemplo, essa é uma forma de entender que houve a inclusão de seu parceiro em seu próprio eu.[55] Outro bom exemplo é você ficar tão animado com a perspectiva de o seu parceiro receber uma promoção no emprego quanto se você mesmo a estivesse recebendo. Quando Jerry Maguire diz a Dorothy Boyd que ela o completa, isso mostra, também, como o amor cria identidades sobrepostas, de modo que nos sentimos incompletos sem nosso parceiro.*

Os Aron criaram um desenho simples para medir esse conceito de "inclusão no eu".[56] O desenho mostra sete conjuntos de círculos que progridem de totalmente separados para quase totalmente sobrepostos.

---

* Jerry Maguire e Dorothy Boyd são o par romântico do filme *Jerry Maguire: A grande virada* (1996). (N.T.)

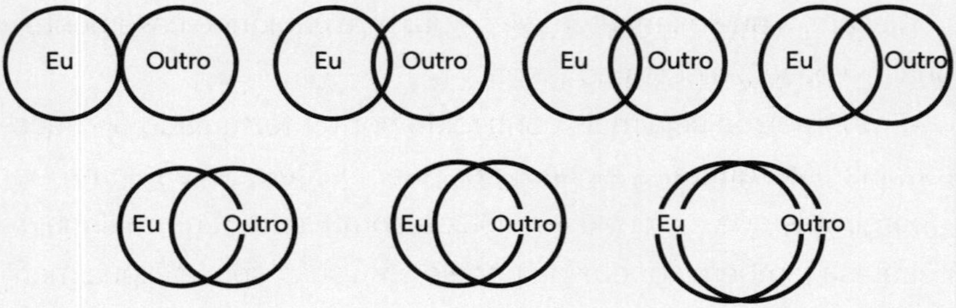

Embora as instruções fossem simples – "escolha o grupo de círculos que melhor representa a maneira como você pensa sobre seu parceiro" –, as respostas foram importantes. Quanto mais sobreposição as pessoas relatavam, maior a probabilidade de ainda estarem com seus parceiros até três meses depois, mais satisfeitas estavam com seus relacionamentos e mais compromissos estavam dispostas a assumir com seus parceiros.

Um relacionamento com seu futuro eu

Quando comecei a tentar medir a qualidade do relacionamento que temos com nosso eu futuro, estava trabalhando com uma aluna de mestrado chamada Tess Garton. Ela tinha se deparado com a "medição por círculos" dos Aron e perguntou se aquilo poderia ser útil em nossa pesquisa.

A ideia fez sentido de cara. Já existem testes por aí que demonstraram medir com sucesso as conexões que temos com *outras pessoas*. Então, vamos usá-los para avaliar a qualidade dos nossos vínculos com nossos futuros eus, que são como outras pessoas, pelo menos da perspectiva do cérebro.

Começamos timidamente e pedimos a um grupo de estudantes de graduação para escolher o conjunto de círculos que representava quão "semelhantes" eles se sentiam com seus futuros eus.

Especificamente, perguntamos sobre um futuro eu que estava dez anos à frente, pensando que isso nos permitiria ver muitas diferenças entre as pessoas.[57] Afinal, se tivéssemos escolhido um mês à frente, suspeitamos de que a *maioria* das pessoas diria que se sentiam muito semelhantes a esse eu; e, se tivéssemos escolhido um tempo distante de verdade, como quarenta anos à frente, suspeitávamos de que a maioria diria que não sentia nenhuma sensação de semelhança.

Tentamos formular essa pergunta de modo direto, indagando apenas sobre semelhança. Parecia um bom jeito de começar: quanto mais semelhança você sente que compartilha com um estranho, mais você o aprecia e sente-se ligado a ele.[58] E imaginamos que o mesmo deveria ser verdade em relação ao nosso futuro eu.

Também demos aos participantes um conjunto de escolhas financeiras: eles precisavam escolher entre pequenas quantias de dinheiro que poderiam receber imediatamente (digamos, 16 dólares esta noite) e quantias maiores que poderiam receber mais tarde (digamos, 30 dólares em 35 dias).[59]

Se nosso relacionamento com nossos futuros eus importa – isto é, se um sentimento de proximidade com nossos futuros eus nos ajuda a fazer coisas boas por eles, seja investir em criogenia, seja economizar para a aposentadoria –, então a resposta na escala dos círculos deveria corresponder às respostas na escolha financeira. De fato, a proximidade social importa em outras decisões: somos mais propensos a abrir mão do dinheiro para nós mesmos e dá-lo a outras pessoas *se* nos sentirmos emocionalmente próximos a elas.[60] Assim, pessoas que se sentem mais semelhantes a seus eus distantes deveriam, em teoria, ser mais pacientes com suas escolhas financeiras e estar mais dispostas a esperar por quantias maiores de dinheiro em vez de pegar quantias menores agora.

No entanto, eu não tinha certeza dos resultados. Afinal, a ideia de expressar uma conexão com seu futuro eu ainda é bastante abstrata. Claro, dar às pessoas um desenho de círculos tornava a coisa um pouco mais concreta, mas respostas nessa pequena escala corresponderiam mesmo a escolhas financeiras?

De fato, houve uma correlação significativa entre qual conjunto de círculos as pessoas escolheram e quão dispostas elas estavam a retardar um recebimento. Em suma, quanto mais semelhança as pessoas relatavam ter com seus eus futuros, mais provável era que elas esperassem por um prêmio maior.

Um cético pode dizer: "certo, é um achado interessante, mas esse estudo usou apenas estudantes de graduação... e, no fim das contas, quão significativa é uma escolha imaginária entre 16 dólares hoje à noite e 30 dólares em mais ou menos um mês?".

É uma crítica válida, então decidimos ir mais longe. Recrutamos outras 150 pessoas, mas, em vez de estudantes universitários, convidamos membros da comunidade para participar do nosso estudo. E, no lugar de fazer perguntas sobre escolhas monetárias hipotéticas, colhemos relatórios detalhados de suas vidas financeiras.

Mais uma vez, relacionamentos com eus futuros tiveram importância. As pessoas que se sentiam mais semelhantes a seus eus posteriores também acumularam mais ativos ao longo do tempo.

Claro, talvez outros fatores possam explicar *tanto* uma sensação de conexão com seu eu futuro *como* seus ativos. Pode-se imaginar, por exemplo, que pessoas mais velhas também se sentiriam mais ligadas aos seus eus futuros, e que, devido à idade, também teriam maior probabilidade de acumular riqueza. Ainda assim, quando controlamos fatores como idade, educação, renda e gênero, a ligação entre uma conexão com o eu futuro e os ativos continuava lá.

Recentemente, o Consumer Financial Protection Bureau [Agência de Proteção Financeira ao Consumidor, órgão do governo federal dos Estados Unidos] fez uma versão da nossa pergunta sobre o eu futuro a um grupo de mais de 6 mil norte-americanos - pessoas de todos os cinquenta estados dos Estados Unidos, de todo o espectro quanto a aspectos como renda, idade, raça, educação e traços de personalidade, como escrupulosidade e extroversão. Agora, em vez de círculos, os entrevistados foram simplesmente questionados sobre quão "conectados" eles se sentiam com seus futuros eus em uma escala que variava de 1 a 100. De novo: quanto mais conexão as pessoas sentiam com seus eus do futuro, mais elas tinham economizado e melhor era seu bem-estar financeiro geral.[61] Essa correlação se manteve mesmo quando levamos em consideração características demográficas e de personalidade.[62]

Observamos resultados semelhantes quando estudamos o cérebro. Lembra como, em um nível neural, o futuro eu *se parece* mais com outra pessoa do que com o eu atual? Bem, essa descoberta é baseada em uma média: em média, o cérebro responde ao seu futuro eu de forma semelhante a como responde a um estranho.

O problema com as médias, no entanto, é que elas podem obscurecer diferenças significativas entre as pessoas.

É verdade que, examinando mais de perto nossos dados, percebemos que, para algumas pessoas, a diferença na atividade cerebral entre pensar sobre os eus futuros e os eus atuais era bem grande. Para elas, o eu futuro *realmente* se parecia muito com outra pessoa. Mas, para outras, a diferença era muito menor, com o eu futuro se parecendo mais com o eu atual.

Suspeitamos de que essas diferenças entre pessoas podem ser significativas. Pesquisas anteriores descobriram que, se você pensasse em alguém muito parecido com você - seu melhor amigo, seu pai ou sua mãe, um ente querido próximo -, haveria diferenças relativamente pequenas no seu cérebro em comparação a quando pensasse em você mesmo.[63] Em outras palavras, o sentimento de proximidade se reflete na atividade cerebral.

Então decidimos ver se as diferenças cerebrais que identificamos conseguiriam prever que tipos de decisões financeiras as pessoas tomavam. Duas semanas depois de escanearmos o cérebro de nossos participantes, eles voltaram ao laboratório para participar de um rápido experimento de tomada de decisão.

Eles precisaram fazer escolhas entre quantias menores de dinheiro que poderiam obter na hora *versus* quantias maiores pelas quais teriam que esperar. (As escolhas eram reais: eles receberam o dinheiro no momento que tinham especificado.)

Como esperado, quanto mais o futuro eu se parecia com outra pessoa, de acordo com a atividade cerebral, mais impacientes as pessoas tendiam a ser em relação a suas escolhas financeiras. Em outras palavras, a "alteridade" do futuro eu estava ligada a uma preferência por pequenas quantias de dinheiro hoje, em vez de quantias maiores depois.[64]

Deixando o dinheiro para lá

Esses vínculos com nosso futuro eu, bem como o poder que eles detêm sobre nossas decisões, se aplicam para além do dinheiro. Por exemplo, quanto mais as pessoas sentem conexão com seu futuro eu, mais provavelmente tomarão um caminho ético quando lhes for dada a escolha.[65] Isso porque, em um sentido prático, escolher uma rota gratificante, mas eticamente duvidosa, é uma maneira de priorizar o hoje em vez do amanhã. (Você está transferindo o risco de ser pego para seu eu futuro.) E, quanto mais conectadas as pessoas estão com seu futuro eu, melhores são suas notas no ensino médio e na faculdade, e maior é a probabilidade de se exercitarem.

Para mim, o resultado mais impressionante do nosso relacionamento com nossos futuros eus vem na forma de bem-estar psicológico – especificamente, satisfação com a vida.[66] Em 1995, quase 5 mil adultos com idades entre 20 e 75 anos participaram de uma pesquisa conhecida como "Midlife Development in the United States" ["Desenvolvimento de Meia-idade nos Estados Unidos"], respondendo a perguntas sobre suas características atuais (quão calmos, atenciosos e inteligentes eles eram, por exemplo) e como achavam que estariam essas características em dez anos. Aqueles que se sentiam próximos aos seus futuros eus imaginaram maior sobreposição de características entre seu eu atual e seu eu futuro. Em contrapartida, aqueles que se sentiam menos próximos eram mais propensos a imaginar seu futuro eu como uma pessoa diferente, com características diferentes.

Uma década depois, em 2005, esses adultos foram pesquisados novamente. Um dos meus alunos, Joey Reiff, conseguiu esse conjunto de dados e percebeu que ele nos permitia "conferir" os futuros eus que as pessoas acabaram se tornando. Quem acabou ficando mais satisfeito com a vida: aqueles que imaginaram mais mudanças e diferenças ao longo do tempo ou aqueles que imaginaram maior similaridade?

A similaridade venceu: o grau de sobreposição entre os eus estava mais fortemente ligado ao bem-estar do que qualquer quantidade de mudança prevista.[67] E isso foi verdade independentemente de a mudança antecipada pelas pessoas ser positiva ou negativa. Claro, pode ser que as pessoas que enxergam maior similaridade também estejam vivendo vidas mais estáveis no momento e esperem continuar assim. Mas, em nossa pesquisa, tomamos o cuidado de fazer ajustes considerando coisas que poderiam levar a um maior bem-estar – como características demográficas e status socioeconômico.

Vale a pena reservar um momento para refletir sobre esse resultado, porque acho que ele revela muito sobre a natureza do nosso relacionamento com nosso futuro eu. Imagine que, em 1995, você conversou com duas mulheres de meia-idade com circunstâncias de vida relativamente semelhantes e pediu a elas que previssem quão semelhantes elas seriam aos seus eus de dez anos à frente. Se uma previu maior similaridade e a outra mais mudanças, aquela que imaginou similaridade – pelo menos nesse conjunto de dados – é que acabaria mais satisfeita com sua vida dez anos depois.

Por que é assim? Bem, já sabemos que pessoas que enxergam mais similaridade entre seus eus atual e futuro tendem a fazer coisas como economizar mais, exercitar-se com mais frequência e escolher o caminho mais ético. É possível – embora não possamos saber com certeza – que anos de tal comportamento levem a uma vida mais satisfatória.

Mas será que essa descoberta – de que maior similaridade está ligada a mais satisfação com a vida – não se contrapõe à noção muito norte-americana de que todos nós deveríamos nos esforçar para nos autoaperfeiçoarmos? Provavelmente não.

Os pesquisadores Sarah Molouki e Dan Bartels descobriram que, quando as pessoas consideram o que as faz ter uma sensação de conexão com versões futuras de si mesmas, elas naturalmente incorporam a ideia de autoaperfeiçoamento.[68] Eu posso sentir um vínculo com meu futuro eu – sentir que ele e eu somos semelhantes e compartilhamos uma conexão –, mas ainda assim prever que vou melhorar nas coisas que fazem de mim "eu mesmo" ao longo do tempo. Não vou me tornar uma pessoa diferente, apenas melhor.

Para onde a seta aponta

É um clichê das ciências sociais: "Correlação não é causalidade". E é verdade. Todos os resultados que tenho discutido até agora – que relacionamentos fortes com nossos futuros eus estão conectados a melhores comportamentos de longo prazo – representam correlações. Eles deixam em aberto questões sobre quais coisas *causam* quais resultados.

Será mesmo verdade que conexões com nossos futuros eus levam a tomadas de decisão financeiras mais pacientes, ou poderia ser igualmente plausível que pessoas mais ricas e pacientes simplesmente acabem tendo mais conexão com seus futuros eus?

Para responder adequadamente a essa pergunta, o ideal é vestir sua fantasia de cientista maluco, encontrar milhares de pessoas que aceitem participar de um experimento gigante e dividi-las em dois grupos.[69]

A um dos grupos, você daria um monte de dinheiro e veria se isso mudaria quão conectados e semelhantes eles se sentem com seus eus futuros. Quanto ao outro grupo, de alguma forma você os faria sentir uma sensação maior de conexão com seus eus futuros, e então veria se eles se engajam em comportamentos mais positivos voltados para o futuro.

Algo assim diria conclusivamente se relacionamentos fortes com nossos futuros eus *causam* um melhor comportamento, ou se a seta causal aponta para o outro lado. Mas ninguém fez verdadeiramente esse experimento em particular. Parece possível, no entanto, que esses processos estejam relacionados. Se você tem um sentimento maior de conexão com seu futuro eu, faria sentido querer investir mais nele. Ao mesmo tempo, se sua vida é estável e confortável, então pode ser mais fácil pensar no futuro e se sentir conectado à pessoa que você será. (De fato, à medida que as pessoas envelhecem e experimentam maior estabilidade em suas vidas, elas relatam sentir níveis mais altos de conexão com seus futuros eus.[70])

Mas há evidências convincentes que sugerem que a seta aponta mais fortemente para uma direção.

Primeiro, a partir de pesquisas com milhares de adultos, observamos que aqueles que receberam uma grande quantia de dinheiro no ano anterior (por meio de, digamos, loteria ou herança) não relatam, na verdade, maiores graus de conexão com seus futuros eus em comparação a adultos que não tiveram tanta sorte.[71] Em outras palavras, não é necessariamente o caso que um cenário financeiro imediatamente melhor *acarrete* um vínculo mais forte entre os eus atual e futuro.

Uma segunda evidência vem de Dan Bartels, mencionado anteriormente, e seu colega Oleg Urminsky. Eles pediram a formandos que lessem uma curta passagem indicando que eles poderiam esperar ver muitas mudanças em seus principais traços de personalidade após a faculdade ou, alternativamente, que veriam poucas mudanças nesses traços. Aqueles que leram sobre similaridade entre seus eus atual e futuro eram mais propensos a serem pacientes quando precisaram escolher entre pequenos vales-presente que poderiam ganhar na hora e vales-presente maiores pelos quais teriam que esperar.[72] Apesar de uma intervenção simples, ela sugere que mudar seu senso de conexão com seu futuro eu é capaz de aumentar sua disposição para executar mais ações em benefício dele.

E talvez, pode-se especular, também em benefício de outros.

Conectando-se com outros, para além do agora

Quando tinha 32 anos, Arne Johansen foi diagnosticado com a doença de Lou Gehrig. É uma idade tragicamente jovem para receber um prognóstico de apenas mais alguns anos de vida. Arne era pai de quatro filhos, extremamente ativo em sua comunidade e treinador das equipes esportivas de que seus filhos participavam. Ryan, seu primogênito, tinha apenas 11 anos quando o diagnóstico foi feito.

Como Ryan me contou, ele e Arne eram extremamente próximos. Tanto que conversaram profunda e longamente sobre a realidade que seu pai estava enfrentando.

Embora continuassem a passar uma quantidade significativa de tempo juntos, Ryan percebeu que o pai começou a passar horas todos os dias escrevendo cartas – isso quase imediatamente após receber o diagnóstico. Quando as habilidades motoras de Arne se deterioraram (o que aconteceu bem rápido), datilografar ficou difícil. Era o início da década de 1990, e ainda não existia uma tecnologia de transcrição de voz sofisticada. "Lembro-me de vê-lo datilografando o tempo todo, e então, quando ele não conseguia mais, instalamos braços mecânicos em sua cadeira de rodas – e eles seguravam suas mãos com pequenas pontas de borracha em seus dedos, o que lhe permitia pressionar as teclas da máquina de escrever", lembrou Ryan.

Quando essa tecnologia rudimentar falhou, e como a saúde de Arne continuou a se deteriorar, a família contratou uma enfermeira. Mesmo assim, Arne continuou a escrever cartas ditando o que queria dizer à sua enfermeira.

Ryan, desejando ser um tipo de cuidador, visitava o pai todas as manhãs antes de ir para a escola ou para o treino de futebol. Em uma dessas manhãs, cerca de três anos após o diagnóstico inicial, Ryan descobriu que seu pai havia "partido".

Agora chefe de polícia de San Bruno, uma pequena cidade ao sul de São Francisco, nos Estados Unidos, Ryan se acostumou a lidar com situações extraordinariamente difíceis, mas reconheceu que aquele momento foi particularmente terrível. Para muitas pessoas, esse é o momento "do qual você se lembra para sempre – como é ver seu pai assim, sem vida".

Mas essa não é sua lembrança dominante ou mais vívida daquela manhã.

Na verdade, depois de saber que o pai tinha morrido, ele foi chamar a mãe e contar a ela o que acontecera. Dez minutos depois, ela lhe entregou um envelope pardo.

Nele havia uma curta carta de Arne.

Mais do que o trauma da morte e a negatividade associada a essa perda, o que Ryan lembra é da carta. Foi escrita para ele – não para as outras crianças, não para sua mãe, mas para ele. E, mesmo tendo apenas um parágrafo, foi um esforço se manter lá, durante o que "provavelmente seria o momento mais difícil da minha jovem vida, e um momento em que eu gostaria que meu pai estivesse lá, mas ele não pôde estar", Ryan me contou.

O que ele não sabia era que haveria muito mais cartas como essa. Em uma delas, Arne escreveu que não tinha necessariamente medo de morrer – havia aceitado esse fato na época de seu diagnóstico. Não, o que ele mais temia era não poder estar com a esposa e os filhos nos anos que viriam. Ele reconheceu que todos os momentos normais de ritos de passagem – momentos que deveriam provocar pura alegria – seriam para sempre marcados pela tristeza associada à sua ausência.

E assim, em um esforço para amenizar um pouco essa tristeza, ele escreveu cartas para marcar quase todas as experiências de vida significativas que os filhos encontrariam no futuro.

Hoje com quarenta e poucos anos, Ryan já recebeu bilhetes do pai no dia do funeral, no primeiro aniversário da morte de seu pai, em suas formaturas do ensino médio e da faculdade, no dia de seu casamento e no nascimento do primeiro filho. Há até uma carta esperando o nascimento de seu primeiro neto.

Arne escreveu dezenas dessas cartas - cartas para seus outros filhos, para sua esposa e para outras pessoas também.

Essas cartas são um lembrete poderoso de que podemos manter um senso de conexão com as pessoas mesmo depois de elas partirem. Ao pensar em seu próprio futuro eu e na vida além da existência desse eu, Arne acabou moldando também os eus futuros de outros também.

Graças às cartas, Ryan continua se sentindo próximo de seu pai - que continua sendo uma influência importante em sua vida. Mais inesperadamente, as cartas permitiram que seus próprios filhos conhecessem melhor o avô - conhecessem sua voz, sua personalidade e seu "eu", coisas que de alguma forma parecem sobressair na escrita.

As cartas do pai até levaram Ryan a criar a própria empresa. Quando se tornou policial, duas décadas atrás, ele estava no Departamento de Polícia de San Diego e foi designado para uma diligência em um bairro violento.

Em seu primeiro ano, ele se envolveu em um incidente em que foi baleado várias vezes. Embora seu pai tenha tido o "luxo" de vários anos para planejar o tempo que lhe restava, Ryan percebeu que, em seu ramo de trabalho, ele poderia morrer a qualquer momento.

Então, ele se sentou para começar a escrever os mesmos tipos de cartas que seu pai escrevia. A tarefa, no entanto, era extremamente difícil - ele levou uma eternidade para chegar à metade de uma carta.

Ele pensou que talvez pudesse usar sua webcam para gravar uma "carta" em vídeo. No entanto, isso também se mostrou mais difícil do que ele esperava. Gravar um vídeo que deveria ser uma fonte de apoio no dia do casamento de sua filha se transformou em uma enxurrada de soluços atrelados a uma mensagem quase ininteligível.

Essas dificuldades levaram Ryan a fundar a EverPresent. Com a empresa, Ryan tentou criar um fórum para que praticamente qualquer pessoa, saudável ou doente, criasse vídeos de "legado" a serem compartilhados com entes queridos após sua morte.

Como Ryan observou, e por mais estranho que isso pareça vindo de um chefe de polícia, os roteiros dos vídeos seguem, na verdade, técnicas de interrogatório padrão: um usuário recebe uma série de perguntas com o objetivo de fazê-lo contar uma narrativa. Ficou evidente que isso é muito mais fácil do que sentar na frente de uma câmera sem um roteiro de verdade ou qualquer senso de ordem.

E esse processo teve um impacto para Ryan. Como isso o forçou a pensar de modo mais profundo sobre seus entes queridos, criar os vídeos aproximou Ryan deles. Outros clientes da EverPresent tiveram experiências semelhantes. Por exemplo, em um depoimento, um usuário observa que, embora tenha dado a assinatura para sua mãe de Natal, aquele tem sido um presente para toda a família desde que ela criou seus vídeos.

Mas há outro benefício: ao levar Ryan a pensar além de sua vida, os vídeos permitiram que ele se sentisse mais confortável com a perspectiva da própria mortalidade – em parte porque ele sabe que não deixará nenhuma ponta solta com sua família.

Ter menos medo de morrer, por sua vez, tornou mais fácil demonstrar compaixão em momentos-chave de tomada de decisão que ele enfrenta como policial. "Você pode ficar um pouco mais disposto a conversar antes de sacar a arma", ele me disse, porque, se você morresse, saberia que teria concluído melhor as coisas com sua família - mesmo que apenas na forma de "cartas" em vídeo.

E não é somente Ryan: médicos do Stanford Health Care criaram um projeto semelhante em que seus pacientes também escrevem cartas. Em um esforço para fazer os pacientes pensarem mais profundamente sobre seus desejos no fim de vida, médicos de cuidados paliativos introduziram uma diretiva antecipada na forma de carta. Embora não seja exatamente o mesmo que Ryan conseguiu com a EverPresent, há uma estratégia semelhante. Solicita-se aos pacientes que escrevam sobre o que mais importa para eles agora e o que eles acham que importará no final de sua vida, além de como eles desejam ser lembrados por suas famílias. Fazer isso permitiu que os pacientes expressassem mais completamente suas preferências aos seus médicos.[73] Na medida em que planos claros e bem documentados para o fim da vida levam a mortes "melhores" (para pacientes e cuidadores), conclui-se que tais exercícios de escrita de cartas poderiam facilitar um pouco o estágio mais difícil da vida.[74]

Há uma lição maior aqui. Para filósofos como Derek Parfit, considerar conexões com o futuro eu é algo capaz de tornar a morte um pouco menos assustadora. Se pensarmos que existe só um "eu", então a vida termina quando a morte chega. "Depois da morte", escreve Parfit, "não haverá ninguém vivo que seja eu."

Mas, se a nossa vida é mais bem definida como uma coleção de eus separados - que experimentam algum grau de conexão entre si -, então talvez a morte não deva inspirar tanto terror. Sim, como Parfit observa, a morte criará uma forte divisão "entre minhas experiências presentes e futuras, mas não quebrará várias outras relações".[75] Podemos continuar vivos nos corações e mentes de entes queridos. Vislumbres do eu sobrevivem.

O significado dessa percepção é de que não precisamos ser definidos por nossos rostos, interesses, memórias ou pela carne que envolve nossos ossos. Esses aspectos de nós mesmos certamente deixarão de existir após a morte. Outros, no entanto, podem persistir, em grande parte por meio de nossos relacionamentos mais próximos. Seja por meio dos valores essenciais que transmitimos aos outros, das impressões que causamos neles ou das histórias que eles contam sobre nós, podemos continuar a impactar o mundo mesmo depois de partirmos.

Pergunte ao Ryan, ou talvez até mesmo ao pessoal da Alcor.

Reconhecer as conexões entre os eus ao longo do tempo pode influenciar fortemente nosso comportamento e satisfação com a vida. Seja por meio de decisões financeiras ou escolhas de saúde, seja por caminhos éticos ou relacionamentos póstumos com entes queridos, cultivar laços fortes com nossos eus distantes está ligado a resultados positivos. Em suma, quanto mais próximo você se sentir do seu futuro eu, melhor se preparará para o seu futuro, seja lá o que ele possa trazer.

Mas, antes de discutirmos maneiras de preencher a lacuna entre os eus atual e futuro (o que faremos na parte final do livro), é importante entender o lado sombrio dos relacionamentos com nossos eus distantes. O que acontece quando nossas conexões com nosso futuro eu se desgastam? E o que conexões empobrecidas com nossos eus futuros podem nos dizer sobre os erros que tantas vezes cometemos em nossas vidas diárias?

DESTAQUES

- Os relacionamentos que temos com nossos futuros eus desempenham um papel crucial nas decisões que tomamos.
- Conexões mais fortes com nossos eus distantes estão ligadas a resultados positivos.
- Esses resultados melhorados podem ser encontrados em várias áreas, como bem-estar financeiro aprimorado, maior probabilidade de se exercitar, melhores notas e melhor bem-estar psicológico.
- Fortalecer sua conexão com seu futuro eu pode aumentar sua disposição em executar mais ações em benefício dele.

PARTE DOIS

Turbulência

Entendendo os erros que cometemos ao passar do agora para o depois

CAPÍTULO 4

Perder o voo

Quando o Groupon começou, em 2008, seu foco eram ofertas com grandes descontos "ativadas por grupo": certo número de consumidores precisaria fechar a compra para que ela se tornasse ativa. Sendo um estudante de pós-graduação com orçamento limitado, eu achava que a empresa oferecia um serviço excelente e muitas vezes comprava cupons de coisas de que eu "precisava" ou sentia que precisava.

Cerca de dois anos após a fundação do Groupon, eu estava morando em Chicago, dando aulas para alunos de MBA pela primeira vez. Isso significava que meu traje preferido - bermuda e camiseta - não era mais suficiente. Eu precisava de algumas roupas sociais para a sala de aula.

Fiquei maravilhado quando vi uma oferta do Groupon de duas camisas sociais por 90 dólares. Aquela, no entanto, não era minha primeira experiência no Groupon, e eu estava ciente da tentação que sentiria quando fosse usar o cupom. Sabia que provavelmente compraria outras peças e de que torraria mais de 90 dólares em camisas de que não precisava. Em outras palavras, eu iria à falência economizando dinheiro.

Mas eu tinha uma solução. No que pensei ser um movimento de previsão sofisticada, perguntei à minha esposa se ela me acompanharia até a loja e implorei que me ajudasse a comprar apenas duas camisas.

Antes do dia combinado, eu já estava um pouco preocupado de estourar meu orçamento – a loja ficava perto do sofisticado distrito comercial da Michigan Avenue, em Chicago, e tinha em seu nome uma palavra que soava chique, "Clothiers".

Depois de subirmos as escadas, um vendedor bonito e vestido de modo impecável chamado Jake nos cumprimentou. Seu cabelo estava perfeitamente penteado, e sua camisa social tinha um caimento perfeito. Antes que eu pudesse falar "Estou aqui por causa da promoção do Groupon", ele imediatamente estendeu o braço para apertar minha mão e perguntou se algum de nós gostaria de beber algo – chá, café, ou talvez vinho ou cerveja? *Está bem*, eu pensei, *uma cerveja seria uma boa*.

Quando ele voltou com nossas bebidas, tentei novamente dizer a ele que estava lá por causa da promoção do Groupon, mas ele rapidamente começou a nos perguntar como estava indo o nosso dia e elogiou a minha roupa. Eu enfim o informei de que tinha o cupom para duas camisas e que seria tudo de que eu precisaria naquele dia.

"Claro", ele disse, "mas deixe-me primeiro mostrar nossos ternos."

"Não, não", protestei, "vim só pelas duas camisas, nada mais." Gostaria de pensar que talvez até tenha tentado lhe dizer que, se ele já tinha elogiado minha roupa, por que então eu precisaria de mais do que duas camisas? Mas tenho quase certeza de que não tive coragem. Além disso, ele era um profissional – sabia exatamente o que estava fazendo.

"Tudo bem", ele cedeu, "só as duas camisas. Mas de qualquer modo temos que passar pela área dos ternos, então não custa nada mostrá-los para você."

Havia três categorias de ternos, segundo ele me disse. Os "de valor mais baixo" custavam cerca de 500 dólares. O grupo do meio, aparentemente a escolha "da maioria dos clientes", custava cerca de 900. E a categoria final? Bem, era de cerca de 18 mil por terno.

Dezoito mil dólares?

Como diabos, perguntei a ele, um terno pode ser tão caro? Claro, o tecido tinha uma boa aparência, ou tão boa quanto eu conseguia perceber, mas também parecia um terno listrado comum.

Jake mostrou que tudo era costurado à mão – feito exatamente como o cliente gostaria, para ficar perfeito. Mas e as riscas? "Dê uma olhada mais de perto", ele disse. Quando me aproximei do paletó, percebi na hora que as riscas eram... monogramas.

"Apenas pense", Jake disse em um tom sonhador, "seu terno poderia ter 'HAL, HAL, HAL, HAL' nele todo!" E mais – como se pudesse haver algo a "mais" em um terno desses –, as linhas eram banhadas em nada menos do que ouro líquido.

Obviamente, não comprei o terno. Eu preferiria comprar um carro novo! E, sendo justo, não acho que Jake estava tentando me vender aquilo de verdade.

No entanto, o que ele estava fazendo – e com bastante eficácia – era chamar minha atenção para um preço muito mais alto do que os 90 dólares que eu estava preparado para gastar.

Uma hora depois, segurando o recibo de quatro camisas – o dobro do que eu queria comprar –, eu disse orgulhosamente à minha esposa (e a mim mesmo) que pelo menos não tinha sido enganado a gastar rios de dinheiro em um terno que eu não tinha como pagar!

Âncoras e viagem no tempo

O que Jake fez foi me "ancorar" em um preço muito alto. Sendo um vendedor talentoso, ele sabia que eu provavelmente ficaria mesmerizado com aquele número e então estaria disposto a comprar mais do que as duas camisas que havia planejado comprar.

É possível que você já tenha ouvido falar desse fenômeno – um conceito que migrou do mundo acadêmico da economia comportamental para a conversa cotidiana. A ideia básica é que, ao tomar decisões que envolvem informações numéricas, às vezes prestamos demasiada atenção a um número inicial, sem conseguir fazer ajustes para o anzol que ele coloca em nossas mentes.

Quando um barco lança sua âncora ao mar, ele fica perto de onde ela afunda. Claro, ele continua podendo flutuar um pouco em uma direção ou outra, mas no fim das contas ainda estará próximo de onde a âncora foi lançada.

É assim também com os números. Ficamos ancorados em um valor inicial e, embora saibamos que podemos e devemos nos afastar dele, não nos afastamos o bastante. Eu sabia que nunca pagaria perto de 20 mil dólares por um terno com HAL escrito nas riscas de giz, mas, ao pensar tanto sobre esse número grande, não percebi que mesmo 100 dólares extras ainda eram muito mais do que eu tinha planejado gastar.

Esse conceito de ancoragem está no cerne do primeiro erro que cometemos ao viajar no tempo. Assim como nos apegamos demais aos números iniciais, mesmo quando não são relevantes, muitas vezes nos concentramos demais em nosso eu de agora. O presente se torna nossa âncora, distorcendo nossas decisões sobre o futuro.

Como exemplo, imagine que você planejou uma elaborada viagem para um lugar distante. Você chega ao aeroporto bem antes do seu voo. Depois de passar pela segurança, no entanto, você decide tomar alguns drinques no bar do aeroporto. Afinal, está de férias! Por azar, você perde a noção do tempo e, lamentavelmente, perde seu voo.

Um problema semelhante pode acontecer com a viagem no tempo: em vez de fazer a viagem para o futuro em nossa mente – e agir de uma forma que nos beneficie no futuro –, somos sugados pelo presente e perdemos nosso “voo”. Em outras palavras, nas decisões que tomamos, nos ancoramos e prestamos demasiada atenção aos pensamentos e caprichos do nosso eu presente, que está todo feliz bebendo cerveja em um bar de aeroporto.

Imagine que você é um fanático por raspadinhas...[76]

Deixe-me tentar ilustrar o que está acontecendo aqui com a ajuda de alguns bilhetes de loteria mágicos. Imagine comigo, por um minuto, que você é um fã de raspadinhas.

Algumas vezes por semana, seu ritual matinal é comprar um bilhete e raspá-lo antes de começar a trabalhar. Em um dia fresco de outono, você está com seu bilhete de raspadinha e uma xícara de café quente bem ao lado dele.

Você o raspa e, opa!, vê que ganhou mil dólares! Ao olhar o bilhete mais de perto, você identifica que está escrito: “Você ganhou $1.000! Prêmio resgatável daqui a seis meses”.

Você fica um pouco decepcionado porque esperava poder sacar o dinheiro imediatamente; ainda assim, serão mil dólares extras para sua conta bancária. Você está a apenas um quarteirão da loja de conveniência onde comprou o bilhete e está tão animado que decide dar uma passadinha lá para compartilhar as boas novas com o dono da loja, o Izzy.

Quando entra na loja para contar ao Izzy sobre o prêmio, ele explica que, na verdade, como vocês dois se tornaram amigos recentemente, ele ficaria feliz em lhe pagar agora mesmo. Ou você pode escolher esperar para receber seu dinheiro em seis meses (como diz o bilhete).

Por que esperar? Se você tivesse a oportunidade de receber mil dólares agora ou a mesma quantia em um mês, você provavelmente pegaria o dinheiro agora.

Essa escolha é uma versão de perder o voo e permanecer perto demais do presente – estamos optando pelo dinheiro agora em vez do dinheiro depois. Ainda assim, teríamos dificuldade em encontrar o erro em priorizar os mil agora em vez da mesma quantia em seis meses.

Mas agora, digamos que algumas semanas se passaram desde que você ganhou seus mil dólares. É um dia chuvoso em novembro, e você está com seu bilhete de loteria e seu café sobre a mesa (já que ganhou uma vez, você pensa, por que não tentar de novo?). Você raspa o bilhete. Ou você é o jogador de loteria mais sortudo de todos os tempos ou a loja de conveniência do seu bairro é abençoada, mas você ganhou de novo! Mais uma vez, porém, o prêmio é de mil dólares, resgatáveis em seis meses.

Mesmo assim, você decide que vai contar ao seu amigo da loja sobre sua mais recente jogada de sorte. Quem sabe ele pague seus ganhos de novo. Mas, quando você chega à loja, o dono sugere outra coisa.

"Escute", diz Izzy, "posso lhe pagar seus mil dólares em seis meses. Ou, se você quiser, posso pagar agora, mas dessa vez preciso cobrar uma comissão – então posso lhe dar 990 dólares."

Será que você deveria escolher o valor menor, mas imediato? Ou esperar pelo maior? Por diversas razões, pode fazer sentido pegar o dinheiro agora. Você poderia, por exemplo, fazer mais com o valor menor? Você poderia investi-lo ou usá-lo de alguma outra forma que deixaria seu futuro eu em uma posição melhor?

Se sim, provavelmente não seria um erro, por assim dizer, pegar os 990 dólares agora. O raciocínio é de que há circunstâncias em que faz sentido escolher quantias ligeiramente menores de dinheiro agora em vez de quantias mais significativas mais tarde. Quando você escolhe essa quantia menor, isso se chama "descontar o valor de uma recompensa futura".[77] Em outras palavras, você está valorizando alguma recompensa futura um pouco menos do que algo que poderia conseguir agora.

Se eu continuasse ganhando bilhetes de loteria, e Izzy continuasse diminuindo a quantia oferecida para resgate imediato – 980, 970... 500... e assim por diante –, em algum momento você provavelmente diria: "Está bem, está bem, vou esperar pelos mil dólares". Simplesmente não valeria a pena abrir mão de, digamos, 100 ou 200 dólares, ou qualquer que seja seu "ponto de indiferença" específico.

Quem sou eu para dizer quais de suas escolhas nesses cenários são erradas? Talvez você precise do dinheiro agora, então faz sentido pegar 900 dólares – ou 600, ou qualquer outro valor – em vez de esperar seis meses inteiros. Não há problema em ser impaciente, desde que você tenha um bom motivo para tal.

Mas o verdadeiro erro da viagem no tempo – o de perder nosso voo por causa daquelas bebidas no aeroporto – surge quando nos envolvemos nessa tendência de descontar recompensas futuras de uma forma contrária ao modo como idealmente gostaríamos de nos comportar. Você queria fazer essa viagem: reservou o voo, encontrou o hotel, leu os guias.

Só que seu eu presente, por um momento, fez uma escolha ruim.

Vou tomar um sorvete com essa música *dance*, por favor

O que você imagina que gera mais lucro em Las Vegas: as máquinas caça-níqueis, as mesas de vinte e um, as suítes do hotel, os sofisticados espetáculos ou as refeições extravagantes? No fim das contas, nenhuma dessas opções. A verdadeira galinha dos ovos de ouro em Vegas são as casas noturnas.

Em casas noturnas enormes como a Hakkasan, a Tao ou a Jewel, alguns dos DJs mais famosos do mundo começam a tocar seus elaborados *sets* por volta de uma ou duas da manhã e não param até o amanhecer. Com vários andares, esses lugares ficam lotados de pessoas que esperaram horas na fila (ou gastaram grandes somas de dinheiro para evitá-las). Os clientes gastam tanto dinheiro em ingressos e bebidas (o serviço de mesa pode chegar a milhares de dólares) que alguns DJs ganham mais de centenas de milhares de dólares *por noite.*

Mas muitos desses jovens DJs têm dificuldade em conservar essa fortuna. Um dos mais famosos, Afrojack, gastou uma grande parte de sua fortuna – ele ganha milhões de dólares por ano – em extravagâncias. Vários anos atrás, quando já era dono de uma Ferrari, uma Mercedes e três Audis, ele decidiu comprar outra Ferrari e se acidentou com ela depois de apenas 45 minutos ao passar sobre uma mancha de óleo. Seu estilo de vida luxuoso se estende para além dos carros: ele alugou um iate de oitenta pés para comemorar o aniversário de sua filha e contratou um avião particular Jetstream (ao custo de 38 mil dólares) para levá-lo a uma de suas exibições.

Em um perfil da *The New Yorker* sobre o *megastar* de 2,05 metros, ele parecia estar ciente de viver a vida de uma forma que poderia ser considerada pelo menos "extravagante". No entanto, quando questionado, deu uma resposta que, no mínimo, representa uma descrição única do desconto de recompensas futuras em um nível extremo: "Se alguém lhe der um monte de sorvete, o que você vai fazer, colocá-lo no congelador? Não. Você vai tomar o sorvete, porra".[78]

Suspeito que muitos se identifiquem com esse desejo, mesmo que nenhum de nós possa se identificar de fato com as circunstâncias específicas de Afrojack. Ao pensar dessa forma – que o sorvete vai derreter se não o tomarmos imediatamente –, superestimamos a importância do que está acontecendo em nossas vidas *agora*. Priorizamos a cerveja do aeroporto em vez das férias de amanhã, ou nos ancoramos no sofá confortável em vez de entrar na esteira.

Também é a esse tipo de desejo que me refiro quando digo que podemos estar agindo de modo contrário à maneira como nos comportaríamos em um mundo ideal.

Quando o futuro se transforma no presente

Vamos voltar por um instante ao exemplo da loteria. Depois de vários encontros amenos com seu amigo da loja de conveniência, ele decide fazer uma pergunta a você. "Imagine", ele diz, "que daqui a um ano você compre novamente um bilhete premiado. E, de novo, você pode pegar seus mil dólares inteiros em seis meses ou vir até mim e trocar seu bilhete por 900 dólares na hora."

Em outras palavras, o que ele está pedindo para imaginar é que você pode ter 900 dólares em um ano ou esperar um ano e meio pelos mil dólares.

O que você acha? Você diria a ele que prefere ter 900 dólares em um ano em vez de mil dólares em um ano e meio? Meu palpite é de que você optaria por esperar pela quantia maior de dinheiro. Em um mundo ideal, em outras palavras, seu curso de ação preferido seria aquele em que você precisa de mais paciência.

Não é muita incoerência, então, escolher a maior quantia de dinheiro quando ambas as escolhas ocorrem bem longe no futuro (em um ano *versus* um ano e meio), mas se contentar com a quantia menor hoje quando deve escolher entre obtê-la agora *versus* daqui a seis meses? Do ponto de vista lógico, sim. Mas a realidade é que, conforme o futuro se aproxima do presente, fica mais difícil para nós demonstrar paciência. Parece que temos cada vez mais dificuldade em agir de um modo que beneficie nossos eus futuros. Em vez disso, começamos a mudar o foco para nosso eu atual.

De fato, em estudos em que são apresentadas escolhas como as que mostrei, é frequente vermos evidências desse tipo de inversão de preferência.[79] A ideia básica é que, na ausência de uma recompensa disponível de imediato, as pessoas valorizam *sim* o futuro e escolhem agir com paciência. Mas, quando uma tentação está disponível agora (ou quase agora), o futuro e tudo o que ele contém são desvalorizados mais intensamente.

Aqui vai um exemplo de um estudo de pesquisa típico: ao escolher entre 30 dólares em oito dias e 34 dólares em dezessete dias, as pessoas optam por esperar pela recompensa maior. Mas, quando uma das recompensas está disponível agora - digamos, 30 dólares imediatamente *versus* 34 dólares em nove dias -, então as preferências se invertem, e as pessoas optam pela recompensa menor e imediata.[80]

Pode-se encontrar esses padrões também em outras áreas. Por exemplo, daqui a uma semana, você preferiria comer uma banana, uma maçã, uma barra de chocolate ou algumas nozes (não nozes sem graça, ou as do tipo torradas e sem sal, mas daquelas mais gostosas)?

Se você for como muitos dos participantes da pesquisa a quem foi feita essa mesma pergunta, provavelmente escolheria a opção saudável em uma semana. Porém, uma semana depois, as mesmas pessoas precisaram fazer a mesma escolha, mas dessa vez as recompensas estavam disponíveis imediatamente. A maioria delas, e aposto que talvez você fizesse a mesma coisa, mudou de curso e escolheu comer bobagem em vez da comida saudável.[81, 82] Quando escolhemos para o nosso futuro eu, vamos de banana. Mas, quando o eu presente se envolve, acabamos nos empanturrando de chocolate.

Esse tipo de comportamento – conhecido como desconto extremo de recompensas futuras – está associado a (e em alguns casos é até mesmo preditivo de) comportamentos que muitos de nós desejamos evitar, como fumo, abuso e dependência de álcool, uso de heroína e estimulantes, e até mesmo obesidade e vício em jogos.[83]

Pode-se observar essas inversões de preferência também em não humanos. Por exemplo, quando foi dado a pombos acesso a uma porção de grãos durante dois ou seis segundos, eles preferiram a recompensa maior, desde que ambas as recompensas fossem entregues em um momento futuro. Ou melhor, um "tempo futuro" quando consideramos pombos: 28 segundos depois para a recompensa menor e 32 segundos depois para a maior. De fato, todos os pombos escolheram a recompensa maior nesse contexto.

No entanto, quando a quantidade de tempo entre as recompensas foi aumentada – com uma espera de dois segundos para a recompensa pequena e de seis segundos para a maior –, os pombos passaram a agir como os humanos comedores de bobagens que mencionei antes: eles optaram pela menor quantidade de comida disponível mais cedo.[84] Foi demonstrado que os ratos se comportam da mesma maneira.[85]

Na realidade, pode ser difícil detectar em nossas vidas diárias inversões tão diretas de preferências. Raramente somos confrontados com circunstâncias em que primeiro expressamos uma preferência explícita e depois mudamos de curso ao enfrentar a tentação.

O mais comum é que tenhamos preferências gerais sobre como gostaríamos de nos comportar em algum momento futuro. No geral você pode querer ser alguém que come alimentos saudáveis, por exemplo. Mas quando a noite chega, se tiver sido um dia difícil, você pode se pegar comendo um saco de M&M's de amendoim em vez da maçã que certamente seria melhor para seu corpo.

Mais vale um pássaro na mão do que mil voando

Por que somos criaturas tão impulsivas? Por que, diante da gratificação instantânea, não conseguimos nos ater às preferências de longo prazo?

Uma possível explicação gira em torno da certeza - ou melhor, incerteza - sobre o futuro. Tanto os animais quanto os humanos não têm como saber o que o futuro reserva, e há riscos envolvidos em esperar pela promessa de alguma recompensa em vez de agarrar uma certeza agora.

Esse, claro, é o sentimento subjacente ao antigo ditado do "pássaro na mão", que apareceu pela primeira vez no século 7 sob a forma de "Melhor é um pardal bem seguro na mão do que mil pássaros voando no ar". (O autor desse texto antigo tem alguns outros conselhos relacionados a animais no mesmo estilo, como "Uma pata de ovelha em sua própria mão é melhor do que uma paleta de ovelha nas mãos de um estranho".[86])

Ao que parece, já estamos cientes há bastante tempo de que o futuro não dá garantias, e pode ser sensato ir atrás do que está disponível no presente, mesmo que seja só uma pata de ovelha.[87]

Assim, uma das razões pelas quais acabamos ficando ancorados no presente é porque ele é mais cognoscível do que qualquer coisa que exista além de seus limites.

Essa explicação é sem dúvida intuitivamente atrativa. No entanto, vale a pena notar que há muitos casos em nossas vidas em que o futuro *é sim* consideravelmente certo e ainda assim decepcionamos nosso futuro eu. (Pense no estudo da maçã *versus* barra de chocolate. Há pouco risco de os Estados Unidos ficarem sem maçãs, e ainda assim não conseguimos dizer não ao prazer imediato da sobremesa.)

Por que, então, priorizamos o agora? Por que nos deixamos ancorar ao presente, mesmo que isso acarrete um custo futuro? A resposta, claro, não é simples, em parte porque a tendência de enfatizar excessivamente o presente não se deve a uma única causa.[88] Existem, no entanto, algumas explicações convincentes.

O presente é uma lente de aumento

Liz Dunn, professora de Psicologia da Universidade da Colúmbia Britânica, é uma liderança internacional no estudo da felicidade e uma ávida surfista. Quando almoçamos juntos alguns anos atrás, perguntei casualmente se ela tinha alguma boa história de surfe para me contar enquanto esperávamos nossa comida.

"Espere, nunca falamos sobre surfe?", ela perguntou. Com base em seu olhar perplexo, imaginei que eu estava esquecendo de algo. Ela continuou. "Não lhe contei sobre a vez que... um tubarão me mordeu?"

Para ser justo, não me lembro de tudo o que as pessoas me contam, mas isso certamente seria algo que eu teria guardado na memória. A história dela se parecia exatamente com como você imaginaria um ataque de tubarão.

Ela estava no Havaí e tinha contratado um guia para levá-la aos picos locais – como ela me disse mais tarde, ninguém quer acabar surfando no lugar errado. Depois de pegar uma onda que a levou para longe de seu guia e seu amigo, ela se deitou calmamente em sua prancha para remar de volta para sua turma. A tranquilidade, no entanto, foi interrompida por um tremendo solavanco embaixo dela. Supondo que uma tartaruga marinha desajeitada tivesse batido em sua prancha, ela ficou obviamente surpresa quando algo de repente mordeu sua perna, deixando três grandes buracos em sua roupa de mergulho e um ferimento que ia até o osso.

Tudo o que ela viu do tubarão foi a enorme barbatana em sua cauda, felizmente nadando para longe depois de rodeá-la de modo ameaçador por um tempo.

"O engraçado nessa experiência", se é que isso pode ter alguma graça, ela me disse mais tarde, "foi que, depois, um monte de repórteres ficou tentando me perguntar detalhes sobre o contexto. Perguntas como 'Você estava muito longe?', 'Como era o tubarão?' e assim por diante... Eu fiquei, tipo, 'Não tenho a menor ideia!'." Como numa cena de *Law and Order*, mostraram a ela uma lista de possíveis tubarões, mas Liz não conseguiu identificar o provável culpado. (Ela agora usa essa anedota em suas aulas sobre psicologia social para discutir a falta de confiabilidade do depoimento de testemunhas oculares.)

Não surpreende que toda a atenção dela tenha se concentrado no que estava acontecendo naquele momento e se o tubarão estava prestes a atacar novamente. Do ponto de vista emocional, como ela poderia não estar focada nisso? Ou, em suas palavras, "Eu não estava pensando no que iria jantar mais tarde... ou em como planejar minha aposentadoria!".

Esse é um exemplo extremo de um hábito muito comum: nós prestamos muita atenção ao presente. O aqui e agora tende a consumir toda nossa banda larga mental, bloqueando pensamentos sobre o futuro, mesmo que aquilo que esteja acontecendo no momento seja muito menos saliente do que um ataque de tubarão. Essa observação reflete uma frase de um artigo que Liz publicou alguns anos após a infame viagem ao Havaí. "O presente", ela e seus coautores escreveram, "parece ser visto sob uma lente de aumento emocional."[89]

Em outras palavras, as emoções que sentimos em um dado momento podem simplesmente parecer mais importantes do que aquelas que sentimos no passado ou aquelas que podemos imaginar sentir no futuro.

Se você é alguém que já manteve um diário, pense em alguns dos tópicos sobre os quais escreveu e nos sentimentos que teve ao fazê-lo. Quão importantes, intensos e avassaladores foram esses eventos passados em sua vida? Aposto que, para qualquer um deles, *enquanto* os vivia, você provavelmente passou por emoções mais intensas do que está sentindo agora, ao olhar para o passado.

Mas, mesmo que não tenha o hábito de manter um diário, ainda é provável que você pense em exemplos de situações em que a lente de aumento do presente costuma marcar presença. Claro, há a clássica experiência de "fazer compras com fome", quando trazemos comida demais do supermercado e só percebemos isso depois de jantar, ou quando a compra não cabe na geladeira.

Economistas falam de "fatores viscerais" ao explicar a tendência de a nossa atenção ser excessivamente atraída para emoções do momento.[90] Se estivermos com fome, com sede ou nos sentindo privados de alguma forma visceral ou profunda, faremos o melhor para satisfazer essa necessidade, mesmo que seja com algo de que nos arrependeremos mais tarde.

Quando cedemos a esses impulsos viscerais, é como se houvesse uma versão impetuosa de nós mesmos, parecida com uma criança pequena, que vence o adulto mais paciente dentro de nós.

Em termos mais biológicos, temos em nosso cérebro um sistema dopaminérgico (a criança pequena) e, também, um sistema associado ao nosso córtex pré-frontal (o adulto sábio).

O sistema dopaminérgico desencadeia uma reação emocional ao que quer que esteja à nossa frente. Ele nos ajuda a codificar o valor de tudo - bom e ruim - em nosso ambiente. O sistema pré-frontal, em contrapartida, nos permite manter em mente o quadro geral, ajudando-nos a mostrar paciência diante das tentações.[91] Sabemos sobre esses sistemas, em parte, observando o que acontece com pacientes com lesões em suas regiões pré-frontais. Eles sofrem de algo conhecido como síndrome de dependência ambiental.

Sem seu córtex pré-frontal para guiá-lo, você acabaria totalmente dependente do seu sistema dopaminérgico, agindo de acordo com quaisquer sentimentos que seu ambiente imediato incitasse. Na década de 1980, o neurologista francês François Lhermitte descreveu de modo comovente o caso de um paciente com essa síndrome.

Uma das cenas mais pungentes ocorreu quando o dr. Lhermitte levou um de seus pacientes para seu apartamento.[92] Ao ver a cama no quarto do médico, o paciente casualmente se despiu, deitou-se e se acomodou, como se estivesse pronto para dormir durante toda a noite. (Aparentemente, as preocupações com privacidade na década de 1980 eram diferentes das de agora, pois o artigo do periódico contém fotos de todo o incidente.)

Sem o benefício de um córtex pré-frontal plenamente funcional, o paciente fazia o que lhe vinha à mente, conforme lhe vinha à mente. Como estava cansado, simplesmente se deitou na cama mais próxima, sem se importar com quem seria seu dono.

Em um caso menos extremo, os pesquisadores Baba Shiv e Alexander Fedorikhin pediram a pessoas que escolhessem entre um pedaço de bolo de chocolate e uma salada de frutas (acho que não preciso dizer qual desperta mais emoções aqui). Você não ficará surpreso ao descobrir que o bolo de chocolate tinha mais probabilidade de ser escolhido, mas apenas quando o córtex pré-frontal estava sobrecarregado. Isto é, um grupo de participantes da pesquisa foi solicitado a memorizar uma série de números (uma tarefa mentalmente desgastante!) enquanto esperava para escolher entre bolo e fruta, e eles foram os mais propensos a escolher o bolo.[93]

Há nessa descoberta uma clara lição para o século 21. Como dizem os conselhos convencionais, pode fazer sentido deixar seu telefone em outra sala ao interagir com outras pessoas. Afinal, até mesmo uma distração acidental na forma de um toque ou zumbido é capaz de inclinar a balança a favor do presente imediato, distanciando-o do objetivo maior de estar mais envolvido com nossos amigos e familiares.[94] Provavelmente fazer isso lhe proporcionará mais sentido no longo prazo do que ver as últimas postagens nas redes sociais.

De novo, uma das razões pelas quais supervalorizamos recompensas que podemos obter no ato é que as emoções do nosso eu presente conseguem superar aquelas que esperamos que nosso futuro eu sinta. Com a ajuda do nosso córtex pré-frontal, às vezes podemos reprimir essas emoções excessivamente poderosas e manter nossos olhos nos prêmios de longo prazo. No entanto, cedemos quando estamos distraídos – o que acontece com frequência! – ou quando a força das emoções do momento é simplesmente poderosa demais.

Como sugeri antes, essa linha de raciocínio nos dá um modo de entender por que às vezes escolhemos o agora em vez de o depois, mesmo quando essa não era nossa intenção inicial. Outra explicação convincente diz respeito à maneira como pensamos sobre o tempo em si.

Fogões quentes e pessoas bonitas

Einstein disse uma frase famosa: "Sente-se ao lado de uma garota bonita por uma hora e parecerá um minuto; sente-se em um fogão quente por um minuto e parecerá muitas horas. Isso é relatividade". Sempre imaginei que isso fosse apenas um experimento mental até ler um artigo na *Scientific American* intitulado "Einstein's Hot Time" [O tempo quente de Einstein].

O artigo nos conta que, certa tarde, Einstein decidiu testar sua ideia. Para isso, ele primeiro pegou um pequeno fogão na garagem, já sem uso havia algum tempo. Então fez uma ligação embaraçosa para seu amigo Charlie Chaplin e sua linda esposa, Paulette Goddard, e perguntou se Paulette se importaria de visitá-lo por uma hora.

Depois de passar o que pareceu um minuto com Paulette, Einstein olhou para o relógio e, é claro, pouco menos de uma hora tinha se passado. A primeira parte de sua hipótese: confirmada!

A segunda parte de seu projeto de pesquisa, no entanto, terminou de maneira prematura quando Einstein foi parar no consultório médico com uma leve queimadura na nádega esquerda.[95]

Só anos depois de ler essa anedota é que me ocorreu que pode ter sido apenas uma sátira. Não obstante, ela traz um ponto sério: a passagem do tempo é relativa. Ou melhor, a maneira como percebemos a passagem do tempo é relativa – a mesma quantidade de tempo objetivo pode *parecer* mais longa ou mais curta, dependendo do que está acontecendo.

Foi a essa conclusão a que os pesquisadores da Universidade de Yale chegaram em uma série de experimentos nos quais, usando nada mais do que papel e lápis, pessoas relataram quão longo determinado período parecia. Mostrava-se aos participantes uma linha com o rótulo "muito curto" na extremidade esquerda e "muito longo" na direita. Diferentes grupos foram solicitados a marcar quanto tempo três meses, um ano e três anos lhes pareciam.

Agora, falando objetivamente, todos nós sabemos que três anos representam um tempo mais longo do que um ano, e um ano é mais longo que três meses. No entanto, percepções subjetivas de tempo não correspondem a essas diferenças. De modo subjetivo, o período de um ano pareceu apenas cerca de 1,2 vez mais longo do que o de três meses (objetivamente, deveria ter sido quatro vezes mais longo!). Ainda mais estranho, o período de três anos foi sentido como quase igual ao bloco de tempo de um ano.

Blocos de tempo parecem mais comprimidos, em outras palavras, quanto mais se afastam do "agora".[96]

A implicação importante desse trabalho é de que pode parecer que um dia entre agora e amanhã dura mais do que o mesmo período de um dia daqui a três meses. Da mesma forma, considere como se sente em relação a um voo longo ou a uma viagem de carro: com antecedência, a viagem inteira pode parecer um longo bloco de tempo; no meio do caminho, no entanto, pode parecer que as horas se estendem cada vez mais à medida que o destino se aproxima.[97] Eis por que isso é significativo: se um período parece durar muito tempo, será muito mais difícil demonstrar paciência e esperar por alguma recompensa no final.[98]

Pense sobre o que essa distorção do tempo significa para sua probabilidade de ser excessivamente influenciado pelo que está acontecendo no presente. Se você tiver que escolher entre 100 dólares em quatro semanas e 125 dólares em seis, a lacuna entre essas duas recompensas pode parecer relativamente curta. Você estaria disposto a esperar pela recompensa maior – são apenas duas semanas! Mas, quando você traz ambas as recompensas para mais perto, de modo que esteja escolhendo entre 100 dólares agora e 125 dólares daqui a duas semanas – bem, pode parecer que essa diferença de duas semanas dura um tempo subjetivamente maior. Esse prolongamento do tempo pode tornar muito difícil agir com paciência hoje. O resultado é que tratamos o presente de um modo especial.

O que, no entanto, queremos dizer com "o presente"? Dado o poder psicológico especial do presente, parece uma questão importante a ser respondida. Claro, a resposta pode soar extremamente óbvia – o presente é o agora! É este exato momento! Mas espero complicar essa resposta óbvia.

Em sua essência, na verdade, o momento presente tem tudo a ver com transições. Deixe-me explicar usando lagartas.

Beleza, então o que queremos dizer com "o presente"?

Quando minha filha era pequena, ela, como muitas outras crianças de 2 anos, ficou obcecada pelo livro *Uma lagarta muito comilona*. Ao lê-lo, não pude deixar de notar que a progressão do animal de uma lagarta minúscula para uma linda borboleta não era diferente da marcha do tempo do presente para o futuro.

A analogia não saiu mais da minha cabeça (provavelmente porque líamos o livro de Eric Carle noite após noite após noite). Então entrei em contato com Naoki Yamanaka, um professor associado de Entomologia da Universidade da Califórnia, Riverside, para fazer algumas perguntas. (Ele é um dos maiores especialistas do mundo no estudo da metamorfose.)

Foi a primeira vez que conversei com um entomologista de verdade, e não apenas com uma criança pequena que gostava muito de insetos. E ele correspondeu a todas as minhas expectativas. Yamanaka até me mostrou frascos com dezenas e dezenas de moscas-das-frutas no início do nosso encontro. Mas foi ao voltar a atenção para a metamorfose de lagarta para borboleta que ele ficou animado de verdade.

Yamanaka observou que os cientistas têm marcadores cristalinos para quando você chama uma lagarta de lagarta e quando você a chama de outra coisa. Quando as criaturas estão se movendo sem parar e comendo tudo pela frente? Isso é uma lagarta. Mas no momento em que elas param de se mover – quando não são nem uma lagarta nem uma borboleta – é quando elas são conhecidas como pupas. E é quando saem da casca em que estavam que elas se tornam uma borboleta.

As delineações do tempo podem seguir um padrão semelhante.

A maioria de nós, se pressionados, concordaria que há um presente e um futuro. Mas onde um termina e o outro começa?

Os entomologistas têm uma noção clara de quando um inseto é isso ou aquilo, mas os psicólogos não têm uma noção clara de quando o presente dá lugar ao futuro. Em vez disso, cabe a cada um de nós, como indivíduos, decidir quando achamos que o presente termina e o futuro começa. Em uma pesquisa que conduzi com Sam Maglio, professor na Universidade de Toronto, fizemos essa mesma pergunta a milhares de pessoas. Assim como o ciclo de vida da lagarta-pupa-borboleta, os participantes da pesquisa identificaram três blocos claros quando solicitados a dar suas impressões gerais sobre o tempo: o presente, algum período "intermediário" (como a pupa) e o futuro.[99] Sem uma definição clara de onde o presente termina e o futuro começa, as pessoas deram respostas que variaram de "o próximo futuro começa sempre que eu mudo de uma tarefa para outra" a "cada presente dura cerca de três dias" a "o presente termina quando eu sair dessa pesquisa esquisita". Para saber onde sua resposta se encaixa em comparação às dos participantes da nossa pesquisa, veja a figura a seguir.[100]

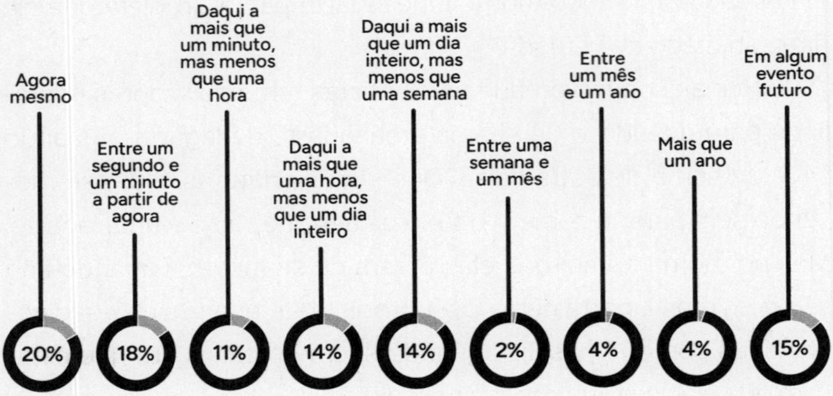

Mas uma descoberta importante se destacou: ninguém teve dificuldade em nos dar uma resposta, mesmo que as definições fossem diferentes. Talvez porque o presente é o bloco de tempo em que passamos a maior parte de nossas vidas. E, como resultado, é aquele a que damos um peso maior.

Yamanaka compartilhou um fato que é relevante aqui – algo que as páginas dos livros infantis parecem ter deixado escapar. As lagartas, ele me disse, têm o que é conhecido como "discos imaginais" na região de sua "espinha". Se você dissecasse uma lagarta, esses pequenos grupos de células pareceriam DVDs em miniatura. E embora muitas das células morram com o tempo, esses grupos específicos são marcados pelo que acabarão se tornando. Alguns se transformam em olhos, outros em pernas e outros ainda se transformam nas asas da borboleta. Em outras palavras, a lagarta já tem os blocos de construção dentro dela para criar seu futuro "eu borboleta". E é digno de nota que, se você dissecasse uma borboleta adulta, ainda seria capaz de ver resquícios de seu eu mais jovem, seu eu lagarta.

Um ponto-chave pode ser extraído dessas células: separamos facilmente o presente do futuro, mas muitas vezes não conseguimos reconhecer como é que todos os "presentes" se somam para resultar em um futuro geral.

O que está acontecendo com nossos eus atuais – os eus que vivem no presente – parece mais significativo do que todo o restante. Queremos tomar mais uma cerveja no bar do aeroporto; *não* queremos subir na bicicleta ergométrica; aquele bombom de chocolate está nos chamando. Dada a atração visceral do presente, faz sentido que o privilegiemos. Voltando à minha pesquisa com Sam Maglio, os participantes que disseram que o presente parecia especialmente grande – o que significa que ocupava mais espaço na sua mente – alocaram menos dólares em uma conta poupança imaginária de longo prazo. Quanto maior o presente, mais distante o futuro; quanto mais distante o futuro, menos peso seus eus presentes dão a ele.

Ao privilegiar o "agora" dessa maneira, tratamos o presente como se fosse uma extensão de tempo separada do resto da nossa linha do tempo, o que simplesmente não é verdade. Cada período que rotulamos de "presente" se transforma subsequentemente no próximo "presente". Somos como a lagarta faminta devorando alegremente suas frutas e doces, completamente inconscientes de que logo será uma pupa e depois uma borboleta. Em suma, ignoramos nossas variações futuras, o que pode nos deixar terrivelmente decepcionados quando nossos futuros eus não estiverem preparados para seu próprio presente. E assim acabamos como borboletas decepcionadas, cheias de arrependimentos em relação às nossas escolhas de lagarta.

No entanto, priorizar demais o presente - perder nosso voo, por assim dizer - não é o único erro de viagem no tempo que cometemos. Mesmo quando reconhecemos as interconexões entre presente e futuro, ainda podemos deixar de fazê-lo de uma forma que trate o futuro (e o eu futuro) de maneira realista. Somos como uma lagarta convencida de que vai se transformar em um gafanhoto. Discuto essa tendência - à qual chamo de "mau planejamento de viagem" - no próximo capítulo.

DESTAQUES

- Nosso primeiro erro ao viajar no tempo é nos concentrarmos demais no presente, deixando de considerar o futuro. Há pelo menos três razões para essa tendência.
- Primeiro, o presente é simplesmente mais garantido do que o futuro, e preferimos fazer uma aposta segura agora a arriscar mais tarde.
- Segundo, nossas emoções atuais parecem mais poderosas do que aquelas que esperamos que nosso futuro eu sentirá.
- Terceiro, o tempo parece durar mais no presente, tornando mais difícil demonstrar paciência.
- Podemos deixar de enxergar o modo pelo qual nossos eus presentes se somam para se tornar nosso futuro eu.

CAPÍTULO 5

Planejar mal a viagem

Mozart, o grande e eterno gênio musical, não combina com a noção estereotipada de um prodígio musical.

Ele praticava por horas a fio? Não.

Planejava-se com muito cuidado? Também não.

Mais um festeiro do que um adulto regrado, como os biógrafos o descreveram, Mozart era alguém "bastante viciado em diversões frívolas".[101]

Talvez não surpreenda, então, ele também não ser conhecido por finalizar composições com antecedência. De fato, no final de outubro de 1787, depois de ter praticamente concluído a partitura de *Don Giovanni*, ele decidiu sair para uma noite de bebedeira com os amigos. Perto do fim da noite, um amigo nervosamente se virou para Mozart e comentou que, considerando que a ópera estrearia no dia seguinte, ele não conseguia acreditar que a abertura ainda não tinha sido escrita!

Mozart voltou apressadamente para casa para começar – e, esperançosamente, terminar – a parte que faltava. Mas estava caindo de sono por causa da bebida e do adiantado da hora, então pediu à sua esposa, Constanze, para ajudá-lo a ficar acordado contando-lhe histórias.

Surpreendentemente, apenas três horas depois, a abertura estava completa.

Sem o benefício das fotocopiadoras, copistas tiveram então que transcrever à mão as partes da orquestra, e, reza a lenda, as páginas finais chegaram ao teatro apenas minutos antes de a cortina subir. A tinta, de fato, ainda estava úmida quando os membros da orquestra executaram a peça pela primeira vez.[102] A ópera foi um sucesso e, quase duzentos e cinquenta anos após aquela estreia estressante, ela ainda é apresentada regularmente em casas de ópera por todo o mundo.

Deixar as coisas para a última hora é um mau hábito que viceja em muitos de nós. Veja a história de Tim Urban, criador do popular blogue *Wait But Why* [Espere, como assim?]. Um autoproclamado "mestre procrastinador", ele contou que, no último ano de faculdade, ficava adiando a escrita de seu TCC.

Considerando que o trabalho deveria ser um esforço de um ano inteiro, o plano era começar nos meses de outono e intensificar lentamente em janeiro, mantendo um ritmo desafiador de trabalho até maio, quando deveria ser entregue. Só que não foi isso que aconteceu. Encontrando desculpa após desculpa para não começar, ele enfim se sentou para escrevê-lo duas noites antes da data de entrega. Passando não uma, mas duas noites seguidas em claro, ele conseguiu terminar todas as noventa páginas e entregá-las bem a tempo.

Como relata em seu blogue e em uma palestra no TED Talks, ele recebeu uma ligação de um dos professores da faculdade cerca de uma semana depois.

"Sr. Urban, precisamos conversar sobre seu trabalho", disse o professor.

“Certo... ”, Tim respondeu nervosamente.

O professor continuou. “Bem... é o melhor que já vimos.”

Quando Urban conta a história, logo dá para ver que ficou muito surpreso ao receber a notícia.

Mas então, depois de uma pausa, Urban diz: “Na verdade, isso não aconteceu, nem de perto”. Era, de fato, “um trabalho muito, muito ruim”.

Se ao menos adiar as coisas resultasse no tipo de recepção crítica positiva que *Don Giovanni* recebeu... A maioria de nós, no entanto, teve experiências mais parecidas com as de Urban do que com as de Mozart: normalmente, procrastinar não rende prêmios.

Espere, eu achava que esse voo estava indo para Boston!

Mesmo que você nunca tenha procrastinado como Mozart, suponho que esteja intimamente familiarizado com esse tipo de comportamento. No mundo todo, cerca de 20% das pessoas são procrastinadoras crônicas.[103] E, embora seja um pouco difícil fazer uma boa estimativa de quantas pessoas procrastinam em algum grau, uma pesquisa informal descobriu que 85% o fazem de uma forma que as incomoda.[104]

Não se engane: a tendência a adiar as coisas não é ruim apenas para estudantes universitários que tentam concluir trabalhos longos. Como a psicóloga Fuschia Sirois documentou, pode haver consequências muito mais graves: a procrastinação crônica está associada a uma série de resultados indesejáveis, incluindo saúde mental precária, ansiedade, hipertensão e doença cardiovascular.[105] E esse tipo de procrastinação se torna um círculo vicioso: procrastinadores adiam e deixam de agendar as consultas médicas que poderiam ajudar a diminuir alguns de seus problemas de saúde.[106]

Considere por um momento o que é, de fato, a procrastinação. O termo deriva do latim *procrastinaire*, que significa "deixar para amanhã". Sim, claro, você já sabe disso. Aqui está o mais interessante: a procrastinação também se relaciona conceitualmente à palavra grega *akrasia*, que significa fazer algo *apesar* de saber que esse não é o melhor caminho.[107]

Então, procrastinação não é só deixar para amanhã algo que você poderia com a mesma facilidade fazer hoje. Também tem relação com saber que, ao adiar, você está se prejudicando.

Pense sobre essa definição à luz de nossos eus presente e futuro.

Quando nos deparamos com uma tarefa desagradável - digamos, guardar as roupas ou enfim marcar aquela consulta com o cardiologista - e decidimos *não* a fazer, priorizamos o desejo do nosso eu presente de evitar emoções negativas. Até certo ponto, é sobre isso que falamos no capítulo anterior - costumamos nos ancorar em nossos sentimentos no presente. Mas a procrastinação apresenta mais uma agrura: ao adiar algo para um momento posterior, também estamos deixando de considerar que nosso eu futuro desejará evitar as mesmas emoções negativas que estamos tentando evitar agora.

Perceba que não é que estejamos simplesmente deixando de considerar nosso futuro eu. Quando procrastinamos, pensamos sim sobre o futuro e nosso futuro eu... mas não de maneira particularmente profunda ou significativa.

Dessa forma, a procrastinação representa o segundo erro da viagem no tempo: planejar mal nossas viagens. É como se você estivesse prestes a passar uma semana de férias em Boston e tivesse em mente algumas ideias do que quer fazer quando estiver lá. Provavelmente você gostaria de experimentar algumas comidas típicas de Boston, e talvez absorver um pouco da rica história cultural. Mas somente depois de embarcar no avião é que você percebe que, além de reservar um quarto de hotel, você fez bem poucos planos. Talvez ainda consiga tomar a sopa de mariscos, mas, se queria conhecer o Fenway Park ou visitar a casa de Paul Revere – atrações cujos ingressos podem se esgotar rapidamente –, seu futuro eu pode acabar decepcionado.

Você ainda fará *uma* viagem para Boston, mas ela vai diferir significativamente daquela que pretendia fazer.

Isso também vale para o caso da viagem no tempo: ao pensar sobre o futuro de uma forma não mais que superficial, acabamos viajando para um futuro diferente daquele a que pretendíamos ir. É como se quiséssemos chegar a uma versão específica do futuro – na qual somos felizes, saudáveis e financeiramente seguros –, mas nos permitíssemos seguir um caminho que poderia nos levar a um lugar muito diferente.

O professor de procrastinação

Tim Pychyl, professor de Psicologia na Universidade Carleton, no Canadá, analisou exatamente esse tipo de erro de viagem no tempo.

Em um estudo, ele e sua ex-aluna Eve-Marie Blouin-Hudon entrevistaram centenas de estudantes universitários. (Embora pesquisas com alunos de graduação muitas vezes tenham limitações, eles apresentam um excelente campo de testes para todas as coisas que têm a ver com não concluir tarefas no prazo.) Os pesquisadores perguntaram aos alunos sobre seus hábitos de procrastinação, bem como sobre o relacionamento que eles tinham com seus futuros eus.[108] Descobriu-se que aqueles que mais experimentavam uma sensação de similaridade e conexão emocional com seus futuros eus também eram os menos propensos a atrasar desnecessariamente as tarefas importantes que se propunham a fazer.

No entanto, o que importava não era só uma sensação de similaridade e conexão. Os participantes da pesquisa também foram questionados sobre quão vividamente imaginavam o futuro. Por exemplo, se você estivesse nesse estudo, pediriam para você pensar em uma imagem do sol nascendo sobre o oceano em um dia nublado. Na sua mente, quão vívida é essa imagem? Em um extremo, pode ser muito vívida - quase como se fosse algo que você pudesse ver bem na sua frente. No outro extremo, no entanto, pode ser como se não houvesse imagem alguma; em vez disso, você meio que "sabe" que está pensando no sol nascendo.

Na pesquisa de Blouin-Hudon e Pychyl, alunos que relataram evocar as imagens mentais mais vívidas também tinham relacionamentos mais fortes com seus futuros eus e eram os menos propensos a procrastinar.

Trata-se de correlações, mas que são sugestivas de algo convincente. Ter mais facilidade para imaginar-se plena e vividamente no futuro pode tornar mais difícil justificar o adiamento de algo para a versão de nós mesmos que sofrerá com o fato de que deixamos de agir hoje. Uma vez que podemos evocar a decepção do nosso futuro eu em Boston, temos maior probabilidade de empreender o esforço necessário para planejar a viagem "certa".

Entrei em contato com o professor Pychyl para perguntar um pouco mais a respeito desse trabalho. Naturalmente, estava curioso para saber se ele - um especialista internacional no estudo da procrastinação - alguma vez se pega, bem, procrastinando.

"Quase nunca!", ele me disse rindo. Mas não, segundo advertiu, por alguma grande virtude de sua parte. Em vez disso, ele supostamente reconhece a procrastinação pelo que ela é: um desejo de que nosso futuro eu faça as coisas que nosso eu do presente quer evitar.

Como ele disse, "Eu sei que meu eu futuro não vai ter mais vontade de fazer essa ação do que meu eu presente. E eu tenho empatia pelo meu futuro eu: ele estará sob muito estresse, então... vamos simplesmente fazer a tal ação agora".

Perdoando o você do passado

Mas, quando Tim age como o resto de nós e procrastina, ele abraça o autoperdão. Essencialmente, depois de adiar alguma coisa de maneira prejudicial, precisa haver reconhecimento e aceitação de que uma versão passada de você fez algo para prejudicar seu eu presente. E então seu eu presente tem que perdoar seu eu passado preguiçoso.

Digamos que você acumulou uma pilha de papéis na mesa da sala de jantar - algumas contas, talvez correspondência que você estava querendo arquivar e desenhos que seu filho trouxe da escola. (Isso é tudo hipotético, juro.)

Esses papéis estão bagunçando uma parte da casa que deveria estar arrumada; estão deixando seu cônjuge ou colega com quem divide o apartamento mais irritado com você a cada dia que passa; e você está correndo o risco de pagar algumas multas por atraso.

É evidente que adiar a grande arrumação dos papéis prejudica você de diversas maneiras.

Como observei antes, parte da razão pela qual isso continua acontecendo é que há muitas emoções negativas associadas à sua crescente pilha de papéis. Você provavelmente se sente mal por mais uma vez não ter conseguido cuidar da bagunça, e talvez isso o faça pensar nas outras vezes em que não conseguiu cumprir uma promessa a si mesmo ou a outra pessoa. Possivelmente também está tendo uma sensação cada vez maior de vergonha perante quem mora com você e, por mais irracional que seja, algum ressentimento em relação a essa pessoa. Claro, é sua pilha, mas... a *pessoa* não poderia simplesmente ajudar a organizá-la?

Ou, talvez, em vez de importuná-lo por causa da mesa de jantar, ela não deveria guardar aquelas roupas que você dobrou ontem? (De novo, tudo totalmente hipotético.)

Uma ótima maneira de evitar essas emoções negativas é simplesmente evitar a sala de jantar - e sua arrumação - por completo! É isso que acabamos fazendo, dia após dia, até que a pilha vai ficando cada vez maior.

E se, no entanto, você reconhecesse que errou e depois se perdoasse pela transgressão contra... você mesmo? Em tese, fazer isso deveria reduzir algumas dessas emoções negativas que você passou a associar fortemente à sua pilha de papéis.

Com o perdão vem menos evitação daquilo que se está tentando evitar. Pense no que acontece quando você perdoa outra pessoa por uma transgressão: reduzir um pouco da raiva, tristeza e tudo o mais que você associou a ela torna mais fácil passar tempo com ela novamente. De modo similar, perdoar uma versão passada de si mesmo por procrastinar pode tornar mais provável que você se aproxime - em vez de evitar - de suas contas, da consulta médica que precisa agendar, daqueles e-mails não respondidos e, sim, daquela pilha de papéis. Todas essas coisas devem, em última análise, tornar a vida do seu futuro eu um pouco melhor.

A ideia de Pychyl de aplicar o autoperdão à procrastinação é algo que ele testou no contexto do estudo para as provas da faculdade. Ao longo de um semestre, Tim e seus colaboradores enviaram questionários para alunos do primeiro ano logo após suas provas do primeiro semestre e depois novamente pouco antes das provas do segundo semestre.

Imagine ser um aluno do primeiro ano e receber perguntas como estas: "Você começou a estudar muito mais tarde do que pretendia?", "Você atrasou o estudo para fazer coisas diferentes e menos importantes?". Certamente eu teria respondido um envergonhado "sim" para ambas.

Como seria de esperar, os alunos que se envolveram em mais procrastinação receberam notas piores em sua primeira prova semestral do ano. Porém, os pesquisadores também perguntaram sobre estratégias de autoperdão. Até que ponto os alunos se recriminaram e se culparam por estudar menos do que sabiam ser seu dever? E até que ponto eles passaram uma borracha nisso?

Ao que parece, o autoperdão não é uma estratégia que ajudou Tim apenas na vida pessoal, mas também conferiu aos alunos benefícios que ele e seus colaboradores conseguiram medir. Aqueles mais propensos a se envolver nessa prática também tendiam a encarar os estudos para os exames do próximo semestre com fortes emoções negativas. E isso, por sua vez, se traduziu em menos procrastinação e melhores notas na prova seguinte.[109]

Uma advertência: assumir a responsabilidade, pedir desculpas e perdoar outras pessoas em nossa vida não constituem um processo simples. Nem o autoperdão. Sabemos, por exemplo, que existem tipos de desculpas que não funcionam com os outros. Da mesma forma, existem tipos de aceitação e de perdão que não funcionam com seu eu passado.

Pense em dois pedidos de desculpas que você poderia oferecer após causar um acidente: "Desculpe por ter batido no seu carro – sei que deveria ter prestado mais atenção e assumo total responsabilidade" ou "Desculpe por ter batido no seu carro – é uma consequência natural do ciclo lunar em que estamos atualmente". Não precisa ser um especialista em comportamento humano para reconhecer que o primeiro resultará em um perdão maior do que o último.

A questão aqui é que se você se perdoa por procrastinar, mas não aceita genuinamente a culpa, então você está se privando da oportunidade de abordar de frente as causas da sua procrastinação. Isso é o que os psicólogos Michael Wohl e Kendra McLaughlin chamaram de "pseudoautoperdão" e provavelmente não resultará em nenhuma mudança no comportamento futuro.[110] Em vez disso, se você quer que a vida do seu eu futuro melhore, então o seu eu atual precisa aceitar genuinamente a responsabilidade pelos erros do seu eu passado. A mesa da sala de jantar não está desorganizada por causa dos ciclos lunares, ou porque tenho estado muito ocupado com outras tarefas. Está desorganizada porque escolhi evitá-la. A culpa é minha.

Assim, a procrastinação é uma batalha entre nossos eus passado, atual e futuro. E surge, em parte, por nossa tendência a nos envolvermos em um "mau planejamento de viagem" – isto é, considerar nosso eu futuro, mas de uma forma que não é profunda ou significativa o bastante.

Por que é tão difícil colocar-se no lugar do seu futuro eu?

Todos nós já procrastinamos e sentimos o impacto negativo disso. Depois de algumas dessas experiências, não deveríamos ser capazes de pensar em nosso futuro eu e perceber que estamos dificultando as coisas para ele?

Seria de pensar que sim. Mas, por algumas peculiaridades psicológicas, pode ser bem complicado fazer isso.

Aqui vai uma dessas peculiaridades: tendemos a pensar que os sentimentos que temos no futuro serão de alguma forma menos intensos do que aqueles que temos agora. Considere o seguinte experimento: pesquisadores perguntaram a pessoas quão felizes ficariam se ganhassem 20 dólares agora, e depois quão felizes elas achavam que ficariam ganhando a mesma quantia para receber dali a três meses.

Só para esclarecer, *não* se trata de perguntar "você prefere o dinheiro agora ou depois?". A questão aqui é quão feliz você ficaria se recebesse alguma quantia de dinheiro agora e quão feliz ficaria se recebesse essa mesma quantia no futuro.

Não deveria haver diferença entre as duas respostas, certo? Se você dissesse que, numa escala de 0 a 10, ficaria 8 pontos feliz se ganhasse o dinheiro hoje, não deveria também ficar 8 pontos feliz se ganhasse o dinheiro daqui a três meses?

Em teoria, sim, mas não foi isso que aconteceu. As pessoas disseram que sentiriam um nível maior de felicidade hoje do que no futuro.[111] Pelo visto, nossas emoções futuras simplesmente nos parecem menos substanciais do que aquelas que achamos que teremos hoje.

É fácil ver que essa tendência pode tornar ainda mais provável que procrastinemos. Sabemos que nossos futuros eus vão considerar dolorosa qualquer tarefa que passarmos para eles, mas enganamos a nós mesmos para pensar que esses eus futuros não vão achar a coisa *tão* ruim assim.

Voltando à minha mesa de jantar - meu eu presente não consegue suportar a ideia de examinar aquelas pilhas de papel. E, no entanto, meu eu presente também presume que o futuro Hal não vai se importar. Ele será uma máquina de desbagunçar.

Infelizmente, ainda não me tornei esse futuro Hal.

Um conhecido pode ser mais sábio

Temos dificuldade em simular ou evocar nossos sentimentos futuros. Ainda mais, a maioria de nós nem tem consciência dessa dificuldade; achamos que somos muito bons nisso.

Para ilustrar, psicólogos de Harvard criaram um serviço de encontros relâmpago. Em cada sessão, primeiro um homem entrava em uma sala e preenchia um perfil de "candidato a namorado" que incluía sua foto.

Uma mulher então tinha um encontro de cinco minutos com esse homem (o estudo foi conduzido com pessoas que se identificaram como heterossexuais). Quando o encontro terminava, ela escrevia um breve relatório sobre quão agradável tinha sido a experiência. Vamos chamá-lo de "relatório inicial de encontro romântico".

Depois disso, outras mulheres teriam a chance de ter um encontro com o mesmo homem. Mas foi aqui que as coisas ficaram interessantes. Foi solicitado a um grupo de mulheres que *simulassem* a experiência de ir a um encontro romântico: após receberem o perfil do homem, foi solicitado a elas que previssem quanto gostariam de um encontro com ele (antes de, efetivamente, irem ao encontro). A outro grupo, no entanto, foi solicitado usar o "relatório inicial de encontro romântico" para fazer uma previsão de quão agradável o encontro seria. Pode-se pensar nisso como estratégia de *substituição*. Em outras palavras, para fazer uma previsão sobre o futuro, você pode usar outra pessoa como substituta sua: ela já teve uma experiência que você está prestes a ter, então por que não confiar na opinião dela?

A única diferença, então – e se trata de uma diferença importante –, é que algumas mulheres fizeram a previsão com base em uma simulação, e outras com base no relatório de uma substituta.[112] Imagine que você estivesse no estudo. Qual processo escolheria: sua própria simulação ou o relatório de outra pessoa?

Se você for como 75% das mulheres desse estudo, votaria na simulação em vez da substituição. Valorizamos muito nossa própria opinião e descontamos as perspectivas dos outros.

Mas qual previsão foi *de fato* mais precisa? No fim das contas, a substituição venceu a simulação. De longe. Quando o assunto era o quanto as mulheres gostaram do encontro, aquelas que fizeram suas previsões com base no relatório da substituta foram cerca de duas vezes mais precisas em comparação àquelas que fizeram suas previsões com base em simulações.[113]

Dan Gilbert, o professor de Psicologia que liderou esse projeto de encontros relâmpago, inspirou-se em uma citação de François de La Rochefoucauld, escritor do século 17: "Antes de nos decidirmos demasiadamente por algo, examinemos primeiro quão felizes são aqueles que já o têm".[114] Em resumo: nossas previsões sobre experiências futuras podem se beneficiar daqueles que já tiveram as mesmas experiências.

"Mas outras pessoas não são como *eu*!", você pode estar pensando. Claro, isso é verdade. Mas considere que, embora em muitos aspectos sejamos diferentes de outras pessoas, temos respostas emocionais semelhantes em várias áreas: a maioria de nós prefere estar aquecido em vez de com frio, estar alimentado em vez de faminto e vencer em vez de perder. Não importa se você é de Nova Jersey ou de Nebraska, da Islândia ou da China; nossas respostas fisiológicas básicas a estímulos ambientais são mais parecidas do que diferentes.

Vem daí o surpreendente poder de receber conselhos de pessoas próximas, ou de substitutos: como as fontes de dor e prazer para muitas pessoas são semelhantes, confiar na experiência de outra pessoa – e isso é especialmente verdadeiro se ela for parecida conosco – pode ajudar muito a nos permitir antecipar o que o futuro nos reserva.

Em trabalhos recentes, Poruz Khambatta, pesquisador de pós-doutorado na UCLA, acrescentou um toque muito moderno a essa ideia. Ele e seus colaboradores pediram a milhares de pessoas para avaliar o quanto achavam que se beneficiariam ao ler uma série de artigos. Ele também treinou um algoritmo de inteligência artificial para enfrentar essa mesma tarefa. Pense nele como um programa que primeiro descobre o que você tem em comum com milhares de outras pessoas e, em seguida, usa as reações dessas pessoas para gerar, numa espécie de crowdsourcing entre semelhantes, o melhor conselho possível para *você*.

O substituto computacional, assim como as mulheres no estudo de encontros relâmpago, fez previsões superiores sobre como as pessoas responderiam aos artigos.[115] Claro, as empresas já usam algoritmos para fazer previsões sobre que tipo de material você gostaria. Mas elas geralmente não fazem previsões sobre que tipo de material faria você se sentir melhor ou considerar se seu tempo foi bem aplicado.

Nesse caso, o algoritmo estava sendo usado para fazer previsões sobre o consumo de mídia. Contudo, as descobertas poderiam facilmente se aplicar a outras decisões importantes nas quais nos apoiamos em nossas habilidades de simulação – como onde morar, qual faculdade cursar, qual plano de aposentadoria ou de saúde seria melhor para nossas necessidades específicas e talvez até com quem casar. Antes de descartar essa ideia como uma fantasia futurística não fundamentada na realidade, considere algo que Poruz me disse: em qualquer uma dessas grandes decisões, "pode ser nossa primeira vez em uma encruzilhada específica, mas inúmeras outras pessoas passaram por ela". Esse é o motivo de as opiniões delas serem tão valiosas. Além disso, nossas previsões sobre nossos futuros – tanto o imediato como o distante – poderiam ser amplamente melhoradas se nos apoiássemos na experiência coletiva de amigos, vizinhos e estranhos.

Claro, muitos de nós podem se opor a essa ideia. Como Poruz observou: "Queremos pensar em nós mesmos como únicos... não queremos sentir que nossas vidas são previsíveis. Mas, embora cada um de nós seja único à nossa maneira, há muito que podemos aprender com a experiência coletiva dos outros".

No entanto, com o *big data* – ou seja, um grande conjunto de dados que se vale do fato de haver semelhanças suficientes entre você e todas as pessoas que vieram antes de você –, deve ser possível identificar padrões previsíveis de comportamento. Fazer isso deve permitir que as pessoas, em última análise, façam escolhas mais satisfatórias em relação a seus futuros eus.

Isso sim é conselho de amigo.

Tendemos então a pensar no futuro, porém não com profundidade suficiente: simulamos o futuro quando poderíamos nos beneficiar mais usando uma substituição. A procrastinação é somente um dos erros que decorrem dessas situações de "mau planejamento de viagem". Mas não é o único.

A título de explicação, deixe-me apresentá-lo a um cara que certa vez disse sim para tudo.

De "Homem Sim" para "Sim/Que droga!"

Quando Danny Wallace estava ali pelos vinte e poucos anos, viu-se em um dilema típico dessa idade com o qual podemos nos identificar. Recentemente chutado pela namorada e em um emprego nada inspirador, ele começou a se afastar da sociedade, a dizer não à maioria dos convites e oportunidades sociais.

Inventando desculpas cada vez mais elaboradas para evitar fazer qualquer coisa além de ficar sozinho, ele efetivamente, ao longo de alguns meses, se tornou um "Homem Não".

Foi assim até certa noite em que ele estava esperando o metrô para voltar para casa, em Londres. Em um momento que, sem dúvida, causa frustração e aborrecimento em qualquer passageiro regular, o sistema de alto-falantes do metrô foi ativado para informar aos passageiros que o trem estava fora de serviço e que todos eles precisariam sair da estação.

Caminhando para fora em direção a um grupo de ônibus de reserva, Wallace começou a se lamentar com outro passageiro, o que se transformou em uma série geral de reclamações sobre a própria vida. Bem, sobre a vida de Wallace.

Aquele estranho barbudo simplesmente ouviu, e então sugeriu casualmente que talvez Wallace devesse tentar dizer sim mais vezes.

Foi exatamente o que ele fez. De início, a ideia era fazer isso por apenas um dia. E isso levou a algumas interações estranhas, como o telefonema que Wallace recebeu perguntando se ele gostaria de um orçamento gratuito para janelas de vidro duplo. "Sim! Sim, eu gostaria", ele respondeu. O único problema, no entanto, era que suas janelas já eram de vidro duplo, o que resultou em um telefonema muito confuso ("Então por que você disse sim?", o vendedor enfim perguntou).

Em pouco tempo, seu pequeno experimento se transformou em algo maior. Wallace decidiu ver que rumo sua vida tomaria se ele levasse a sério o conselho de quatro palavras do estranho e "dissesse sim mais vezes" – na verdade, para tudo! – pelos cinco meses e meio seguintes.

Ao longo do caminho, ele acabou comprando um Nissan verde-menta de 13 anos ("Fiquei parecendo um boneco GI Joe em um carro dos Smurfs"); ganhando – e imediatamente perdendo – 25 mil libras; e respondendo afirmativamente a inúmeros golpistas por e-mail. Se algo disso lhe soa familiar, o livro de memórias de Wallace sobre suas experiências, *Yes Man* [Homem Sim], foi a inspiração para o filme de Jim Carrey de mesmo nome [*Sim, senhor*, na versão brasileira].[116]

Esse também é um exemplo convincente, se não extremo, de outro "mau planejamento de viagem": dizemos sim a compromissos futuros apenas para depois culparmos o eu passado que fez isso.

Psicólogos não são lá muito famosos por criar bons nomes para os efeitos que estudam. Mas, neste caso em particular, acho que eles chegaram a um bom nome. Os professores de Marketing Gal Zauberman e John Lynch chamam a tendência de dizer sim e se arrepender mais tarde, de... espere só... "Efeito Sim/Que droga!".

Sim, vou fazer isso ou aquilo. Que droga! Eu não deveria ter dito sim.

No experimento de Wallace, alguns de seus "sim" resultaram no que muitos de nós consideraríamos erros óbvios: com o "não" proibido, ele disse sim em tantos contextos que acabou com uma dívida enorme no cartão de crédito, quase foi espancado em uma balada e passou a ter receitas de antidepressivos e remédios para queda de cabelo dos quais não precisava.

No entanto, o efeito Sim/Que droga! nem sempre dá as caras de maneiras tão imediatas (ou tolas). Pense na última vez que lhe pediram para assumir um compromisso no futuro. Talvez tenha sido fazer uma apresentação no trabalho, ou treinar o time de futebol do seu filho, ou ir à festa de aniversário de um amigo que está mais para um conhecido.

Olhar para a frente e ver sua agenda vazia pode fazer com que o "sim" pareça a resposta óbvia. Mas, quando a apresentação, a temporada de futebol ou o aniversário do amigo chega, você pode se pegar desejando estar fazendo qualquer outra coisa com o pouco tempo que tem.

Esse, em poucas palavras, é o efeito Sim/Que droga!

Como Zauberman me explicou, não é que pensemos que não teremos *nada* para fazer em três meses. É que achamos que teremos *relativamente* menos do que estamos fazendo agora. Assim, somos levados a pensar que o futuro será um tipo de reino mágico do tempo livre.

De fato, em um dos estudos de Gal, os participantes foram convidados a pensar sobre seu tempo disponível em uma escala de 1 (muito mais tempo disponível hoje) a 10 (muito mais tempo disponível daqui a um mês).[117] A resposta média: 8,2.

Parte da razão para essa tendência é que temos muitas pequenas coisas que ocupam os minutos e as horas de cada dia: e-mails, reuniões, a visita de um colega de trabalho, vizinho ou amigo. Você provavelmente vai se lembrar de muitas outras coisas. Em comum, todas representam pequenas interrupções inesperadas, que consomem nossa capacidade e nosso tempo.

O problema é que não somos bons em antecipar essas pequenas obrigações perniciosas. Então, quando olhamos para o futuro e vemos bastante tempo livre à frente, deixamos de levar em conta compromissos que, sem dúvida, farão uma terça-feira daqui a três meses parecer muito com a ocupada terça-feira da semana que vem.

O erro surge, então, quando nos comprometemos de modos que acabam nos sobrecarregando mais do que nos beneficiando. Assim como fazemos quando procrastinamos, estamos pensando no futuro, mas de uma forma que não é realista o bastante.

É claro, porém, que dizer sim nem sempre é um erro. Quando conversei com Danny Wallace sobre seu experimento do "Homem Sim", ele disse o seguinte: "O sim é uma palavra que traz oportunidades para se divertir, aventuras e imprevisibilidade. Porque o sim vai levar a outra coisa - a outro sim -, como em uma fileira de dominós". Wallace é muito engraçado, mas ficou bem sério ao observar que "algumas das coisas mais incomuns ou extraordinárias que já aconteceram com você - suas histórias e suas memórias - aconteceram *porque* você disse sim a alguma coisa".

Nunca se sabe o que resultará de um sim, e essa pode ser uma das razões pelas quais tantas vezes nos inclinamos a dizê-lo.

Como exemplo, Danny me contou uma história sobre uma das produtoras do filme *Sim, senhor*. Enquanto rodava o filme em Los Angeles, ela foi convidada para uma festa à qual simplesmente não estava com vontade de ir. A mais de uma hora de distância, parecia um pouco longe demais para valer a pena sair de casa.

"Mas", ela pensou, "sabe de uma coisa? Estou fazendo esse filme sobre um cara que disse sim para tudo, então é melhor eu ir nesse negócio." Ela ficou sentada durante a maior parte da festa, sem se envolver de forma significativa com ninguém. Isso até quase o final. Ela descreve que estava sentada a uma mesa, falando sobre "estrelas do cinema preto e branco dos anos 1920" (ou algo do tipo), quando uma voz grave apareceu do nada e disse: "Esperei minha vida inteira para ouvir uma mulher como você dizer uma coisa dessas". Os meta-aspectos dessa história não me escaparam: é um romance estilo Hollywood que floresceu durante uma conversa sobre clichês de Hollywood com uma mulher que estava produzindo um filme sobre um cara que dizia sim para tudo. Mas hoje os dois estão casados e com filhos.

Como Wallace observa, a união não teria se formado sem aquele sim. Zauberman (um dos pesquisadores que fizeram o trabalho acadêmico original sobre o efeito Sim/Que droga!) fez coro aos sentimentos de Wallace. Em parte, dizer sim pode trazer benefícios porque o compromete a fazer coisas para as quais talvez não encontre tempo hoje. Talvez, ele me disse, a única maneira de você ir ao recital de piano do seu filho de dez anos é essa percepção de abundância de tempo no futuro. "Porque se fosse hoje, e eu olhasse para a minha agenda, eu poderia ter que dizer a ele: 'Desculpe, filhão, não vou conseguir ir'."

Mas dizer sim é complicado. Quando dizemos sim, mantemos abertas portas que de outra forma se fechariam. E também nos abrimos para situações em que podemos estressar demais nosso futuro eu de maneiras prejudiciais. Nessa linha, Wallace me disse, "o não é uma palavra poderosa, porque podemos usá-la como um escudo para proteger a nós mesmos e ao nosso tempo". E não é que cada "sim" leve a um resultado que vai mudar toda a nossa vida. "Há a mesma probabilidade de encontrar seu cônjuge em uma festa boa ou ruim", disse Wallace. O outro lado desse raciocínio é de que você tem a mesma probabilidade – mais ainda! – de não encontrar um cônjuge em festa nenhuma.

Em reconhecimento a essas compensações, Dilip Soman, professor de Marketing da Universidade de Toronto, me disse que implementou uma intervenção "Não/Oba!" em sua vida. Quando lhe pedem para assumir um compromisso no futuro, ele mantém em mente o efeito Sim/Que droga! e diz não para coisas que ele teme que serão pesadas demais. De maneira inteligente, mesmo assim ele coloca o compromisso em seu calendário, com uma nota dizendo "não concordei em fazer isso". Quando a data da possível obrigação chega, ele pode olhar para sua agenda e dizer "Oba!" para esse tempo livre recém-encontrado.

Então como escolhemos entre dizer sim ou não? Não há uma solução fácil. Mas gosto de um conselho dado por Wallace: pode ser uma boa ideia dizer sim a compromissos que deixarão os outros felizes desde que não tenham nenhum impacto negativo óbvio em sua própria felicidade. Se a felicidade dos outros for amplamente priorizada em relação à sua, ou se você desenvolveu o hábito de negligenciar a própria agenda, então um "não" pode fazer mais sentido. Evidentemente, os sim e os não precisam ser decididos caso a caso.

Então continuamos planejando mal nossas viagens: consideramos nossos futuros eus, porém muitas vezes não com a profundidade necessária. Aqui, eu destaquei a procrastinação e o efeito Sim/Que droga! como exemplos canônicos.

Eu argumentei, porém, que essa tendência a planejar mal as viagens pode ser um erro – especialmente se acabarmos fazendo, ou não fazendo, coisas das quais nos arrependemos depois. No entanto, no caso de compromissos relativos ao tempo, esse hábito pode ser ocasionalmente útil. O passeio de barco reservado por impulso pode acabar sendo surpreendentemente divertido.

A questão mais ampla nessa discussão, no entanto, tem a ver com autoconsciência. Ao comprometer nosso futuro eu com alguma atividade, considere ambos os lados do bem-estar dele. Quanto peso e estresse ele terá? Mas também: que oportunidades ele pode vir a ter se concordar em fazer algo mais tarde em vez de agora? Isso se aplica tanto à procrastinação quanto ao efeito Sim/Que droga!

No Capítulo 4, falei sobre as vezes em que nos ancoramos demais em nosso eu presente. Neste capítulo, tratei sobre os momentos em que pensamos no futuro, mas não com a profundidade necessária. No próximo capítulo, discutirei as vezes em que nos envolvemos em uma mistura de ambos. Quando usamos o que está acontecendo no presente para pensar sobre como as coisas serão no futuro, acabamos cometendo um erro específico: nos apoiamos demais nas nossas emoções atuais para fazer previsões sobre um futuro que não consideramos na totalidade. Ao fazer isso, "colocamos na mala as roupas erradas".

É inverno em Boston, e nossa mala está cheia de roupas de banho.

DESTAQUES

- O segundo erro de viagem no tempo é que pensamos sim no futuro, mas apenas de modo superficial.
- A procrastinação é um exemplo clássico desse erro: ao não considerarmos o futuro de maneira particularmente profunda, deixamos de reconhecer que nosso futuro eu desejará evitar as mesmas situações negativas das quais estamos escapando hoje.
- O efeito Sim/Que droga! apresenta outro exemplo: podemos dizer sim a um compromisso futuro sem prever o quanto nosso futuro eu se arrependerá disso.

CAPÍTULO 6

Levar as roupas erradas

Em meados da década de 1990, Greg Tietz estava em uma boa fase profissional. Ele era sócio de duas pequenas empresas: uma agência de publicidade e uma loja de presentes que vendia "coisas engraçadas e fora do comum". Em todos os aspectos, a vida estava indo bem para esse nativo do nordeste de Ohio. No entanto, como ele não gostava da pressão que acompanhava os dois cargos, decidiu mudar sua vida inteira e ir morar em São Francisco.

A vida na cidade, segundo o que me disse em uma entrevista, era só um pouco mais livre do que no Centro-Oeste, e ele se apaixonou por esse recomeço. Novos amigos, novo emprego, tudo novo. Ele era barman no Bottom of the Hill, uma casa de música ao vivo. Ficar acordado até duas ou três da manhã na maioria das noites era um pequeno preço a pagar para poder assistir a algumas das bandas de rock mais notáveis.

Quando tinha um dia de folga, ele costumava passar o tempo explorando o Mission, um bairro localizado no centro de São Francisco que ostenta dezenas de restaurantes mexicanos, taquerias e padarias. Se você já sentiu vontade de um delicioso burrito do tamanho de um braço, daqueles que matam a fome pelo resto do dia, esse é o lugar.

Em um desses dias de andanças, Greg decidiu comprar alguns petiscos para os colegas com quem dividia a casa em que morava. Foi quando ele notou um pequeno restaurante chamado Casa Sanchez, onde uma placa na janela chamou sua atenção. Nela estava o logotipo do restaurante e, em seguida, uma frase marcante:

Tatue-me no seu corpo e ganhe comida de graça pela vida inteira

Ele não tem certeza se foi a promessa de um taco de um restaurante que ele ainda não tinha experimentado ou a placa na janela, mas Greg entrou na hora. "A promoção era real?", ele se perguntou. Alguém faria uma tatuagem do logotipo do restaurante no braço só para ter... burritos grátis à vontade? (Na verdade, escrevendo isso agora, a ideia não me soa assim *tão* maluca.) Ele perguntou à proprietária, Martha, se aquela "promoção" ainda estava valendo. Com certeza estava. "Você faz a tatuagem", ela disse, "e nós lhe daremos comida de graça para o resto da vida."

Tendo trabalhado em uma agência de publicidade, ele achou que o marketing por trás desse acordo era brilhante. E, verdade seja dita, mesmo antes de pousar em São Francisco, ele já estava pensando na ideia de fazer uma tatuagem.

"Mas", como Greg me explicou, "todo mundo tem histórias terríveis de errar com a primeira tatuagem, e eu não queria que isso acontecesse comigo." Antes de se mudar para o Oeste, ele queria encontrar algo que tivesse algum significado, algo que tivesse importância. Então ele havia decidido esperar até que a ideia perfeita para a tatuagem aparecesse.

No fim das contas, esse momento surgiu quando ele passou pelo anúncio na taqueria. Ele riu ao me contar isso. "Foi como um raio – aqui está minha resposta para tudo."

Guacamole com guarnição de tinta

Certo, mas qual era exatamente o logotipo do restaurante? Um garotinho, Greg me disse, surfando no espaço sideral em uma espiga de milho. "Era um desenho tão divertido, e, de todo modo, eu tinha adorado a ideia da promoção." Ele reconheceu que fazer uma tatuagem era uma decisão importante, e em parte era por isso que tinha demorado tanto para fazer uma. Naquele dia na Casa Sanchez, no entanto, ele foi convencido.

Antes de correr para o estúdio de tatuagem mais próximo, porém, ele pediu um burrito de carne assada *deluxe* – se você vai ganhar comida de graça pelo resto da vida, é melhor garantir que ela seja saborosa![118] Considerando-a muito boa, ele decidiu que sim, de fato, aquela era a tatuagem certa para ele. Greg ligou para um amigo que tinha várias tatuagens e perguntou se queria se juntar a ele.

E foi assim que Greg e seu amigo se tornaram as primeiras pessoas a aceitar o acordo de tatuagem por comida da Casa Sanchez. Segundo sua estimativa, ele ganhou refeições gratuitas cerca de quarenta a cinquenta vezes antes de o restaurante fechar em 2012. (Não se preocupe: o novo restaurante que abriu no antigo ponto continuou a honrar o acordo de Greg, e a Casa Sanchez agora vende seus *chips* e molhos em supermercados. Até onde sei, entretanto, Greg e seu amigo precisam pagar pelos *chips* de tortilha como todo mundo.)

É uma história louca, e, quando Greg a contou a mim, senti uma mistura de admiração – queria poder ser mais espontâneo – e preocupação. (Será que Greg se arrependeria dessa tatuagem? Será que para sempre ele iria querer um garotinho surfando numa espiga de milho gravado em sua pele?) Embora eu morasse perto de Mission e ao longo dos anos tivesse comido muitos burritos incríveis por lá, ainda sentia que tatuar o logotipo de um restaurante no meu braço poderia ser algo que eu questionaria mais tarde.

Arrepender-se de tatuagens não é uma experiência única. Embora os números sejam difíceis de encontrar, dos milhões de norte-americanos com tatuagens, cerca de um quarto se arrepende de ter feito pelo menos uma delas.[119] Mais precisamente: o mercado global de remoção de tatuagens é estimado em cerca de 4,7 bilhões de dólares e está crescendo a uma taxa de 15% ao ano.[120]

Visitei Cesar Cruz, tatuador e dono do Black Tower Tattoo Studio, em Los Angeles, para perguntar o motivo pelo qual, em sua opinião, as pessoas querem remover suas tatuagens. Os dois motivos clássicos, ele me disse, são quando os símbolos deixam de ter qualquer significado e quando as palavras tatuadas não causam mais alegria. Ambas as razões, aparentemente, são o resultado de nossa expectativa de que tatuagens podem ter significado e produzir alegria para sempre (ou pelo menos por muito tempo), mas quando esse deixa de ser o caso, ficamos decepcionados. Há também razões mais inócuas - por exemplo, quando a tatuagem simplesmente desbota ou deixa de ficar bonita à medida que o corpo envelhece.

Dados de pesquisas apoiam suas observações e levantam outras possibilidades: algumas pessoas se arrependem de tatuagens se estavam de algum modo fora de si quando as fizeram; algumas optaram por aplicar tinta em um lugar que mais tarde foi considerado visível demais para o mundo exterior; e algumas escolheram fazer uma tatuagem como uma forma de lembrança de algo que mais tarde deixaram de querer lembrar.[121]

Deixe-me ser claro: a maioria das artes corporais não produz arrependimento ou leva à remoção a laser. Mas cito as tatuagens porque se arrepender delas é um exemplo perfeito do terceiro e último erro de viagem no tempo, que eu chamo de "levar as roupas erradas". Esse erro mental tem implicações potencialmente sérias e pode influenciar tudo, desde sua escolha de profissão até o atendimento médico que você receberá no fim da vida.

Suéteres em Miami

É fevereiro em Chicago e você está prestes a fazer uma viagem muito aguardada para a Flórida. Tem sido um inverno rigoroso, e você já está vestindo suas roupas mais quentes quando faz as malas para suas férias em South Beach. Claro, o clima da Flórida é muito mais hospitaleiro para a pele exposta que o de Chicago, então você decide deixar seu casaco gigante de inverno em casa. Você sabe qual é – ele vai até os tornozelos e acrescenta uns vinte e cinco centímetros de circunferência ao seu corpo. Mas, pensa você, ainda pode fazer um pouco de frio à noite, não é?

Então você vai em frente e põe na mala um suéter ou dois. E, já que está nessa, acha que pode muito bem jogar uma camisa de manga comprida e uma jaqueta leve, só por precaução. Claro, estará mais quente em South Beach, mas ainda é bom estar preparado, mesmo que isso exija despachar uma ou duas malas.

Ao chegar em Miami, você sai do avião e descobre que está 28 graus com níveis de umidade que fazem o ar parecer potável. E você ainda nem saiu do aeroporto! Você se dá um tapa na testa ao perceber que os suéteres, a camisa de manga comprida e a jaqueta leve ficarão na mala pelo resto da viagem. Se você tivesse feito as malas para esse clima, poderia facilmente ter viajado só com a bagagem de mão.

A lição é que não é porque você está com frio neste momento em Chicago que necessariamente sentirá frio no futuro. Quando fazemos previsões sobre como nos sentiremos no futuro, pode ser perigoso dar muito peso à maneira como nos sentimos no presente. Os humanos, afinal, são criaturas temperamentais - nosso estado atual provavelmente não vai durar muito. O erro de "levar as roupas erradas", então, se dá quando confiamos demais nos sentimentos do nosso eu presente, projetando-os para um futuro eu que pode não se sentir da mesma forma.

Correndo colina mágica acima

George Loewenstein, professor de Economia e Psicologia da Universidade Carnegie Mellon, é considerado um dos principais economistas de sua geração.[122] (Seu nome, aliás, aparece todo ano entre o círculo de pessoas que gostam de especular sobre quem vai levar o Prêmio Nobel de Economia.) Mas ele também é um ávido aventureiro ao ar livre e passa grande parte do seu tempo livre escalando, correndo e remando em um caiaque.

Como ele me contou, ele adorava subir correndo uma colina perto de sua casa em Pittsburgh - uma "colina bem íngreme", rapidamente acrescentou. Partindo de um dos rios locais, ele subia mais de 150 metros e, quando chegava ao topo, estava "completamente exausto". No entanto, meio minuto depois de chegar ao topo e começar a descer, ele se pegava pensando algo como: "Não foi tão difícil!". Depois de um curto período, sua dor e adversidade se tornavam memórias residuais. Era como se a colina pudesse magicamente criar a experiência de dor intensa na subida e então apagar imediatamente essa memória na descida.

Mais ou menos na mesma época, ele recebia convites frequentes para ministrar seminários em diferentes fusos horários. Em casa em Pittsburgh, ele antecipava viagens emocionantes ao exterior e a oportunidade de reencontrar colegas antigos e conhecer novos. O resultado disso era que ele quase sempre dizia sim. Mas, curiosamente, ele me disse, se recebesse um desses convites durante uma viagem, era muito mais provável que ele dissesse não. George sofria de jet lags terríveis nessas viagens, e, como ele mesmo disse, "era como se minha única perspectiva fosse o sofrimento do jet lag quando o estava vivenciando no momento".

Juntando as duas experiências, George começou a formular uma teoria: quando você não está em um estado emocional, pode ser difícil avaliar como você se sentirá ou se comportará quando *estiver* em um. Mas, quando você está sob o domínio de emoções poderosas, é difícil imaginar *não* estar em suas garras - pode parecer que você sempre esteve e sempre estará naquele mesmo estado.[123] Ele me disse sucintamente: "Eu exagero nas compras se estou de barriga vazia, e quando estou deprimido parece que ficarei deprimido para sempre".

Isso significa que levamos as roupas erradas de duas maneiras diferentes: primeiro, usamos os estados emocionais de nosso eu presente para tomar decisões para futuros eus que não se sentirão mais da mesma forma. E segundo, quando estamos ancorados em estados menos emocionais, deixamos de considerar as fortes emoções que nossos futuros eus podem legitimamente sentir.

Considere um estudo conduzido por George e seus colaboradores: pessoas viciadas em heroína tiveram a chance de tomar uma dose extra de buprenorfina (um substituto seguro da heroína, que ajuda a eliminar a vontade de usar) ou ganhar certa quantia de dinheiro, ambas as escolhas entrando em vigor somente alguns dias depois. Quando fizeram essa escolha pouco antes de receber uma dose - momento em que estavam em estado de vontade máxima -, valorizavam a dose extra duas vezes mais em comparação a quando tomaram a decisão logo *após* recebê-la (quando a vontade tinha diminuído). Faz sentido valorizar mais o alívio da vontade quando você *está* sob suas garras do que quando não está, mas os viciados estavam tomando uma decisão que entraria em vigor apenas cinco dias depois, quando seu estado atual de desejo deveria ser irrelevante.[124]

Loewenstein e seus colaboradores, Matthew Rabin e Ted O'Donoghue, notaram que essas observações poderiam ser aplicadas a uma série de situações nas quais as decisões atuais têm consequências futuras. Eles cunharam o termo "viés de projeção" para se referir à nossa tendência a tomar decisões para o futuro com base em nossas emoções e impulsos atuais, e não nas emoções e nos impulsos que previsivelmente experimentaremos quando essas decisões entrarem em vigor.[125]

Mesmo quando estamos cientes de que estaremos em um estado mental diferente no futuro, não ajustamos de modo suficiente nossas decisões para levar isso em consideração. Podemos saber que de barriga vazia vamos exagerar nas compras, ou que nossa depressão atual provavelmente não durará, mas na hora não parece ser assim, e compramos e tomamos decisões importantes na vida com base em nossos estados emocionais atuais, geralmente de curta duração.

Pense em como esse erro é diferente dos outros dois erros de viagem no tempo. Quando "perdemos o voo", é porque estamos muito focados no presente e não conseguimos considerar o futuro. Quando fazemos um "mau planejamento de viagem", pensamos no futuro até certo ponto, mas não com a profundidade necessária. E, quando "levamos as roupas erradas", estamos nos concentrando ativamente no futuro, mas nos apoiamos demais no presente para fazer isso, o que geralmente resulta em sentimentos de arrependimento sobre nossas escolhas. Ao que parece, tatuar o nome do parceiro por quem estamos apaixonados agora pode não ser tão legal quando ele se torna um ex.

De quitutes a conversíveis e mestrados

O viés de projeção é um erro humano tão comum que damos pouca atenção a ele. Presumimos que faz parte da vida, e não que é um erro passível de correção. Um exemplo banal que acontece comigo o tempo todo: imagine que um de seus colegas de trabalho está planejando uma reunião para a próxima semana e, para aumentar a probabilidade de as pessoas comparecerem, ele inteligentemente planeja trazer uns quitutes. E quitutes personalizados, olha só! Então, ele liga para você e pergunta qual você gostaria de comer – seu nome estará nele – na reunião da semana seguinte.

As opções variam de saudáveis (maçã, banana, uva) a menos saudáveis (salgadinhos, chocolates). É fim de tarde quando ele oferece essas opções; o apetite pré-jantar começa a dar as caras. O que você vai escolher? Quando funcionários de escritório em uma pesquisa fizeram esse tipo de escolha – no final da tarde –, foram extremamente propensos a optar por um dos lanches não saudáveis.

Sentindo as pontadas da fome, podemos erroneamente pensar que estaremos com uma fome similar quando o futuro chegar. Como resultado, escolhemos um lanche que satisfará esse desejo futuro imaginado. No entanto, quando um grupo diferente de funcionários fez a escolha logo após o almoço – quando já estavam satisfeitos –, se mostrou mais propenso a optar pela maçã ou pela banana.[126]

Consumidores no momento da compra de um carro são conhecidos por se comportar de modos semelhantes. Mais especificamente, o clima no momento da compra de um carro pode ter um impacto desproporcional nessa escolha. Quando o ar está mais quente e o céu está mais limpo que o normal, as compras de conversíveis aumentam![127] O contrário também é verdade: uma tempestade de neve violenta resulta em um aumento de 6% nas vendas de veículos com tração nas quatro rodas nas duas a três semanas seguintes.

Além das escolhas entre maçãs e chocolates, e conversíveis e SUVs, esses padrões também podem ser encontrados em contextos pessoais e profissionais.

Por exemplo, em 2008, a Coreia do Sul implementou um período de reflexão obrigatório para divórcios: seria necessário esperar várias semanas a partir da data do pedido de divórcio até que se pudesse de fato finalizá-lo. A prática pareceu ter um impacto, pois as taxas de divórcio diminuíram significativamente após a adoção da nova lei.[128] Emoções negativas intensas e o sentimento de que essas emoções sempre estarão presentes podem alimentar o desejo pelo divórcio – na verdade, as taxas de *pedidos* de divórcio não caíram. Mas, quando damos tempo para que esses sentimentos se dissipem, esse desejo pode se abrandar.

Mesmo algo tão trivial quanto o tempo de uma aula obrigatória para alunos de graduação pode influenciar decisões futuras importantes. Em um estudo com quase 20 mil cadetes de West Point, academia militar norte-americana, ao longo de dezessete anos, pesquisadores descobriram que os cadetes tinham cerca de 10% menos probabilidade de se formar em determinada área se fossem aleatoriamente designados para cursá-la de manhã cedo (7h30) do que em uma que cursavam mais tarde.

Pense no porquê: ao cursar Introdução à Economia de manhã bem cedo, ainda grogue de sono, você poderia atribuir incorretamente a fadiga aos seus sentimentos sobre o assunto da aula, decidindo que aquela especialização não é para você.[129] Você conclui que economia é chato, quando na verdade você só precisa de mais cafeína e dormir mais cedo. Um dos pesquisadores desse projeto, Kareem Haggag, professor de Tomada de Decisão Comportamental e meu colega na UCLA, observou que a escolha do campo de estudo primário na faculdade tem consequências. Na verdade, ela tem um peso significativo para vários desfechos de vida. Como ele me disse: "Mesmo em um contexto de alto risco – em que a decisão pode influenciar não apenas quão agradáveis serão os próximos anos de faculdade, mas também a trajetória da sua renda ao longo da vida –, as pessoas ainda são previsivelmente influenciadas por seus sentimentos temporários do passado".[130]

Onde está o erro?

Vamos bancar o advogado do diabo por um momento: o viés de projeção é mesmo um erro? Pode haver muitos casos em que temos dificuldade real em antecipar nossas preferências futuras. Como resultado, nos apoiamos em nossos sentimentos presentes para fazer previsões. Isso é mesmo tão ruim?

Acontece que o erro está em quão dramaticamente nos envolvemos nesse processo. Os problemas se acumulam quando uma confiança excessiva em nossas circunstâncias presentes leva a resultados que nosso futuro eu considerará lamentáveis ou injustos. Voltando àquelas malas em Miami cheias de roupas de frio – o problema não é o excesso de bagagem em si. É que precisamos pagar para despachar uma mala, e talvez tenhamos levado menos roupas de banho e camisetas que seriam necessárias.

O economista Marc Kaufmann levantou a hipótese de que, em um contexto profissional, a tendência a projetar excessivamente nossas circunstâncias presentes pode levar a erros na nossa maneira de administrar o tempo. Considere os sentimentos que você tem quando, no trabalho, começa um projeto que você acha empolgante. Talvez seus projetos antigos tenham sido um porre. Talvez você não se sinta supermotivado. A oportunidade de trabalhar em algo novo desperta uma sensação de otimismo; você sente que tem muita energia para investir no projeto.

Como resultado, talvez você dedique uma quantidade razoável de tempo aos estágios iniciais. Para ilustrar isso, Kaufmann usa o exemplo de um aluno que tem uma prova semestral no dia seguinte. Ao acordar se sentindo revigorado, o aluno sabe que precisa estudar oito capítulos. No início o trabalho vai bem, com cada capítulo levando cerca de duas horas para ser revisado. "Perfeito!", ele talvez pense. "Posso muito bem estudar tudo isso ainda hoje!" No entanto, o viés de projeção entra em ação quando o aluno pensa, erroneamente, que conseguirá sustentar esses sentimentos iniciais de otimismo e empolgação até a conclusão do projeto. Quando a noite chega, e sentimentos de tédio e fome surgem, cada capítulo demora mais para ser lido, até que o aluno enfim desiste.

Assim, podemos acabar dedicando esforço demais aos estágios iniciais de um empreendimento, apenas para ficar sem energia e tempo conforme o prazo final se aproxima.[131]

Superprojetar o presente no futuro pode levar a problemas ainda mais perniciosos. Considere um grupo de alunos que participou de uma pesquisa liderada por Loran Nordgren, professor de Administração da Escola de Administração Kellogg, da Universidade de Northwestern. Solicitou-se a alguns alunos que memorizassem sequências de números por vinte minutos (uma tarefa cansativa!), enquanto outros deveriam memorizar números por apenas dois minutos. Imediatamente depois, todos eles foram questionados sobre quão cansados se sentiam, quão bem achavam que conseguiriam lidar com a fadiga futura e quanto dos estudos deixariam para a última semana do semestre. Os alunos não cansados (o grupo que só teve que lembrar números por dois minutos) estavam muito mais confiantes em suas habilidades de gerenciar a fadiga futura e, por consequência, optaram por adiar seus estudos para mais tarde.

Considere o que está acontecendo aqui: alunos que não foram sobrecarregados com uma tarefa cansativa tiveram muito mais dificuldade em imaginar como seria estar realmente cansado no futuro. Apoiando-se talvez um pouco demais em seu estado atual e renovado, eles não conseguiam acessar vividamente sentimentos futuros de fadiga, o que os levou a dar um passo maior que a perna.

Não foram apenas os alunos que demonstraram esse padrão. Ao longo de quatro meses, ex-fumantes que sentiam poder controlar melhor sua vontade de fumar tiveram mais propensão a se expor a situações tentadoras, como conviver com amigos que fumam.[132] E isso, por sua vez, levou a mais recaídas no tabagismo.

Frequentemente tomamos decisões sobre futuros cursos de ação quando estamos em estados "frios". Devemos ir tomar uns drinques com um ex, mesmo que estejamos felizes no casamento? Devemos ir para a copa do escritório depois de receber um e-mail a respeito de um bolo que sobrou, mesmo que estejamos de dieta? Devemos deixar um maço de cigarros em casa, mesmo que tenhamos parado de fumar? Quando nos apoiamos em sentimentos frios para fazer previsões sobre nossa capacidade de resistir à tentação, deixamos de compreender completamente quão tentadores serão o happy hour amigável, a fatia de bolo ou o cigarro. E assim, ironicamente, podemos nos expor demais a essas mesmas tentações, sucumbindo a elas de maneiras que não havíamos previsto.

Em uma entrevista, Loran Nordgren – o pesquisador que estudou os ex-fumantes – me disse o seguinte: "Nossos sentimentos e emoções têm um poder extraordinário para moldar nossas ações. Mas as pessoas têm uma enorme dificuldade em entender quão transformadoras essas emoções podem ser. Subestimamos a ameaça e, portanto, nos colocamos em perigo".

Assim, às vezes "levamos as roupas erradas", usando os sentimentos do nosso eu presente para tomar decisões das quais nossos futuros eus podem se arrepender mais tarde. Estamos com frio e esquecemos como é estar suado em Miami.

Mas há outra versão desse erro que se baseia menos nas emoções que temos no momento e mais nas percepções gerais que temos sobre nossa personalidade e nossos gostos e desgostos atuais.

Todo mundo tem aquela banda...

Pense na última vez em que existiu um grupo musical do qual você gostava de verdade. Talvez tenha sido dez anos atrás, talvez mais. No começo dos meus 20 anos, minha banda favorita era um grupo de Boston chamado Guster. Essa confissão vem com um pouco de constrangimento: com suas melodias pop amenas e capas de álbuns com aparência um pouco *grunge*, a Guster era a quintessência do final dos anos 1990. Eu não conseguia imaginar um mundo em que eles não estivessem tocando sem parar na minha sala de estar (meu colega de quarto até ameaçou se mudar se tivesse que ouvi-los mais uma vez). E eu teria dado todo o parco saldo da minha conta bancária para ir a um de seus shows.

Hoje meus gostos mudaram um pouco; o Spotify me informa que, ao que parece, eu ouço muito um grupo chamado National. De Los Angeles, que tem um som um pouco mais sombrio e taciturno, e tento assistir aos shows deles sempre que possível. É difícil para mim imaginar *não* querer vê-los nos próximos anos.

Em 2020, eu soube que a Guster, minha antiga favorita dos anos 1990, iria tocar no Hollywood Forever Cemetery, mais ou menos a meia hora de onde eu moro. Não os ouvia havia séculos e pensei que aquela poderia ser uma maneira divertida de revisitar o passado. Mas, a 40 dólares por cabeça, os ingressos pareciam caros. Eu poderia justificar gastar 80 dólares para minha esposa e eu vermos uma banda que hoje eu acho meio... cafona?

O que quero dizer? Quando eu era um fã ferrenho da Guster, estava disposto a gastar uma boa parte da minha renda em seus shows e presumi que sempre me sentiria assim. Agora sinto o mesmo sobre o National, enquanto a Guster foi relegada à lata de lixo da história. E é difícil imaginar uma época em que não continuarei a me sentir assim. Mesmo sabendo que meus gostos mudaram no passado, é difícil enxergar que eles poderiam mudar no futuro.

Seus gostos provavelmente também mudaram conforme sua vida foi avançando. Talvez não com ingressos para shows, mas e aquele skate caro que você tinha quando criança? Você ainda é obcecado pelos Power Rangers, ou pelos Beanie Boos, ou por um Doc Martens preto brilhante?

Essa tendência de pegar nossos interesses e preferências gerais e projetá-los para a frente é algo que o pesquisador Jordi Quoidbach e seus colaboradores estudaram em milhares de pessoas. Considere a pergunta que eles fizeram aos visitantes do site de um popular programa de TV belga: "Dez anos atrás, como você teria avaliado sua personalidade (em termos de abertura a novas experiências, conscienciosidade, extroversão, simpatia e neuroticismo)?".

Agora tente prever sua possível pontuação nessas dimensões *daqui a* dez anos.

Se você sente que mudou mais do passado para o presente do que antecipa mudar do presente para o futuro, você não está sozinho. Sejam elas mais jovens, de meia-idade ou mais velhas, quase

20 mil pessoas demonstraram um padrão claro: acreditavam que tinham mudado muito do passado para agora – em termos de personalidade e valores –, mas não conseguiam afirmar que mudariam tanto assim no futuro.[133]

Um estudo de acompanhamento descobriu que os participantes da pesquisa defendiam pagar cerca de 60% a mais para ver sua banda favorita atual tocar dali a dez anos do que os participantes que foram questionados sobre quanto gastariam para ver uma antiga banda favorita tocar hoje. Ao que parece, as pessoas pagariam muito mais por uma oportunidade futura de satisfazer uma preferência atual.

Esses efeitos não são relegados a questões hipotéticas: Jordi e seus colaboradores também descobriram que, ao longo de um período de trinta anos, milhares de norte-americanos subestimaram de maneira consistente o quanto sua própria satisfação com a vida acabaria mudando.[134]

O fim da história como a conhecemos

Essa tendência foi rotulada de "ilusão do fim da história". A essência é que, embora reconheçamos que evoluímos de quem éramos para quem somos agora, deixamos de enxergar que continuaremos a mudar no futuro.

Um dos autores do artigo, o psicólogo Dan Gilbert – que também conduziu o estudo sobre encontros relâmpago descrito no Capítulo 5 –, me disse que, quando era mais jovem, sentia que, embora seus 20 anos fossem ser diferentes dos 30, e seus 30 um pouco diferentes dos 40, a partir dos seus 41 anos a vida "se tornaria imperceptivelmente diferente".

Sua intuição era de que, por volta dos 40 anos ou algo assim, ele de alguma forma teria "chegado lá" e se tornado a versão plena de si mesmo. Olhando para trás, no entanto, ele descobriu que simplesmente não tinha sido assim. "De muitas maneiras", ele me disse, "64 é mais diferente de 54 do que 54 foi de 44 anos." Pode ser difícil perceber que, embora tenhamos experimentado grandes mudanças no passado, continuaremos a experimentar grandes mudanças no futuro.

Como Jordie, Dan e Tim Wilson (seu colaborador) eloquentemente afirmaram, "Tanto adolescentes quanto avós parecem acreditar que o ritmo da mudança pessoal desacelerou e que recentemente eles se tornaram as pessoas que permanecerão sendo. A história, ao que parece, está sempre terminando hoje".[135]

Não sabemos exatamente o motivo pelo qual ocorre essa ilusão, mas conseguimos especular: em parte, ela pode surgir pela autoproteção, e em parte, suspeito, pelo medo do desconhecido. Quando as pessoas consideram de que maneiras mudaram do passado para o presente, elas implicitamente lembram de que maneiras melhoraram.[136] Então, na maioria das vezes, enxergamos nosso eu presente de uma forma positiva: a maioria das pessoas gosta de si mesma e acredita que sua personalidade é atraente para os outros e seus valores, dignos de admiração.[137] Pode ser assustador pensar que, se fôssemos mesmo mudar, estaríamos nos afastando desse lugar nobre, então tentamos nos apegar a quem somos agora.

Da mesma forma, gostamos de pensar que nos conhecemos bem, e antecipar que nossa personalidade, valores e preferências são passíveis de mudança pode produzir uma boa medida de ansiedade existencial.[138] Se não sabemos de que maneira podemos ser diferentes no futuro, quão bem sabemos realmente quem somos hoje?[139]

Há algumas implicações importantes aqui.

Em nossa vida profissional, por exemplo, podemos recorrer demais às nossas circunstâncias atuais ao fazer planos futuros de carreira, negligenciando enxergar que nossos valores e interesses mudaram no passado e podem mudar no futuro. Uma pesquisa com funcionários públicos dos Estados Unidos apontou exatamente para essa conclusão. Um grupo de funcionários avaliou de que modo seus valores mudaram ao migrar do passado para o presente e reconheceu que ser capaz de trabalhar de forma independente e ajudar os outros eram valores que cresceram dramaticamente em importância nos dez anos anteriores. Solicitou-se a um grupo diferente, no entanto, que previsse quais valores seriam importantes para eles nos anos seguintes. O resultado foi que esse segundo grupo – os "preditores" – antecipou muito menos mudanças em suas motivações de trabalho do que os "reportadores".[140]

Aqui está o problema: quando nos deparamos com novas direções de carreira ou perspectivas de emprego, se cometermos erros ao considerar o que achamos que terá importância, podemos optar por seguir (ou não) caminhos dos quais nos arrependeremos mais tarde.

Em uma conversa comigo, Jordi levantou outro ponto convincente: "A ilusão do fim da história poderia nos fazer abrir mão de oportunidades que, de outra forma, teríamos aproveitado?". Tome como exemplo viajar para um local exótico. Imagine que, neste ponto da sua vida, você só pode pagar uma viagem básica; pense em ônibus e albergues. O lado positivo é que você poderia ir para outra parte do mundo, embora não necessariamente com sofisticação. O lado negativo é que você também dá bastante valor aos confortos da vida e gosta de uma cama chique de hotel. Com base nesse cálculo, você pode assumir de modo incorreto que é exatamente isso que seu futuro eu também valorizará. "Ah, vou esperar até ficar mais velho, até ter dinheiro para fazer direito", sugeriu

Jordi. Mas e se isso for um erro? E se, quando você se tornar essa versão mais velha de si mesmo, você preferir passar tempo com sua família a viajar para os cafundós australianos? Você se arrependeria de sua decisão de, quando jovem, ter abdicado da aventura? Às vezes, aproveitar a vida significa abraçar os interesses do seu eu presente, porque seu eu futuro pode não estar interessado em um show da Guster.

Há outra consequência nefasta que pode surgir, que diz respeito ao futuro distante: planejamento para o fim da vida. Esse é um tópico que B. J. Miller, um médico de ponta em cuidados paliativos em São Francisco, passou grande parte de sua vida estudando.

O fim pode ser diferente

"A jornada de um homem para mudar a maneira como morremos." Esse é o título de um perfil de B. J. Miller no *The New York Times* publicado em 2017. Embora pareça uma descrição meio pomposa, ela é bem certeira.[141]

O primeiro encontro do Dr. Miller com a morte se deu em uma noite de novembro de 1990. Ainda estudante do segundo ano em Princeton, Miller estava farreando com alguns amigos enquanto caminhavam até uma loja de conveniência local por volta das quatro da manhã. Para chegar lá, tinham de cruzar os trilhos do trem para a linha de Princeton, que leva os passageiros em uma curta viagem do campus até a estação da Amtrak. Por alguma razão, Miller e seus amigos acharam que seria divertido subir no trenzinho (os moradores locais o chamam de "Dinky" [Bonitinho]) que estava parado nos trilhos.

Miller foi na frente, subindo a escada na parte de trás do trem. Mas, quando ele se levantou, seu braço chegou muito perto do fio elétrico, e ele foi atingido por 11 mil volts de corrente elétrica através do relógio de metal que usava. Embora ele tenha sobrevivido, um braço precisou ser amputado no cotovelo e ambas as pernas na altura dos joelhos.

Esse único evento o colocou em um curso para tentar entender melhor e, por fim, mudar a maneira como os pacientes experimentam cuidados de saúde. Contando essa história, Miller às vezes ri ao refletir sobre o fato de que sua vida foi transformada por algo chamado Dinky. Embora tenha recebido excelente tratamento na unidade de queimados do Centro Médico Saint Barnabas, ele reconheceu que grande parte do mundo médico é projetado para tratar doenças, e não necessariamente pessoas. De sua perspectiva, em nenhum lugar isso é mais evidente do que nos cuidados de fim de vida, em que o padrão é manter os pacientes vivos a todo custo.

Até recentemente, Miller foi professor de Medicina e médico de cuidados paliativos na Universidade da Califórnia, em São Francisco, e diretor do Zen Hospice Project de São Francisco, uma organização que usa os princípios do budismo para cuidar das pessoas no fim de vida. Em 2020, ele fundou a Mettle Health, uma organização dedicada a ajudar os pacientes a navegar pelo sistema de saúde, especialmente no fim da vida. É uma espécie de consultoria para "viver com a morte".

O objetivo dele nesse trabalho é tornar a morte menos algo que é deixado de lado até o fim, como costuma acontecer com os cuidados tradicionais, e mais um evento do ciclo da vida a ser celebrado. O modelo médico moderno, repleto de luzes brilhantes, máquinas piscantes e quartos estéreis, trata a morte como um desfecho a ser "superado": quando um paciente morre, ele é rapidamente retirado do quarto, deixando poucos vestígios de que esteve lá.

Já Miller quer infundir um senso de humanidade nos cuidados paliativos. Seu objetivo é tornar a morte – como ele me disse –

"mais uma parte da vida". Em conversas anteriores, ele trouxe o exemplo de uma paciente cujos pulmões estão falhando em decorrência da ELA. Ela quer um cigarro – não para apressar a morte, mas para "sentir seus pulmões cheios enquanto ela ainda os tem".[142] Outra paciente quer, em vez de mais quimioterapia, que seu cachorro esteja no quarto com ela, aninhado em seu colo.

Nenhum desses desejos seria concedido em um hospital tradicional. Ao promover essa abordagem mais empática, Miller é agora, como o jornalista do *The New York Times* o descreveu, o "pioneiro de um novo modelo de cuidados paliativos".

Como implementamos esse modelo? Primeiro, precisamos ter mais conversas sobre a morte, e mais profundas.

A morte, é claro, é o mais gelado dos baldes de água fria; não é um tópico que surge naturalmente, nem é algo sobre o que as pessoas queiram discutir. Outra camada disso é o fato de que esse é um problema cujas raízes estão na ilusão do fim da história. Mais especificamente, quando pensamos no futuro, é natural que nos venham à mente o envelhecimento e o fim de nossas vidas, que – pelo menos em muitas culturas – normalmente não são enxergados de forma positiva.[143] Suspeito que, para exercer algum controle sobre o processo de envelhecimento, podemos acreditar que continuaremos sendo as pessoas que somos agora, o que nos faz ignorar o inevitável. Já é bem difícil imaginar nossos futuros eus. É ainda mais difícil imaginar um mundo em que nossos futuros eus não existam.

Talvez não seja uma supresa, então, que muitos adultos não tenham planos para o fim da vida. Estimativas recentes sugerem que apenas cerca de um em cada três norte-americanos preparou diretivas antecipadas.[144] E, entre aqueles que o fizeram, é possível que os planos não tenham sido atualizados para refletir desejos que mudaram. Um exemplo: quando entrevistados saudáveis foram questionados se gostariam de um tratamento extenuante de quimioterapia que poderia estender suas vidas em três meses, apenas 10% concordaram. Mas e quando a mesma pergunta foi feita a pacientes com câncer? Um total de 42% disse que sim. Parece que, à medida que o fim se aproxima, o valor da vida aumenta.[145]

Como discutimos, o enigma com esse tipo de escolha – e o enigma que está no cerne do viés de projeção e da ilusão do fim da história – é que, embora nossos gostos e preferências estejam sempre evoluindo, muitas vezes tomamos decisões com nosso eu atual em mente. Só mais tarde lidamos com o fato de que nossos eus anteriores – que não compartilham mais dos mesmos pontos de vista que as pessoas que nos tornamos – tomaram decisões importantes que nos afetam agora.

Perguntei ao Dr. Miller: em se tratando de fazer escolhas para o fim da nossa vida, quando fazemos o correto? Ele passou algum tempo pensando antes de explicar de que maneira a situação muitas vezes dá errado. As coisas desmoronam, ele me disse, quando há um sentimento de "Ah, que droga, pensei que seria assim ou assado e no fim não foi nada disso". Esse elemento surpresa, quando sobreposto a todos os outros fardos emocionais que cercam a morte, pode ser devastador.

No entanto, sua resposta para quando a coisa dá certo representa um bom antídoto para os momentos em que "levamos as roupas erradas". As pessoas que tiveram as melhores mortes, segundo ele me disse, não são aquelas que experimentam um fim sem dor. Em vez disso, são aquelas que têm uma visão madura do tempo, que reconhecem que podem planejar determinado futuro, mas também podem ter sentimentos diferentes sobre esses planos conforme o tempo passa.

Parte dessa maturidade vem de uma consciência da fluidez: os pacientes que entendem ser "obras em andamento" são aqueles capazes de manter mais ativamente a conversa sobre os desejos para o fim da vida. São os que ficam mais confortáveis com a mudança de preferências, valores e até mesmo personalidade. Suspeito que parte da razão pela qual muitos de nós resistimos a essas mudanças é que a mudança está enredada com a perda; temos que admitir que nosso eu passado se foi, desapareceu. No entanto, os pacientes mais sábios lidam de frente com essas pequenas perdas e, ao longo do caminho, abraçam sua própria mortalidade. Como Miller disse, "Ao perceber o que você perdeu, você quase invariavelmente percebe tudo o que ainda tem".

Em sua prática médica, Miller é um fã da máxima "O homem planeja, e Deus ri". Há alguma verdade nisso, ele me disse, especialmente na medida em que não há como sabermos como o fim vai se desenrolar. "E mesmo assim", ele exclamou, "ainda planejamos!". Esses planos - sejam eles para amanhã, para o fim da vida ou para algo entre esses dois pontos - precisam ser feitos de modo refletido, e não de maneira dogmática. (Do ponto de vista prático, o planejamento pode assumir a forma de nomear um "representante de assistência médica" ou alguém que possa fazer planos para você conforme o fim se aproxima.[146]) Ele enfatizou a importância de manter "suposições frouxas sobre como será o fim". Fazer isso nos ajuda a reconhecer que alguns resultados podem ser controlados, ainda que não todos.

Para Miller, adotar esse tipo de mentalidade colocará você em uma boa posição, não importa o que esteja por vir.

De volta ao menino no foguete de milho

Quando se trata de nos apoiarmos em nós mesmos para fazer projeções para o futuro, há muitos casos em que cometemos erros e levamos as roupas erradas. Como aquelas vezes em que deixamos de considerar que os sentimentos que estamos tendo no momento não serão os que continuaremos a ter indefinidamente. Não estaremos sempre com tanta fome, com tanto frio ou tão ansiosos. Ou aquelas vezes em que não reconhecemos que nossos futuros eus diferem das pessoas que somos agora. Minha lista das mais tocadas no Spotify nem sempre conterá um excedente de músicas pesadas do National.

Voltando a Greg Tietz, o homem que fez a tatuagem da Casa Sanchez em troca de burritos grátis: sua decisão se enquadra em uma dessas categorias? Em outras palavras, ele acabou se arrependendo de sua tatuagem?

Quando lhe fiz exatamente essa pergunta, sua resposta foi clara: "De jeito nenhum. Não me arrependo nem por um instante".

"A tatuagem", ele me disse, "captura um momento específico no tempo" – uma época em que as coisas eram um pouco mais tranquilas. Embora certamente sinta que sua vida agora é boa, ele se envolveu mais com o mundo corporativo e não consegue ficar acordado até as duas ou três da manhã servindo bebidas, ouvindo ótimas bandas e comendo burritos gigantes em seus dias de folga. Ele se consola, no entanto, em saber que, sempre que quiser, pode olhar para o braço e se conectar de novo com aquele momento específico de sua vida.

Assim como os pacientes mais sábios do Dr. Miller, Greg percebeu que a versão mais jovem de si mesmo era apenas um retalho em sua colcha de eus. Da mesma forma como mudou de quem era para quem é, ele certamente continuará a mudar com o passar dos anos. Greg não fez nenhuma outra tatuagem, mas cogitou a possibilidade. Talvez esteja apenas esperando por outra oferta de comida grátis que ele queira comer pelo resto da vida.

DESTAQUES

- Nosso erro final ao viajar no tempo: não reconhecer de que maneiras o futuro pode ser diferente do presente.
- O viés de projeção é um exemplo desse erro: pegamos nossas emoções atuais e as *super*projetamos em nós mesmos no futuro.
- A ilusão do fim da história é outro exemplo: achamos que nossa personalidade e preferências atuais não mudarão muito nos próximos anos.
- Como resultado do viés de projeção e da ilusão do fim da história, podemos tomar decisões das quais nos arrependeremos mais tarde, desde o que comemos até a carreira que seguimos.

PARTE TRÊS

O pouso

Soluções para suavizar o caminho entre o presente e o futuro

CAPÍTULO 7

Tornar o futuro mais próximo

A cena começa em um prédio de escritórios genérico. O relógio na parede marca quase 17 horas. Com uma árvore de Natal exposta ao fundo, fica claro que as festas de fim de ano estão chegando.

Três jovens de vinte e poucos anos matam o tempo passando uma bola de um para o outro, conversando sobre coisas bobas.

De repente, o prédio treme. Um clarão irrompe, e três homens mais velhos aparecem na sala, diante do bebedouro e da fotocopiadora.

Dramaticamente, o homem mais velho no centro do grupo diz: "Nós somos vocês, viemos do futuro".

Ele e seus amigos voltaram para fazer um grave alerta sobre os perigos das mudanças climáticas.

No entanto, antes que ele possa continuar, sua contraparte mais jovem o interrompe. "Primeiro de tudo... olá. É um prazer conhecê-los", diz o jovem. Rindo, ele e seus amigos disparam uma enxurrada de perguntas. Como vão nossas vidas? Ficamos ricos?

Os homens mais velhos respondem desanimados, observando que na verdade estão com muitas dívidas.

"Certo, certo", um dos rapazes mais jovens responde, "mas a vida em família é boa? Estamos todos casados, certo?"

Mais uma vez, as respostas não provocam otimismo: "Não", o líder relata, "eu passei por um divórcio muito ruim. Mas, se você conseguir agir agora, podemos evitar a extinção humana total!".

Parecendo desolado, um dos rapazes o interrompe e diz: "Eu... eu não me importo". E então vem o arremate dessa hilária esquete do *Saturday Night Live*: "Se é para ser você que eu estou trabalhando", o rapaz diz, "eu não quero saber de nada disso".

Depois de tentar repetidamente voltar para as mudanças climáticas, a interação entre os eus presentes e futuros se transforma em uma discussão sobre quem é o culpado pelo infortúnio de seus eus mais velhos.

Essa cena, escrita pelo trio de improvisação Please Don't Destroy [Por favor, não destrua], evoca a história de ficção científica de Ted Chiang que mencionei na introdução deste livro. Ambos levantam a mesma questão intrigante: se você pudesse se sentar para ter uma conversa com seu eu futuro, o que você diria? E qual seria o resultado?

Tenho esperanças de que essa reunião não seria tão sombria quanto a do *SNL*. Tenho esperanças de que você descobriria algo mais importante ou menos banal do que um aviso dado pelo eu do futuro sobre qual prato você deve escolher em um restaurante que está visitando pela primeira vez. Com alguma sorte, a reunião seria muito mais positiva e educativa. Mas será que ela mudaria alguma coisa na maneira como você vive sua vida hoje? Essa é a questão que comecei a explorar há vários anos com algumas câmeras, luzes e óculos de aparência futurista.

Cuidado com o vão

Em sua carreira de décadas, Jane Fonda desempenhou muitos papéis. De estrela de cinema a ativista política, de guru de exercícios a defensora da justiça social, ela conseguiu permanecer na vanguarda cultural. Alguns anos atrás, trabalhamos juntos quando ela experimentou um papel completamente diferente.

De pé à minha frente, ela colocou uma máscara de realidade virtual de aparência um tanto desajeitada e esperou pacientemente enquanto eu prendia alguns sensores de câmera em seus ombros. A sala em que estávamos continha uma longa barra de ginástica sobre um carpete desinteressante. Mas, graças aos óculos de realidade virtual, não foi isso que ela viu.

Em vez disso, ela viu um campo de feno com um enorme buraco no meio. O buraco era tão fundo que quase parecia que o chão tinha sido atingido por um cometa. E, se estendendo de uma ponta a outra do buraco, havia uma sólida tábua de madeira.

Por meio dos sensores nos ombros dela, câmeras posicionadas ao redor da sala acompanhavam seus movimentos. Cada passo dado por Fonda era retransmitido para um computador central, que usava essa informação para redesenhar o mundo que ela via na sua tela. A cada passo que ela dava na vida real, parecia – em seu mundo virtual – que ela estava se aproximando cada vez mais do buraco. Embora ela soubesse que estava em uma sala comum, o que ela via com seus óculos de realidade virtual era muito mais assustador. Sua tarefa era simplesmente atravessar a barra, sabendo que, na realidade, ela se elevava apenas cinco centímetros acima de um carpete bem acolchoado.

Após observar outros sujeitos de pesquisa tentando vencer "a prancha", me acostumei a ver pessoas se recusando a atravessá-la, com medo. Não foi o caso de Jane Fonda. Fiquei atrás dela, acompanhando-a para o caso de ela cair, e a assisti atravessar a prancha na ponta dos pés de forma impressionante, descendo dela em segurança no final. O exercício que ela acabava de concluir era parte de uma demonstração destinada a exibir a fidelidade e a "imersividade" da realidade virtual.

Fonda estava lá para promover, entre outras coisas, uma abordagem mais positiva ao envelhecimento. No meio da escrita de um livro focado no bem-estar durante os últimos anos da vida, ela se interessou pelo trabalho que uma série de pesquisadores e eu estávamos conduzindo. Nos últimos meses, eu vinha colocando os participantes da pesquisa em um tipo diferente de sala de realidade virtual. Nela, as pessoas ficavam cara a cara, por meio de um espelho virtual, com versões mais velhas, grisalhas e enrugadas de si mesmas.

A ideia surgiu de uma reunião em que descrevi minha pesquisa sobre futuros eus. Eu falei sobre os relacionamentos que temos com nossos futuros eus e por que eles importam: com laços mais fracos, vinham decisões de longo prazo das quais as pessoas se arrependiam mais. Se ao menos, me queixei, houvesse alguma maneira de fazer as pessoas interagirem com um holograma ou alguma outra versão de seus futuros eus... Alguns dos meus colegas apontaram que, embora um holograma pudesse ser um pouco implausível demais, outras possibilidades existiam. A poucos metros do prédio de Psicologia, eles me disseram, ficava o departamento de Comunicações. E, lá dentro, uma das salas de realidade virtual imersiva mais modernas do mundo.

Meu raciocínio foi o seguinte: se pudesse ver e falar com seu futuro eu em um ambiente virtual, você sentiria um vínculo emocional mais forte com o Você Futuro? E essa conexão fortalecida tornaria você mais propenso a fazer coisas hoje – como economizar, comer de maneira mais saudável e assim por diante – que melhorariam sua vida no futuro?

Por menos plausível que pareça, havia um bom motivo para pensarmos que aquilo poderia funcionar.

O poder do um

No fim de agosto de 2015, Abdullah Kurdi, um refugiado sírio, organizou a fuga dele e de sua família da Turquia em um pequeno barco com destino a Kos, uma ilha grega. O objetivo era navegar para o Canadá, onde os Kurdi tinham parentes.

Tragicamente, a viagem terminou quase na mesma hora em que começou: o barco virou cinco minutos depois de deixar a costa da Turquia e, no processo, a esposa e os dois filhos de Kurdi se afogaram. O jornalista turco Nilüfer Demir estava por perto e capturou uma imagem da criança mais nova, Alan, de três anos, deitada de bruços na praia. Um dia depois, aquela fotografia chocante apareceu nas primeiras páginas de jornais de todo o mundo e foi vista por mais de 20 milhões de pessoas nas redes sociais.

Mas ela fez mais do que capturar a atenção do mundo. Logo após o incidente, mudanças nas políticas de refugiados foram implementadas em lugares tão distantes quanto os Estados Unidos. E as doações para um fundo da Cruz Vermelha Sueca, explicitamente destinadas a ajudar refugiados sírios, aumentaram cem vezes na semana após a publicação da fotografia.[147] Mas, como o psicólogo Paul Slovic - especialista no estudo de avaliação de risco - e seus colegas apontaram, a crise síria já durava mais de quatro anos na época da morte de Alan Kurdi.[148] Em um cálculo conservador, quando a foto foi tirada, o número de mortos já passava de 250 mil. Apesar disso, a resposta do mundo tinha sido relativamente moderada.

Vítimas singulares e identificáveis como Kurdi tendem a produzir manchetes que duram semanas ou até meses.

Como apontou Deborah Small, professora de Marketing em Yale e pesquisadora-chefe em vários artigos sobre o "efeito da vítima identificável", não são apenas humanos singulares que provocam toda essa atenção. Quando Cecil, um leão adulto do Zimbábue, foi caçado e abatido a tiros, a reportagem sobre sua morte provocou indignação internacional. Estatísticas sobre muitos desses casos, em contrapartida, pouco fazem para tocar as cordas do coração ou das bolsas. De fato, Small observou em um de seus artigos que mais de 1 bilhão de crianças vivem na miséria, mas histórias sobre a pobreza em massa raramente geram cobertura da mídia ou doações de cidadãos comuns.[149]

Há uma ironia óbvia aqui: somos mais motivados pela vítima particular do que pelo sofrimento coletivo. Nós abrimos nossos corações (e nossas carteiras) por um indivíduo, mas enterramos a cabeça na areia quando nos deparamos com estatísticas que detalham tragédias semelhantes em escalas muito maiores. Trata-se de uma tendência bem documentada não apenas em casos como o dos Kurdi ou de Cecil, mas também em experimentos científicos rigorosamente controlados.

Por exemplo, em um engenhoso estudo conduzido por Small, os clientes de um shopping center foram questionados se gostariam de doar para uma casa da Habitat para a Humanidade. Alguns entrevistados foram informados de que a família que receberia a casa "tinha sido selecionada" e outros foram informados de que a família "será selecionada". Perceba o que está acontecendo aqui: descrever a família como já tendo sido selecionada a tornava mais identificável. Era mais fácil, em outras palavras, imaginar determinada família recebendo a doação sabendo que ela já tinha sido escolhida do que se ela não tivesse sido escolhida. E, de fato, esse enquadramento levou a contribuições maiores.[150]

Da mesma forma, Small e seus colegas descobriram que, quando os usuários do site de empréstimos de microfinanças Kiva.org escolheram entre doar para empreendedores individuais e doar para grupos de empreendedores, as pessoas preferiram emprestar para indivíduos.[151]

Seja para a Habitat para a Humanidade, seja para empréstimos de microfinanças, os doadores são mais propensos a abrir a carteira quando os potenciais beneficiários são individualizados. Claro, não é preciso procurar muito para ver organizações de caridade empregando regularmente esse tipo de estratégia.

Pense em *por que* um invoca mais simpatia do que muitos. Pense no que acontece quando você assiste a um jogo profissional na TV. Quando a câmera percorre o estádio – seja futebol ou beisebol, basquete ou futebol americano –, os rostos ficam borrados e as cores tendem a se misturar. Qualquer indivíduo é obscurecido pela multidão. No entanto, quando a equipe de transmissão decide destacar um torcedor, fica muito mais fácil enxergar sua expressão facial e as roupas que ele está vestindo, e até mesmo imaginar a vida que ele leva; fica muito mais fácil sentir que talvez o conheçamos.

Da mesma forma, quando um potencial beneficiário de caridade é individualizado, fica mais fácil se identificar com ele, sentir-se como ele e assumir sua perspectiva, vendo o mundo através de seus olhos. Pesquisas recentes chegaram a indicar que, quando as pessoas veem um beneficiário de caridade identificável, regiões do cérebro associadas a emoções positivas se ativam. Essa atividade, por sua vez, é preditora do comportamento de doação.[152]

Uma única pessoa-alvo, portanto, promove uma sensação de proximidade, e a proximidade importa quando o assunto é o nosso desejo de ajudar os outros.[153]

Essa é uma característica psicológica que eu desejava provocar na sala de realidade virtual. Ao *mostrar* às pessoas seus futuros eus – ao tornar esses eus distantes mais identificáveis –, eu pretendia reduzir a distância entre as pessoas que somos e as pessoas que seremos. Claro, nossos futuros eus não são a mesma coisa que beneficiários desconhecidos de ações de caridade. Compartilhamos mais com as pessoas que um dia nos tornaremos do que com estranhos em campanhas de filantropia. Ainda assim, é possível encontrar um ponto em comum: tanto quanto os alvos de uma campanha da Habitat para a Humanidade, o bem-estar dos nossos futuros eus depende, em última análise, das decisões que tomamos hoje.

Aquele é o vovô?

Alterar a imagem de alguém para fazê-lo parecer mais velho já foi coisa de artistas do FBI e equipes de efeitos especiais de Hollywood. Para ver como você ficaria mais velho, sua melhor aposta provavelmente era passar um tempo com um parente idoso. No entanto, quando comecei minha busca para apresentar às pessoas seus futuros eus, a tecnologia já tinha nos dado mais algumas possibilidades.

Essas novas técnicas não eram perfeitas, mas pareciam funcionar bem o suficiente. O procedimento básico para a "progressão da idade" era que primeiro tínhamos que tirar uma foto da pessoa com uma expressão neutra - sem sorrisos, caretas e coisas do tipo. Tendo praticado isso comigo mesmo centenas de vezes, cheguei à infeliz conclusão de que meu rosto "neutro" é francamente assustador. Mas estou divagando.

Depois de tirar uma foto neutra do rosto de um participante da pesquisa, meus colaboradores e eu processávamos a imagem em um programa de computador para criar um avatar. Em termos simples, uma versão virtual do rosto. Ainda é uma imagem sua, porém mais "digitalizada".

A parte divertida veio em seguida. Depois de criar os avatares digitais, meus colegas e eu passamos as imagens por um "algoritmo de progressão de idade". Essencialmente, o algoritmo tenta fazer com uma imagem o que o tempo faz com um rosto real. Ele deixa a pele levemente flácida, acrescenta alguns depósitos de gordura sob os olhos, deixa as orelhas um pouco maiores, cria algumas manchas senis, afina e clareia o cabelo, estreita o rosto e alonga o nariz. E, como minha esposa me lembrou várias vezes, minha versão mais velha talvez seja um pouco indulgente. Sou obrigado a concordar com ela – provavelmente terei muito menos cabelo e muito mais rugas quando tiver 70 ou 80 anos.

Para ser justo, as técnicas de progressão de idade disponíveis eram muito incipientes. Agora, é claro, vários aplicativos prontamente disponíveis podem fazer seu rosto parecer mais velho de maneira rápida, barata e realista. No entanto, a imagem parece sim uma versão de como serei quando ficar mais velho. Uma vez, na verdade, quando eu estava mexendo com minha imagem envelhecida, minha filha passou por mim e perguntou por que tinha uma foto engraçada do avô dela na tela.

No entanto, em vez de simplesmente mostrar essas imagens para as pessoas, decidimos aumentar um pouco a aposta. Na mesma sala de realidade virtual onde Jane Fonda cuidadosamente andou na ponta dos pés sobre "a prancha", meus colaboradores e eu criamos um tipo diferente de mundo digital. Em vez de um campo com um buraco imaginário, esse se parecia com uma sala que você encontraria em qualquer prédio de escritório, com paredes brancas simples e um carpete neutro. Mas em uma das paredes havia um espelho. Ou melhor, um espelho virtual. Se você se aproximasse daquele espelho, veria – olhando nos seus olhos – uma imagem sua hoje *ou* uma versão sua envelhecida.

Com todo o aparato de realidade virtual, a experiência imitava de maneira realística a de olhar em qualquer espelho de sua casa. Se você movesse o corpo para a direita, a imagem envelhecida no espelho virtual moveria o corpo *dela* para a direita. E, se você virasse a cabeça, o mesmo aconteceria com a imagem no espelho. Para garantir o engajamento total dos nossos participantes, pedimos a todos que passassem alguns minutos falando consigo mesmos no espelho - ou seja, falando com a versão de si mesmos de mesma idade ou mais velha.

Depois, removemos os óculos de realidade virtual, levamos os participantes para uma sala adjacente e os fizemos preencher uma série de questionários. Essencialmente, um deles continha uma pergunta sobre decisões financeiras: Se você recebesse mil dólares agora, como alocaria esse dinheiro? Investiria no curto prazo para recompensar seu eu atual? Ou buscaria economias de longo prazo para garantir que seu eu futuro seja amparado?

Conhecendo o seu futuro eu

O que aconteceu quando as pessoas puderam ficar cara a cara, conversar e conhecer a versão mais velha de si mesmas? Assim como quando beneficiários de ações de caridade tornam-se mais vívidos quando individualizados, ver seu futuro eu tendia a tornar as pessoas mais caridosas com esses eus distantes. Mais especificamente, aqueles que interagiram com suas imagens de idade avançada alocaram de maneira significativa mais dinheiro em poupanças de longo prazo do que aqueles que simplesmente viram uma imagem atual de si mesmos.[154]

É verdade que foi um estudo pequeno, e nossos participantes eram estudantes de graduação que estavam a décadas de se aposentar. Então fizemos um experimento semelhante, mas fora do contexto da realidade virtual. Em vez disso, em um ambiente on-line, adultos em idade produtiva foram solicitados a considerar quanto de seus salários eles hipoteticamente gostariam de depositar em uma conta "401(k)" (ou seja, uma conta de aposentadoria alimentada pelo empregador e protegida de impostos), usando uma pequena barra deslizante que ia de 0% a 10%. A pegadinha? Tendo enviado para nós uma foto de si mesmos, alguns participantes viam uma imagem de seu futuro eu pairando sobre o controle deslizante, enquanto outros viam uma imagem de seu eu atual.

Mais uma vez, cabelos mais grisalhos, pele mais enrugada e manchas da idade ganharam o dia: aqueles que viram seus futuros eus reservaram uma parcela significativamente maior de sua renda para a aposentadoria (cerca de 6% de seus salários) do que as pessoas que simplesmente enxergaram seus eus presentes (que reservaram cerca de 2% de seus salários).

Continuo querendo ser cauteloso aqui: perguntamos às pessoas sobre dinheiro *hipotético*. É possível, é claro, que não víssemos tais diferenças quando o assunto fosse o comportamento delas com dinheiro real. Decisões relativas à poupança para a aposentadoria são, afinal, decisões importantes, e, além disso, os programas 401(k)s podem ser confusos. (Um usuário do Twitter demonstrou comicamente a confusão: "Eu me inscrevi no 401k da minha empresa, mas estou nervoso porque nunca corri tanto assim antes".[155])*

* Como explicado brevemente pelo autor, 401(k) é um programa de aposentadoria vigente nos Estados Unidos que mescla ações de empresas privadas e benefícios fiscais por parte do governo. A piada aqui mencionada se deve à semelhança entre o nome do programa e um formato comum de abreviação de corridas de longa distância – "401k" seria confundido com 401 quilômetros. (N.T.)

Assim, por vários anos, um dos meus colaboradores, Dan Goldstein, e eu buscamos oportunidades para conduzir um estudo bem controlado no "mundo real". Nossa chance chegou na forma de uma parceria com um *think tank* de ciência comportamental chamado Ideas42, o Ministério das Finanças mexicano e um grande banco do México. A configuração era relativamente simples: enviamos e-mails ou mensagens de texto para aproximadamente 50 mil clientes do banco, perguntando se eles gostariam de contribuir para seus planos de aposentadoria pessoais, que são mais ou menos como os 401(k)s norte-americanos. Embora todos os clientes fossem incentivados a economizar mais para o futuro, metade deles teve permissão para "conhecer" seu futuro eu.

O resultado foi: a possibilidade de ver esses eus mais velhos aumentou não apenas o número de clientes que fizeram contribuições para suas contas, mas também o valor que eles economizaram.[156]

Ampliando esse trabalho, a cientista comportamental Tamara Sims e seus colaboradores apresentaram a estudantes de faculdades comunitárias seus futuros eus durante uma disciplina de um semestre chamada transição para a faculdade. A cada poucas semanas, os alunos eram confrontados com imagens de seus avatares da mesma idade ou envelhecidos digitalmente enquanto respondiam a formulários. Aqueles que conheceram seus futuros eus demonstraram maior motivação para aprender sobre planejamento financeiro e maior confiança em suas habilidades financeiras, o que acabou se traduzindo em maior conhecimento financeiro (ou o que os pesquisadores chamam de "letramento financeiro").[157] Vale a pena notar que esses alunos tinham origens socioeconômicas diversas e, em sua maioria, foram os primeiros de suas famílias a frequentar a faculdade; suas pontuações em letramento financeiro eram mais baixas que a média de outros norte-americanos de mesma idade. Apesar disso, imaginar e conhecer seus futuros eus a cada poucas semanas produziu uma mudança positiva mensurável. Seguindo uma linha semelhante, um exercício de visualização do futuro eu aumentou comportamentos ligados à saúde preventiva, bem como à poupança, entre algumas milhares de mulheres em uma região rural do Quênia.[158]

Esse tipo de intervenção parece impactar até mesmo crianças pequenas: alunos de pré-escola que desenharam imagens e descreveram as experiências de seus futuros eus (um dia no futuro) mostraram habilidades de planejamento aprimoradas. Por exemplo, eles tiveram melhor desempenho em reconhecer que tipo de itens precisariam levar para uma viagem curta.[159] Claro, o tipo de planejamento que você precisaria para uma viagem bem-sucedida de apenas uma noite está em uma escala de tempo menor do que o planejamento necessário para uma aposentadoria mais guarnecida. Mas, como qualquer pessoa que já interagiu com uma criança pequena pode lhe dizer, uma ferramenta que ajuda uma criança de 3 ou 4 anos a se planejar para o futuro próximo é de fato uma ferramenta valiosa!

Diante desses resultados, grandes empresas começaram a implementar versões de nossa intervenção. A Merrill Lynch, por exemplo, criou o site Face Retirement, no qual os usuários podiam enviar fotos e ver seus eus envelhecidos sessenta anos no futuro, acompanhados pela projeção do preço da gasolina (na remota hipótese de ainda dirigirmos carros movidos a combustíveis fósseis no futuro). A ideia é de que isso levaria os usuários a contribuir, ou contribuir mais, para suas contas de aposentadoria.

Na esperança de aumentar a participação nos benefícios, a Prudential introduziu estandes de envelhecimento "Future You" em feiras de benefícios para funcionários. Eles chegaram a colocar outdoors de aposentadoria nas principais rodovias que diziam: "Deixe seu futuro eu orgulhoso".

Outras empresas, no entanto, adotaram uma abordagem menos direta. Em vez de *mostrar* às pessoas imagens envelhecidas, o Nationwide, um banco do Reino Unido, fez uma parceria com o comediante Sunil Patel para evocar uma noção de um eu futuro específico. "Eu entendo a ideia de economizar – você deveria tomar boas decisões agora para o seu eu futuro", observa Sunil. Depois de uma pausa, porém, ele exclama: "Mas, tipo, eu simplesmente acho que aquele cara não merece isso! O que ele fez para ter esse dinheiro? Ele não ganhou esse dinheiro; eu ganhei! Ele não fez nada por ele, então vou ficar com o dinheiro, porque gosto de coisas boas". Quando Patel termina seu esquete, a Nationwide explica o significado real: "Uma mensagem do seu futuro eu: é mais fácil economizar se você fizer isso no dia do pagamento".

Esses são apenas alguns dos meus exemplos favoritos, e outras empresas financeiras seguiram o bonde. Mas o impacto de pensar ativamente e imaginar futuros eus vai além do domínio financeiro. Veja, por exemplo, Anmol Bhide, um estudante da Universidade do Norte da Califórnia. Um ano após o início da pandemia de covid-19, sua dieta tinha se tornado espetacularmente prejudicial à saúde, consistindo principalmente em cereal matinal e sanduíches industrializados. Em apenas três meses, essa combinação cobrou seu preço, e ele ganhou quase treze quilos. Infelizmente, as dietas tradicionais não o estavam ajudando a reverter o curso. Mas, como ele me contou em um e-mail, depois de ler sobre algumas de nossas pesquisas, ele decidiu seguir um caminho diferente: usou uma ferramenta on-line para criar uma imagem de seu futuro eu com uma aparência ideal.

Para frear a compulsão alimentar, ele colou uma cópia dessa imagem no espelho do banheiro e na porta da geladeira. "Sempre que eu descia para pegar um Häagen-Dazs, eu via essa imagem e subia de volta as escadas", escreveu ele. Como ele mesmo disse, a imagem lhe deu algo pelo que ansiar, e, com a ajuda de uma dieta de baixa caloria, um pouco de exercícios aeróbicos e uma rotina de musculação, ele conseguiu perder boa parte do peso ao longo do tempo.

Acrescentando algum lastro científico ao relato anedótico do Sr. Bhide, Sarah Raposo e Laura Carstensen descobriram que adultos que “conheceram” seus futuros eus por meio de imagens de envelhecimento progressivo relataram posteriormente se exercitar mais em comparação àqueles que não deram uma espiada no rosto enrugado do futuro.[160]

E, no domínio da ética, meus colegas e eu descobrimos que a exposição a imagens vívidas de envelhecimento progressivo levou as pessoas a tomar o caminho mais virtuoso quando confrontadas com oportunidades de trapacear em jogos que criamos no laboratório.[161] Em um cenário mais real, quando estudantes do ensino médio fizeram amizade com futuros eus de quarenta e poucos anos no Facebook por uma semana, eles se mostraram ligeiramente menos propensos a agir de forma delinquente naquela semana.[162]

Esses estudos sobre comportamento ético contaram com amostras pequenas, e os efeitos foram relativamente modestos. Isso não deveria surpreender tanto: muitos fatores influenciam a decisão de agir ou não eticamente, e ver seu futuro eu pode ser apenas uma peça do quebra-cabeça. Mas pode ser uma peça importante: Jean-Louis van Gelder, meu colaborador nesse trabalho, começou a apresentar a criminosos holandeses condenados seus futuros eus por meio de imagens de si mesmos envelhecidos. De modo preliminar, ele descobriu que isso reduziu os comportamentos autodestrutivos (como beber e se envolver no consumo de drogas) de ex-presidiários em liberdade condicional.[163]

Da poupança à ética e à saúde, visualizar seu “futuro você” pode ajudar a mudar o comportamento para melhor. Apesar disso, essas imagens não são necessariamente uma panaceia, e o contexto importa. Por exemplo, no verão de 2019, influenciadores digitais célebres, e depois mais de 100 milhões de usuários de redes sociais, passaram por uma onda de envelhecimento facial. Eles baixaram o FaceApp, que lhes permitia enviar uma foto e então, em questão de segundos, ver como ficariam quando muito mais velhos. Alguns ficaram horrorizados ("Pareço Moisés em seu 584º aniversário", comentou um deles), enquanto outros se divertiram (Gordon Ramsay observou que aquela seria a aparência dele ao apresentar a quinquagésima temporada do *MasterChef*).[164] Mas será que dezenas de milhões de pessoas aumentaram repentinamente a poupança para a aposentadoria e trocaram seus donuts por saladas?

Suspeito que não. Os psicólogos sociais gostam de observar que a água sempre corre pelo caminho mais direto escavado para ela, e as pessoas não são diferentes, o que significa que com frequência tomamos o caminho de menor resistência. Se quisermos que algum comportamento indesejável mude (como gastar demais em compras frívolas e não economizar o suficiente para o futuro), o processo para isso acontecer precisa ser fácil. Em contraste, as imagens do FaceApp não foram associadas a nenhuma ferramenta de economia prontamente disponível, a nenhum programa de alimentação saudável ou algo parecido, tornando improvável a mudança de comportamento.[165]

Mais importante, embora essas imagens tenham apresentado a uma parte considerável do mundo seu eu envelhecido, a apresentação por si só pode não ser suficiente. De fato, os pesquisadores Dan Bartels e Oleg Urminsky descobriram que, para mudar de comportamento, precisamos saber que nossos futuros eus existem e *também* nos importar com os resultados que os atingirão.[166] No contexto adequado, ver versões mais velhas de nós mesmos pode ajudar em ambas as frentes: assim como óculos ajudam na visão e implantes cocleares auxiliam na audição, as imagens de eus envelhecidos servem como auxílio para nossa imaginação, tornando nossos futuros eus mais evocáveis e aumentando nossa capacidade de ter empatia por eles. Nesse sentido, elas representam perfeitamente a primeira estratégia para melhorar nossa capacidade de viajar no tempo: fazer com que sintamos o eu futuro mais próximo de quem somos agora. *Ver* imagens de um eu mais velho, porém, é só uma das maneiras de fazer isso.

Querido futuro eu

Ann Napolitano, autora de *Querido Edward*, best-seller do *The New York Times*, cresceu sendo uma leitora voraz. Ela ainda é – quando se é um romancista, a leitura vem a reboque –, mas, quando criança, era extremamente voraz. Depois de ler toda a série *Anne de Green Gables*, de L. M. Montgomery, Ann queria mais. Então, ela se voltou para *Emily de Lua Nova*, outra série escrita por Montgomery.

Como Napolitano me disse, Anne de Green Gables pode ser a personagem ficcional mais famosa, mas Emily era uma órfã corajosa e carismática. Ela também era livresca, introvertida e tímida. "Quando tinha 14 anos", disse Ann, "eu era todas essas coisas, então eu me identificava com Emily."

Nos romances, Emily se encontra em uma situação particularmente solitária. Para se conectar com alguém – qualquer um –, ela decide escrever uma carta. Infelizmente, ela logo se depara com a triste realidade de quem não tem ninguém para quem enviá-la. E então ela escreve uma carta para si mesma... dez anos mais velha.

Ann achou muito legal a ideia de escrever para ela mesma aos 24 anos. Certa noite, bem tarde, ela decidiu fazer a mesma coisa.

Depois de elaborar sua carta, ela cuidadosamente escreveu "Para Ann aos 24" na parte externa do envelope.

"O verdadeiro milagre", contou Ann, "foi que eu não perdi aquela carta!" Ao longo desse período, dos 14 aos 24 anos, ela concluiu o ensino médio, começou e se formou na faculdade, mudou-se para seu primeiro apartamento em Manhattan e iniciou a pós-graduação. Durante todo esse tempo, a carta seguiu com ela. Quando ela tinha 19 anos, sentiu uma forte vontade de abri-la - os cinco anos restantes que ela precisava esperar pareciam um tempo impossivelmente longo de aguentar. Mas ela aguardou, e, na manhã do seu vigésimo quarto aniversário, se sentou para ler a carta de seu eu adolescente.

O conteúdo era previsivelmente adolescente, cheio de angústia e anseios românticos. Num artigo para um jornal, Ann detalhou que ficou mortificada ao descobrir que seu eu de 14 anos estava visivelmente preocupado com a forma de seu corpo e se ela encontraria o amor.[167] Decepcionada, ela decidiu repetir o exercício e escrever outra carta, dessa vez para si mesma quando fizesse 34 anos.

Ann tem 50 anos agora, e a cada dez anos ela escreve (e lê) uma carta "Querido Futuro Eu". Ela sempre começa contando ao seu eu de dez anos depois como é sua vida agora. Ela inclui coisas básicas, por exemplo, onde está morando e o que está fazendo, mas também explora tópicos mais profundos, como quem ela ama, a qualidade de suas amizades e as preocupações que a consomem. A segunda metade da carta, no entanto, tende a se concentrar em onde ela idealmente gostaria de estar em dez anos. Ela me disse que tenta ser realista: ela mora com o marido e os dois filhos no Brooklyn e, em algum momento, quer ter um escritório com uma porta de verdade!

Como ela disse, muitas vezes ela não consegue se lembrar do que escreveu quando lê as cartas. Ela escreveu a última há seis anos e tem poucas lembranças do que contém. Mas a experiência de ler cada carta de dez anos e descobrir suas esperanças e ansiedades passadas tem sido reveladora. Algumas das cartas têm um elemento de tristeza: nenhuma das coisas que ela queria aos 24 anos aconteceu. Porém, algumas são esperançosas e têm uma perspectiva mais ampla da vida. A única coisa que ela se lembrava de sua carta dos 34 anos antes de abri-la era o desejo de ficar menos decepcionada com o que fez e mais curiosa sobre o que acontece em seguida. De fato, ela me disse, lendo aquela carta, foi a primeira vez que não sentiu ansiedade ao abrir uma delas. Como ela afirmou em seu artigo no jornal, foi a primeira vez que se sentiu "totalmente inserida em sua vida".

A romancista em Ann Napolitano está genuinamente interessada nas histórias que caracterizam nossa vida individual. Escrever e ler cartas para si mesma ao longo do tempo permitiu que ela também enxergasse melhor um arco narrativo em sua própria vida. Mas um benefício extra vem da capacidade das cartas de levá-la a pensar de maneiras mais específicas sobre seu eu distante. O ato de se comunicar com seu futuro eu a cada década a obriga a pensar sobre onde estará em dez anos, como será a vida de seus filhos e como ela quer que seja a própria vida. Ela considera as peças que já estão posicionadas e de que maneiras elas poderiam acabar se somando para resultar na versão idealizada de quem ela quer se tornar. O valor de fazer isso, segundo o que ela me disse, é que a impulsiona a viver mais intencionalmente. "Isso também", ela observou, "me faz ficar focada em viver a vida mais plena que posso, porque não sei quantas cartas mais ainda vou receber."

Cápsulas do tempo do ensino médio

É claro que Ann Napolitano não é a única pessoa a se envolver nesse tipo de exercício. Todos os anos, desde 1994, Richard Palmgren, um professor de Nova Jersey, pede a seus alunos da sexta série que escrevam cartas para seus eus do último ano do ensino médio. Assim como Ann, ele trabalha duro para garantir que as cartas sejam de fato lidas. Depois que os envelopes são lacrados, ele os armazena em seu escritório e os envia pelo correio quando os alunos estão no último ano. (Sabiamente, depois de lutar por tempo demais com a inflação dos correios, ele agora faz os alunos colarem três selos nos envelopes.)

Nas cartas, os alunos escrevem sobre como é a vida no ensino fundamental, descrevem alguns eventos atuais e listam alguns desejos para seus futuros eus. Quando eles enfim leem as cartas, Palmgren me disse, é "como se estivessem tendo uma conversa com seus eus passados". De fato, ele contextualiza o exercício como uma forma de os alunos pensarem sobre o lugar deles em suas linhas do tempo. Como alunos da sexta série, eles estavam no jardim de infância meros seis anos antes, e dali a seis anos terão suas carteiras de motorista, prontos para se formar no ensino médio. Para Palmgren, o projeto força os jovens alunos (como Ann Napolitano) a pensarem mais profundamente sobre seus objetivos e sobre onde querem estar quando as cartas forem abertas.

Ao longo das décadas, o professor permaneceu alheio ao conteúdo das cartas. Em 2020, no entanto, cineastas fizeram um pequeno documentário intitulado *Dear Future Me* [Querido Futuro Eu] sobre Palmgren, seus alunos e o exercício de escrever as cartas. Durante as filmagens, ele testemunhou os ex-alunos abrindo cartas de seus eus passados. A publicidade em torno do curta-metragem também levou os ex-alunos que nunca receberam as cartas (porque se mudaram ou não puderam ser encontrados) a retornar às cidades natais para buscar suas pequenas cápsulas do tempo. A classe mais velha de missivistas está agora na casa dos trinta e tantos anos.

Como anedota, um tema comum surgiu: ler as cartas de seus eus passados levou muitos alunos de Palmgren a repensar seus caminhos atuais e revisitar as metas que definiram para si mesmos todos aqueles anos atrás. "Ver seus eus passados refletidos de volta ajuda a mover o ponteiro - de uma forma ou de outra - para a pessoa que eles são", Palmgren me disse. Eles se reajustam, se realinham e olham para os anos seguintes de maneira mais realista.

O ritual escolar das cartas "Querido Futuro Eu", aperfeiçoado por Palmgren, certamente também é adotado por outros professores, e compreende a motivação por trás do site FutureMe, que destaquei na introdução deste livro. Todas essas histórias sugerem o poder dessas cartas. Mas histórias são apenas isso. Existe alguma evidência melhor de que a comunicação com nossos eus distantes pode ajudar a melhorar nossas vidas atual e futura?

Evidências crescentes apontam que a resposta pode ser sim. Por exemplo, em um projeto liderado por Abe Rutchick, descobrimos que, quando centenas de estudantes universitários escreveram cartas para si mesmos, a serem abertas em vinte anos (comparado a um grupo que recebeu cartas de si mesmos em apenas três meses), eles ficaram mais propensos a se exercitar e a fazê-lo por um período maior, na semana subsequente.[168] Por terem pensado concretamente sobre seus futuros eus distantes, ficaram motivados a cuidar do corpo.

No entanto, pode ser desafiador pensar no que colocar nessas cartas, ou mesmo em como escrevê-las. Assim, em uma colaboração com a Ideas42, meu colega Avni Shah e eu usamos um aplicativo no estilo Mad Libs* com uma série de perguntas com lacunas em branco para ajudar os clientes do banco mexicano a escreverem bilhetes para seus eus aposentados. Centenas de consultores financeiros levaram milhares de clientes a considerar – de forma detalhada – quem eles seriam como aposentados. O aplicativo pediu a eles, por exemplo, que pensassem sobre onde morariam, com quem passariam o tempo e o que fariam em seus últimos anos. Fazer isso foi importante: os clientes que escreveram essas cartas ficaram significativamente mais propensos a se inscrever em uma conta poupança automática em comparação àqueles que não o fizeram.[169]

Recentemente, os professores de Psicologia Yuta Chishima e Anne Wilson descobriram que, logo que a covid-19 surgiu, adultos que escreveram cartas para (ou de) seus futuros eus de um ano depois experimentaram uma queda imediata nas emoções negativas, se comparados a adultos que não fizeram esse exercício. A escrita das cartas ajudou as pessoas a saírem do aqui e agora e a ganharem alguma perspectiva sobre como seus sentimentos negativos sobre a covid poderiam diminuir conforme se aproximavam de seus eus distantes. Ao estabelecer essa conexão, os participantes conseguiram se livrar do peso de um período gerador de ansiedade.[170]

Essas intervenções específicas que acabei de discutir são "conversas" unidirecionais: as pessoas escreveram cartas para (ou de) seus futuros eus. Melhores seriam conversas em que

* Jogo de substituição de palavras criado na década de 1950 nos Estados Unidos. (N.T.)

houvesse alguma troca de ideias entre as partes. Afinal, quem quer um encontro com alguém que só fala de si mesmo? Um trabalho recente descobriu que uma conversa entre os eus atual e futuro pode ter um impacto ainda maior do que uma simples carta para (ou de) um eu futuro. Por exemplo, Chishima e Wilson pediram a centenas de estudantes de ensino médio que escrevessem cartas para e de seus eus futuros a serem lidas em três anos. Comparados aos estudantes que enviaram cartas apenas em uma direção, aqueles que, além de enviar, também responderam a cartas relataram experimentar um senso mais forte de conexão com seus eus distantes. Posteriormente, eles relataram que se sentiram mais propensos a se envolver em planejamento de carreira e a estudar para as provas, mesmo quando confrontados com outras tentações.[171]

Além da escrita de cartas e das imagens de progressão da idade, existem outras maneiras poderosas de se aproximar do eu futuro. Por exemplo, minha ex-aluna Kate Christensen, agora professora da Universidade de Indiana, teve uma ideia perspicaz: começar no futuro e viajar mentalmente de volta ao presente. Na maioria das vezes, quando pensamos sobre os anos que estão por vir, começamos nossa jornada mental hoje e viajamos para algum ponto no futuro. Mas nada nos obriga a viajar nessa direção específica.

De fato, em vários estudos, Kate, Sam Maglio e eu descobrimos que começar no final e voltar no tempo aumenta a sensação de proximidade com nosso futuro eu. Descobrimos até mesmo que esse tipo de "viagem reversa no tempo" leva as pessoas a agirem hoje para cuidar do amanhã.[172] Por exemplo, em um experimento, colaboramos com um aplicativo de poupança para a faculdade chamado UNest. Entramos em contato com mais de 25 mil pessoas que começaram mas nunca concluíram seu processo de inscrição. Um grupo viu uma mensagem que dizia: "O ano é 2031. Volte para 2021". E outro viu algo mais tradicional: "O ano é 2021. Avance para 2031". Embora as taxas gerais de conversão tenham sido baixas, viajar ao contrário foi poderoso: os usuários que começaram no final e retornaram ao presente tiveram mais do que o dobro de probabilidade de inserir seus dados pessoais e se inscrever em uma conta poupança para a faculdade.

Por quê? Considere o que acontece quando você dirige até um novo restaurante. O que parece levar mais tempo: a ida até lá ou a volta para casa? Se você for como a maioria das pessoas, voltar para casa parece levar menos tempo do que ir para um novo local (os psicólogos têm um nome esperto para esse fenômeno: o "efeito de ir para casa" [em inglês, "going home effect"]). A ida para um novo destino está envolta em incerteza, e não nos sentimos "lá" até estacionarmos o carro e chegarmos à porta da frente. A volta é diferente: sentimos que estamos em casa quando chegamos ao primeiro marco – a loja de conveniência, o semáforo ou o pátio da escola – que identifica o círculo geográfico que consideramos "casa".[173] E o mesmo pode ser verdade para a viagem mental no tempo. Viajar para trás no tempo – de um futuro incerto para um presente mais certo – faz a viagem parecer mais curta, diminuindo a distância entre o agora e o depois.

Aqui vai uma sugestão final para tornar o futuro mais próximo: em vez de pensar no tempo que separa o agora e o depois em termos de anos, considere-o em termos de dias. Os pesquisadores Neil Lewis e Daphna Oyserman pediram a milhares de participantes de uma pesquisa que fizessem exatamente isso, e o efeito foi considerável. Quando as pessoas foram solicitadas a pensar sobre a aposentadoria começando em 10.950 dias, elas planejaram começar a economizar quatro vezes mais cedo do que aquelas solicitadas a pensar sobre a aposentadoria começando em trinta anos. Pensar nos dias em vez de pensar nos anos também impactou outros resultados – como a probabilidade de planejar a poupança para a faculdade. Há uma razão convincente: os dias parecem mais curtos, e os anos parecem longos, e viajar mentalmente pelos dias em vez dos anos aumentou o vínculo que as pessoas sentiam com seus eus distantes.[174]

Seja reformulando os anos do calendário em dias, viajando para trás no tempo, promovendo conversas entre eus presentes e futuros ou interagindo com um eu envelhecido, essas soluções para tornar o futuro mais próximo compartilham um tema comum. Estamos naturalmente focados no presente, absortos no aqui e agora de maneira míope. Mas esses truques comprovados ajudam a lubrificar as rodas das nossas máquinas de viagem no tempo, trazendo, em última análise, nosso futuro eu para mais perto das pessoas que somos agora.

DESTAQUES

- Para preencher a lacuna entre o eu presente e o eu futuro, você pode "tornar o futuro mais próximo".
- Você pode fazer isso visualizando o futuro eu com imagens de si mesmo envelhecido ou escrevendo cartas para seu futuro eu *e* dele para você.
- Mas o contexto importa. Simplesmente ver seu eu envelhecido ou escrever cartas para ele pode não ser suficiente para mudar o comportamento. Em vez disso, combine esses exercícios de "vivacidade"

com situações em que você pode fazer uma escolha imediata (como uma plataforma de investimento on-line).

- Outros métodos também podem funcionar: viaje do futuro para o presente ou pense no tempo que está por vir em termos de dias em vez de anos.

CAPÍTULO 8

Manter o curso

A pílula parece qualquer outra que você compraria em uma farmácia: pequena e branca, com uma fenda no meio. Ao redor das bordas, há algumas letras de aparência enigmática. Certa manhã, logo após tomar seu café, James Cannon engoliu uma com um copo de água.

Mas então ele fez algo um pouco incomum. Pegou uma garrafa de vodca, despejou uma dose cuidadosamente em um copo e completou com água com gás.

Apesar do horário matutino, James bebeu metade, foi para o quarto e assistiu a um pouco de TV.

Depois de cerca de quinze minutos, a sensação de afrouxamento das inibições que geralmente anda de mãos dadas com um coquetel estava visivelmente ausente – sem euforia ou aquele leve zumbido. Ele apenas sentiu uma pressão estranha se acumulando em seu pescoço.

Ele desceu da cama se arrastando, caminhou até a cozinha e terminou sua vodca com água com gás.

Dez minutos depois, a suave pressão se intensificou e se espalhou para o resto da cabeça. Ele sentiu um desconforto nos pés.

Seus olhos estavam irritados e injetados - tanto que, olhando de perto, "os vasos capilares nas escleras estavam tão inchados que pareciam hera subindo por uma parede".[175]

Era quase como se ele tivesse pulado a parte divertida de beber e ido direto para uma ressaca de proporções épicas.

Na verdade, foi exatamente isso que James Cannon fez. E tudo graças àquela pequena pílula branca. Quando bebemos álcool, nosso fígado o decompõe, primeiro em acetaldeído, que é venenoso, e depois em acetato, que não é. Mas o dissulfiram (Antabuse®) - a pílula que Cannon tomou com sua primeira xícara de café - coloca o trem do álcool em um trilho diferente. Em suma, ele impede seu corpo de processar o álcool adequadamente. Ele bloqueia o metabolismo do acetaldeído, de modo que tudo o que resta no seu sistema é a parte de um drinque que lhe dará uma ressaca extremamente desagradável.

Esse é também um exemplo perfeito de outra solução para nossas dificuldades com a viagem no tempo. Como explicarei, o dissulfiram é uma instância de uma ferramenta conhecida como dispositivo de comprometimento: algo que torna a jornada mais difícil de estragar, mas o tão esperado resultado mais fácil de obter. Como os para-choques usados nas laterais das pistas de boliche, os dispositivos de comprometimento visam nos manter no caminho certo. Para entender exatamente como esse processo funciona, voltemos a James Cannon.

Quatro filhos e um fardinho de doze

Nos anos que antecederam seu experimento doméstico com o dissulfiram, Cannon desenvolveu gradualmente um problema com a bebida que chegou ao auge depois que ele e sua esposa tiveram a quarta filha. Todos os dias, começando por volta das 14 horas, ele abria sua primeira cerveja e depois tomava entre oito e doze até dormir. Para alguém que bebe pouco ou socialmente, essa quantidade de cerveja certamente levaria a uma embriaguez descontrolada e a dias debilitantes na sequência. Mas, para Cannon, o hábito de beber um fardo de doze cervejas por dia nunca resultou em problemas reais. Ele raramente ficava bêbado e mantinha uma existência funcional em casa e no trabalho. Ficou fácil justificar a quantidade que ele bebia precisamente porque ele não tinha problemas com ela.

No entanto, tudo isso mudou à medida que sua esposa ficava cada vez mais desconfortável com seu hábito de beber, especialmente quando os filhos pequenos estavam por perto. Em vez de diminuir o consumo, a tensão conjugal o levou a beber mais e, de maneira periódica, a embarcar em farras de dias ou até semanas em que tudo o que importava era encontrar a próxima bebida. A única coisa que acabou com essas bebedeiras foi a percepção de que sua saúde estava bambeando. Como ele disse: "Eu não queria lidar com minha vida, mas também não queria morrer".[176]

Depois de um porre homérico na década de 1990, ele decidiu procurar a ajuda de um amigo médico.

Esse amigo era o Dr. Alexander DeLuca. Na época, DeLuca era o diretor do Centro Smithers para Tratamento de Álcool e Drogas, que agora faz parte do departamento de Psiquiatria da Universidade de Columbia, estando na vanguarda do tratamento de dependência.

DeLuca prescrevia tratamentos diversos para pacientes com problemas ligados ao álcool, e um deles era o dissulfiram. Como ele me disse em uma entrevista, tratava-se de uma droga da qual ele gostava particularmente, em grande parte porque tinha experimentado sua eficácia pessoalmente.

O próprio DeLuca era alcoolista. Ele atribuía seu consumo problemático de álcool a um trauma que vivenciara na infância.

Depois de tentar quase todas as outras opções de tratamento para parar de beber, e achar todas ineficazes, ele decidiu verificar se o dissulfiram teria um desempenho melhor. E teve. Em poucos dias, DeLuca reduziu drasticamente seu consumo de bebida alcoólica.

Por que o dissulfiram foi tão eficaz? DeLuca dá o crédito à sua simplicidade. Beber tomando o Antabuse, DeLuca me explicou, é horrível de verdade. "Mesmo as reações mais leves são terrivelmente desagradáveis." E não dá para beber o bastante para superar esse desconforto inicial, porque, quanto mais você bebe, pior fica a reação. Mas talvez o aspecto mais importante do dissulfiram seja sua capacidade de permanecer na corrente sanguínea por vários dias após ser consumido. Para DeLuca, esse prazo costumava ser de cerca de dez dias. Então, era muito mais difícil "trapacear" e tomar o Antabuse em uma quinta-feira, só para pular o remédio na manhã de sábado já em preparação para uma festança no fim de semana.

Nas palavras de DeLuca: "Era realmente muito mais fácil tomar uma decisão por dia em vez de vinte e cinco". Isto é, "uma decisão" de tomar o dissulfiram, em comparação a 25 situações em que seria necessário dizer não a uma bebida tentadora. Na verdade, como o dissulfiram permanece no corpo por tanto tempo, era mais uma decisão a cada poucos dias.

Agora aposentado em Boise, Idaho, DeLuca não bebe mais, e nem sente vontade. Mas, na década de 1990, ele tomou o dissulfiram por cerca de seis anos, período em que teve sua melhor atuação acadêmica e profissional, segundo o que me contou.

Como DeLuca, James Cannon tinha experimentado muitas opções de tratamento diferentes para seu problema de alcoolismo. Somente quando todas elas fracassaram em frear seu hábito foi que ele se envolveu em um teste com o dissulfiram.

A voz de uma pílula

Para Cannon, assim como para DeLuca, os dias antes do dissulfiram representavam uma série de decisões sobre quando beber, quanto consumir ou se abster completamente. Tomar a pequena pílula todas as manhãs silenciou esse tipo de diálogo interno.

Mas a pílula também deu a Cannon a liberdade de explorar um conjunto diferente de questões. Como não estava mais preso à mecânica da bebida, Cannon foi capaz de reconhecer em sua vida os gatilhos que tipicamente incitariam o desejo de aparar as arestas com uma ou três cervejas. Ao escrever sobre sua experiência com o dissulfiram, ele relatou um momento em uma tarde de sábado quando estava tentando resolver um problema no computador da família – um problema que resultou de uma de suas filhas ter baixado acidentalmente um arquivo carregado de vírus. Depois de cerca de uma hora de trabalho, quando ele estava quase terminando, sua filha mais nova entrou no escritório, dedilhou o teclado e desfez os reparos de Cannon.

Ele se recordava de ter pensado que, embora aquilo o tivesse tirado do sério, ele deveria simplesmente respirar fundo e seguir em frente. De que adiantaria ficar bravo com as crianças, afinal? Ele pensou na festa à qual iria na terça-feira – poderia relaxar e tomar alguns drinques lá.

Mas então a voz do dissulfiram entrou em cena: "Essa festa parece ótima, mas enquanto você me tiver por perto a bebida não será muito divertida, e você não pode se livrar de mim até terça-feira".[177] Refletindo mais tarde sobre aquele momento, Cannon percebeu que sua resposta normal a qualquer tipo de frustração era descobrir quando poderia consumir a próxima bebida. Indo mais a fundo, no entanto, isso o fez perceber quanta coisa ele estava reprimindo, e que, em vez de confrontar os estressores cotidianos da paternidade e lidar com eles, ele simplesmente ficava quieto e planejava seu próximo porre.

Ao remover o álcool do cardápio de estratégias de enfrentamento, o dissulfiram iluminou o estado de espírito de Cannon antes de ele embarcar em uma nova farra. A pequena pílula branca o forçou a desenvolver ferramentas diferentes de enfrentamento, nenhuma das quais incluía uma lata de alumínio.

O dissulfiram pode ser uma ferramenta eficaz para um problema específico que afeta cerca de 6% da população norte-americana com mais de 12 anos.[178] No entanto, o consumo excessivo de álcool compartilha semelhanças com muitos outros comportamentos problemáticos, como comer demais, gastar demais ou passar tempo demais em frente às telas. Qualquer problema, em outras palavras, em que temos uma imagem ideal do nosso futuro eu, mas também um eu presente que, sem dúvida, vai estragar as coisas.

Podemos desejar que nosso futuro eu seja saudável, financeiramente estável e mais presente. Esperamos que ele tenha um baixo índice de massa corporal, uma conta bancária gorda e familiares e amigos que gostem de sua companhia. Apesar disso, sabemos que haverá um eu presente que vai pedir batata frita com *chili* no almoço (especialmente quando a alternativa for uma salada!), sucumbirá à oferta de frete grátis de uma empresa de roupas de cujos produtos não precisamos e ignorará nossa família em favor de descobrir o que era aquele pequeno bipe em nosso telefone (mas pode ser um alerta *importante* das redes sociais!). Em outras palavras, haverá eus presentes que – apesar dos nossos maiores desejos – farão nossa vida parecer diferente do ideal esperado.

Mantenha a bola rolando

No caso de problemas com bebida, o dissulfiram torna bastante difícil para nosso eu atual sair do proverbial trilho. Tenho certeza de que você conhece algumas outras estratégias que se enquadram nessa categoria. Se você já comprou um pacote de guloseimas de cem calorias, isso é um dispositivo de comprometimento: você está se comprometendo a comer apenas cem calorias de pequenos e deliciosos cookies! Se você já se matriculou na academia ou planejou caminhar com um amigo, você está se comprometendo - de maneira antecipada - a não ser sedentário. Essas são formas leves de "pré-comprometimento" - pelo menos certamente mais leves do que tomar uma pílula que o compromete com uma dor de cabeça violenta e náusea severa se você tomar uma vodca tônica.

A ideia de se pré-comprometer com um curso de ação específico não se originou com as pessoas tentando limitar o número de cookies em suas despensas. O pré-comprometimento foi discutido formalmente pela primeira vez por Thomas Schelling, economista vencedor do Prêmio Nobel de 2005, no contexto de prevenção da escalada da Guerra Fria. Em 1956, ele sugeriu que as nações poderiam diminuir a probabilidade de um conflito total comprometendo-se de modo antecipado com um curso de ação.[179]

Poderia funcionar assim: imagine que as fábricas de xarope de bordo do Canadá fossem alvo de um saque iminente por algumas nações famintas por xarope de bordo. Se o Congresso aprovasse um projeto de lei afirmando que os Estados Unidos defenderiam a todo custo as fábricas de xarope de bordo do Canadá no caso de um ataque, isso tornaria menos provável que ladrões estrangeiros tentassem roubar cargas de xarope. Por quê? Porque a ameaça de uma resposta definitiva e já comprometida dos Estados Unidos tornaria um ataque ao Canadá muito menos atraente.[180]

É uma ideia que ilumina um aspecto crítico dos dispositivos de comprometimento que tentamos fazer valer no nível pessoal: para chegar a um eficaz, você precisa dispor da saudável habilidade de assumir a perspectiva dos outros e, especificamente, dos nossos futuros eus. No meu exemplo bobinho do xarope de bordo, os membros do Congresso devem ser capazes de assumir a perspectiva de líderes de outras nações (cujos cidadãos são comedores de panquecas loucos por xarope!) que serão dissuadidos pelo compromisso dos Estados Unidos com a ação. Como nações potencialmente beligerantes, quando adotamos uma abordagem de pré-comprometimento, devemos abraçar a tomada de perspectiva e descobrir o que exatamente será uma tentação para as futuras versões de nós mesmos.

Embora Schelling tenha dado um nome a essa estratégia, os dispositivos de comprometimento existem há séculos. O explorador Hernan Cortés, por exemplo, ao chegar ao México em 1519, afundou deliberadamente onze de seus doze navios para garantir que seu exército fosse forçado a marchar para a frente sem voltar para trás.[181] De modo semelhante, quase 1,7 mil anos antes, ao decidir onde posicionar seus homens para uma batalha específica, o general chinês Han Xin os colocou de costas para um rio, eliminando sua capacidade de recuar.[182]

Na década de 1980, Schelling trocou de marcha e começou a pensar sobre como esse tipo de estratégia poderia ser estendido aos conflitos que enfrentamos dentro de nós mesmos.[183] Isso deu origem a algumas possibilidades criativas e inspirou economistas subsequentes a criarem as suas próprias estratégias. Digamos, por exemplo, que você precisa fazer algum trabalho, mas está constantemente sendo distraído por outras tarefas e incumbências. Você pode considerar pedir a um amigo para deixá-lo em uma cafeteria por várias horas e levar seu celular embora, para que consiga finalmente riscar esses itens da sua lista de tarefas. (Uma estratégia semelhante foi usada pela poeta Maya Angelou: embora tivesse uma casa grande, ela costumava ir a um hotel sem quadros nas paredes só para poder escrever com foco total – uma cafeteria sem Wi-Fi pode ser uma alternativa mais barata![184]) Ou você pode escovar os dentes imediatamente após o jantar para dificultar os lanches noturnos. Ou que tal esta ideia maluca que eu ainda não tentei: se você tem dificuldade para acordar de manhã, pode beber bastante água à noite, o que deve forçá-lo a sair da cama quando o alarme tocar (se não antes).[185]

Esses exemplos levantam uma questão maior sobre dispositivos de comprometimento. Para criar um que funcione para você e o ajude a atingir as metas que definiu para seu futuro eu, é importante entender que tipo de dispositivo de comprometimento é mais eficaz e por quê.

Comprometa-se com um curso de ação

Tenho certeza de que você conhece pessoas que tiram fotos de suas comidas, ou talvez você mesmo faça isso. Meu amigo Craig, porém, não é uma delas. Na verdade, nos quase dez anos em que o conheço, não posso dizer que já o vi sacar o celular para tirar uma foto do que quer que seja.

Isso até um dia, em um almoço, quando o vi cuidadosamente colocar uma maçã, um pequeno saco de batata frita e um sanduíche na mesa e então tirar uma foto.

"Ah, desculpe", ele disse, notando minha expressão cética, "preciso mostrar para a minha nutricionista o que vou almoçar."

Depois de ganhar peso nos últimos anos, Craig decidiu fazer algumas mudanças, e sua estratégia escolhida foi bem simples. Sempre que estava prestes a comer alguma coisa - fosse café da manhã, um lanche, almoço ou jantar -, ele mandava uma foto de sua comida para a nutricionista. O trabalho dela era fazer uma avaliação aproximada da ingestão calórica e da diversidade da dieta dele. Assim, ela poderia rapidamente dizer para Craig acrescentar mais proteína à próxima refeição ou reduzir os carboidratos.

Claro, Craig estava se comprometendo, antecipadamente, a tirar fotos da comida. Mas, ao criar uma dieta com sua nutricionista - e prometer a ela que compartilharia fotos das refeições -, ele também estava se comprometendo a comer alimentos mais saudáveis. Pode-se pensar nisso como um *compromisso psicológico*: ao declarar antecipadamente que vai ou não ter tal comportamento, você está firmando um compromisso estritamente psicológico em sua natureza. Alguns economistas chamam isso de "compromisso suave".[186]

Observe que nada estava impedindo Craig de comer o que quisesse. A nutricionista não apareceria magicamente para repreendê-lo se ele se empanturrasse de bolo de chocolate. Caramba, ela nem morava nos Estados Unidos!

Ainda assim, embora ele ficasse tentado a trapacear (uma vez eu o peguei segurando um pacote extra de nozes fora do enquadramento da câmera), o programa funcionou muito bem para ele: ele perdeu quinze quilos e a cada dia se sentia mais saudável.

A experiência de Craig com esse compromisso psicológico não foi um ponto fora da curva. Um número crescente de pesquisas tem descoberto que, sob certas circunstâncias, um dispositivo de comprometimento suave pode ser bem-sucedido. Talvez a evidência mais conhecida venha de um colega meu, Shlomo Benartzi. Junto com Richard Thaler, um economista ganhador do Prêmio Nobel, Benartzi apresentou o plano de poupança Save More Tomorrow [Economize mais amanhã] a empregadores. O programa tem como uma de suas características contribuições automáticas do salário do empregado para sua conta 401(k) e contribuições que aumentam em valor ao longo do tempo. Por mais sofisticado que pareça, trata-se, no entanto, de um compromisso psicológico simples: os funcionários são automaticamente inscritos nele, mas podem optar por sair a qualquer momento. E funcionou. Na primeira empresa em que esse plano tão popular foi implementado, os funcionários inscritos no programa quadruplicaram sua taxa de economia em cerca de quatro anos.[187]

Planos de compromisso psicológico semelhantes – isto é, planos de compromisso suave – têm sido usados com sucesso para incentivar outros comportamentos, como doar para instituições de caridade e frequentar e concluir programas de perda de peso.[188, 189]

Vale a pena notar, no entanto, que esses tipos de planos de compromisso podem dar errado se não forem realizados com cuidado. Por exemplo: um estudo recente encontrou uma queda nas taxas de poupança quando se perguntou aos funcionários se gostariam de se inscrever no plano agora *ou* se comprometer a se inscrever em alguns meses. Ao ver as duas opções simultaneamente, os funcionários podem ter recebido a mensagem errada: "Meu empregador está dizendo que posso fazer isso agora ou que posso simplesmente deixar para mais tarde? Talvez não seja tão importante assim!".

Há uma solução, no entanto. Só se alguém se recusar a participar de um programa é que deve receber a chance de se comprometer em um momento posterior. De fato, em um experimento no qual milhares de adultos foram questionados se gostariam de fazer uma avaliação gratuita de bem-estar financeiro, aqueles que tiveram a chance de fazê-la agora, seguida da opção de fazê-la em uma semana se dissessem não, tiveram uma probabilidade muito maior de fazer a avaliação em comparação às pessoas que tiveram a oportunidade, simultaneamente, de se inscrever agora ou mais tarde.

O ponto crucial? Se os planos de compromisso psicológico – ou qualquer tipo de plano de compromisso – forem oferecidos de uma forma que não sinalize urgência, eles provavelmente não serão adotados.[190]

Refletindo sobre seu programa de dieta, Craig me disse que um grande motivo para seu sucesso se resumia à responsabilidade que ele sentia em relação à nutricionista. Saber que precisaria enviar uma foto de sua refeição o forçou a ser mais consciente sobre o que escolhia para comer. Como ele disse, tirar essas fotos "colocava um espelho no que eu estava comendo", e ele se preocupava com a ideia de que estaria decepcionando sua nutricionista se escolhesse opções não saudáveis com muita frequência.

Algumas pesquisas iniciais reforçam essa ideia de que a responsabilidade importa. Por exemplo, em um estudo conduzido no Chile, empreendedores pouparam cerca de três vezes e meia mais quando se comprometeram publicamente a economizar em um "grupo de poupança", em comparação àqueles que não tinham esses parceiros de responsabilidade.[191]

Contudo, os custos de fracassar quando assumimos esses compromissos não se resumem a decepcionar outras pessoas. Quando vamos contra nossos planos, também podemos incorrer em custos *psicológicos*. Pense da seguinte forma: gostamos de ser consistentes em nossas ações. Se eu disse a mim mesmo que esta seria a noite em que eu manteria a despensa fechada depois do jantar, mas depois me peguei mastigando M&M's sem pensar, decepcionei meus eus passado e futuro. E não quero pensar em mim como o tipo de pessoa que decepciona os outros.

Com esse tipo de compromisso psicológico, comprometemos versões futuras de nós mesmos a agir de determinado modo. Mas não há punições materiais se *não* agirmos como combinado: não seremos multados ou presos por não cumprir nossa parte. Se nos desviarmos do nosso plano, o que perdemos principalmente – como os economistas Roland Bénabou e Jean Tirole apontaram – é um senso de fé em nós mesmos.[192]

Porém, decerto existem modos mais extremos de "manter o combinado". Em vez dos compromissos simples que acabei de discutir, podemos dar um passo adiante e nos comprometer a eliminar opções tentadoras.

Elimine opções

Quando Dave Krippendorf era um estudante de MBA no MIT, ele morava em um apartamento em Beacon Hill, em Boston, convenientemente localizado a uma curta distância de um Whole Foods.* Conveniente para o desejo diário de Krippendorf por lanchinhos enquanto ele concluía suas tarefas. Mas não tanto assim quanto ao seu forte desejo de beliscar menos.

Em uma entrevista, Krippendorf me disse que, depois de esse conflito se repetir inúmeras vezes, ele começou a se perguntar se havia uma maneira de colocar um freio em sua obsessão por lanchinhos. Ele sabia que não conseguiria efetivamente se impedir de ir até o Whole Foods e comprar mais um pacotinho de cookies. E sabia que limitar suas idas e simplesmente comprar um pacote

---

* A Whole Foods Market é uma rede de supermercados multinacional dos Estados Unidos que comercializa produtos naturais, orgânicos ou sem conservantes, sabores, cores e gorduras artificiais. (N.T.)

maior também não funcionaria. Julgando todas as outras estratégias insuficientes, ele reconheceu a necessidade de uma mão mais pesada.

Talvez por estar no MIT, cercado por alguns dos melhores engenheiros e aspirantes a empreendedores do mundo, a solução que ele encontrou envolveu inventar um novo produto. Mas não se tratava de um aplicativo moderno ou de um dispositivo de alta tecnologia. Em vez disso, era um cofre à moda antiga. Ou melhor, um "Cofre de Cozinha".

É exatamente o que o nome indica: um caixote trancado que fica na sua cozinha. Mas, em vez de uma engenhoca de metal desajeitada com uma fechadura aparafusada, ele está mais para uma espécie de Tupperware com uma tampa equipada com um teclado eletrônico. A fechadura pode ser programada para tempos que variam de um minuto a dez dias. Não importa a quantidade de tempo, sua função central é remover a tentação da vida cotidiana.

Krippendorf teve a ideia originalmente como um projeto final para uma de suas aulas de administração. Tornou-se um projeto paralelo e, por fim, uma empresa real, quando ele deixou seu emprego em Wall Street para mergulhar nela de cabeça. Depois de alguns artigos na imprensa popular e de uma aparição vencedora no *Shark Tank*, sua pequena startup é agora um negócio próspero e autossustentável. Todos os anos, dezenas de milhares de consumidores – assumidamente com problemas de autocontrole – optam por comprar cofres de cozinha para poderem resistir aos desejos de seu eu atual.

Embora alguns consumidores usem o produto para o propósito pretendido – trancar chocolates, biscoitos e doces –, vários usam o Kitchen Safe para resolver problemas muito mais graves. Alguns colocam bebidas ou outras drogas nele, incluindo receitas médicas. Krippendorf, por exemplo, me contou sobre uma carta que recebeu de uma usuária que sofre de um distúrbio do sono. Um medicamento controlado a ajuda a atingir períodos mais profundos de sono, mas só pode ser tomado com segurança a cada quatro horas. Depois de descobrir que estava "trapaceando" e tomando o medicamento em períodos mais curtos, ela começou a trancar o frasco de comprimidos no Kitchen Safe com um cronômetro de quatro horas.

Meu estudo de caso favorito talvez seja o do jovem que relatou no Reddit que tinha usado o Kitchen Safe para ajudá-lo a lidar com distrações na internet. Sua solução extrema exigia um cadeado, seus livros de física e um armário. Ao pôr a chave do cadeado no Kitchen Safe e ajustar o cronômetro para quatro horas, ele efetivamente transformou seu armário em uma câmara de estudo forçado.[193]

Pessoalmente, depois de me distrair com telas muitas vezes durante o tempo com a família (eu precisava mesmo verificar o Twitter ao me levantar da mesa para pegar água?), comecei a usar o dispositivo de Krippendorf para trancar meu celular à noite... pelo menos até as crianças irem dormir. A versão que uso foi projetada exatamente para esse propósito: a caixa é opaca, então não dá para ver nenhuma notificação ou alerta, e há um espaço na parte de trás para um carregador.

Claramente, o produto está ajudando as pessoas a lidar com problemas que vão muito além da cozinha. Em razão da grande variedade de usos que as pessoas encontraram para o dispositivo, Krippendorf mudou recentemente o nome de sua empresa e produto para KSafe.

A força motriz por trás desse dispositivo de comprometimento específico é o fato de que ele *elimina opções*. Ele remove o cookie, o telefone, os medicamentos controlados e, sim, até mesmo a capacidade de sair de um armário. Na verdade, a única maneira de abrir o KSafe depois que ele foi trancado é quebrá-lo com um martelo ou outro objeto maciço! Elaborando sobre a estratégia de "eliminar opções", o neurocientista Mark Lewis, que tem seus próprios problemas de dependência, descreve um cachorro que viu um bife colocado na geladeira. Sabendo que há um pedaço suculento de carne logo atrás da porta, o cachorro bate a pata nela várias vezes. Mas, se seu dono pudesse demonstrar que a porta da geladeira está trancada, o cachorro deixaria de bater a pata na porta – e talvez até mesmo de desejar o bife.[194]

De mais de uma maneira, certamente consigo me identificar com esse sentimento. Depois que tranco meu telefone à noite, notei que minha vontade incessante de verificar cada bipe diminui de intensidade. Da mesma forma, alguns anos atrás, eu estava almoçando com o psicólogo Walter Mischel e percebi que eu era o único que estava comendo todo o pão que fora servido antes da refeição. Quando perguntei se ele queria um pedaço, ele me disse que pão, para ele, estava completamente proibido. Pelo fato de sofrer de doença celíaca, a cesta de carboidratos pré-refeição não representava nenhuma grande tentação para ele. Você conhece a sensação de comer vários pãezinhos antes da sua refeição chegar – reconhecendo ao mesmo tempo que deveria parar e guardar espaço para o prato principal? Não era algo que Mischel experimentasse regularmente depois que fora diagnosticado. Em uma entrevista com a autora Maria Konnikova, sua ex-aluna, Mischel descreveu de modo eloquente essa realidade: a doença celíaca criou "uma mudança repentina na qual as coisas que eu adorei a minha vida inteira – massa folhada, macarrão Alfredo – foram mentalmente transformadas em veneno".[195]

Quando ele me contou sobre suas experiências, lembro-me de pensar que eu poderia ser mais saudável se pudesse me convencer de que um alimento indesejável simplesmente não era uma possibilidade. Alguns anos depois daquele almoço, meu desejo foi atendido, infelizmente. Descobri que também tinha doença celíaca e, de repente, os produtos à base de pão se tornaram como o celular no cofre: fora de alcance.

Acontece que proibir tentações tem benefícios que vão muito além do reino dos carboidratos saborosos. A economista Nava Ashraf, por exemplo, fez uma parceria com um banco rural nas Filipinas para criar um novo tipo de produto de poupança que eles chamaram de conta SEED, sigla em inglês para *Save* [Economize], *Earn* [Ganhe rendimentos], *Enjoy Deposits* [Usufrua de depósitos]. A característica definidora dessa conta é que ela funcionava um pouco como o KSafe: uma vez que um cliente faz um depósito em sua conta poupança, ele não consegue acessar seu dinheiro até um momento específico escolhido por ele (digamos, agosto, para materiais escolares, ou dezembro, para compras de férias). Ou eles poderiam optar por manter seus fundos reféns até que algum valor-alvo fosse atingido.

Após um ano, os clientes que tinham contas SEED aumentaram seus saldos de poupança em 82%, ou cerca de 8 dólares, em comparação àqueles que não tinham.[196] Pode parecer pouca coisa, mas tem seu peso nesse cenário: quando o experimento de campo foi conduzido, uma família de cinco pessoas gastava cerca de 20 dólares para comprar arroz para o mês. Produtos ligeiramente diferentes também tiveram algum sucesso em áreas rurais do Quênia e do Malawi.[197]

Apesar de sua eficácia relativa, as pessoas não conseguem adotar em grandes números esses tipos de produtos que "eliminam a opção". Por exemplo, apenas 28% dos clientes bancários nas Filipinas que receberam a oferta da conta poupança bloqueada optaram por adotá-la. Parte do problema, pura e simplesmente, pode ser que é difícil restringir nosso acesso a recursos de que precisamos e gostamos (como dinheiro e nossas comidas favoritas).

A psicóloga Janet Schwartz pode ter chegado a uma solução inteligente para esse problema. A ideia lhe ocorreu durante uma visita de verão a Coney Island. Você não pode ir a Coney Island sem parar na Nathan's, a famosa barraca de cachorro-quente. Schwartz e duas de suas amigas passaram na Nathan's logo depois que restaurantes em Nova York começaram a listar a contagem de calorias em seus cardápios. Em uma entrevista, Schwartz me contou que ficou chocada ao ver que a batata frita que ela normalmente pedia como acompanhamento tinha incríveis 1,1 mil calorias.

Em vez de três cachorros-quentes e três porções de batata frita, ela e suas amigas decidiram dividir uma porção de fritas. Observe que elas não optaram por dividir a batata frita *e* o cachorro-quente – quem iria até Coney Island para comer um terço de um cachorro-quente? Não, em vez de restringir suas opções quando se tratava do item central de interesse (o cachorro-quente!), elas escolheram limitar suas opções em relação ao acompanhamento (as fritas).

Se o objetivo geral era comer pelo menos um pouco de forma saudável – ou seja, não consumir mais calorias do que você precisa em um dia –, então, para Schwartz, a solução de "reduzir o acompanhamento" pareceu funcionar: ela e suas amigas poderiam facilmente ter voltado e pedido mais uma ou duas porções de batata frita, mas elas ficaram com seu cachorro-quente completo mais um terço de uma porção de fritas. Mesmo assim elas saíram da Nathan's felizes e satisfeitas, mas também se sentindo bem com seu autocontrole.

Especialista em dispositivos de comprometimento, Schwartz e alguns de seus colaboradores de pesquisa mais tarde colocaram essa ideia à prova. Fizeram isso em conjunto com um restaurante de fast-food chinês onde os pratos principais vinham com quatro opções de acompanhamento: vegetais cozidos no vapor, arroz cozido no vapor, arroz frito e macarrão chinês. Se os clientes pedissem uma das opções de alto teor calórico e de amido – todas com pelo menos quatrocentas calorias –, recebiam a opção de cortar a quantidade pela metade.

Considere que, antes do experimento, cerca de 1% dos clientes espontaneamente pediam uma porção menor de um dos acompanhamentos de alto teor calórico. Mas, quando a opção de "metade do acompanhamento" foi oferecida aos clientes, cerca de um em cada três disse sim.[198] Mas veja, os clientes não tentaram compensar o acompanhamento menor pedindo pratos principais de alto teor calórico; os que aceitaram a oferta pediram pratos principais com não mais calorias do que os pratos principais pedidos por aqueles que a rejeitaram. Nem os clientes que pediram uma porção inteira do acompanhamento deixaram sobrar mais dele em seus pratos no final da refeição.

Janet me disse que parte do motivo pelo qual a intervenção foi bem-sucedida foi "porque focamos as partes periféricas da refeição, não as partes centrais". Como ela apontou, quando você vai a um restaurante de fast-food, algo geralmente o atrai, seja o sanduíche de frango frito, o X-burger ou o frango com molho de laranja. Você provavelmente ficaria relutante em abrir mão de metade de um desses pratos. Mas metade do arroz? Metade da batata frita? Isso pode ser um pouco mais palatável.

Acrescente punições adequadas

No entanto, há um grande problema com essas estratégias, e uma história infantil de Arnold Lobel ilustra bem isso. Em "Cookies", conto de uma série sobre os personagens Rã e Sapo, que são grandes amigos, o Sapo acaba de assar biscoitos de chocolate para o proveito dos dois.

Cada um deles come um dos biscoitos e declara que aquele é o biscoito mais saboroso que já comeu. Então, eles comem outro. E... outro. Eles continuam colocando mais e mais na boca, ao mesmo tempo que dizem: "Temos que parar!". *Connoiseur* de biscoitos e um astuto psicólogo amador, Rã decide desenvolver dispositivos básicos de comprometimento para ajudá-los a acabar com seu consumo desenfreado de biscoitos.

Mas, para cada possibilidade criativa que ele inventa, Sapo enxerga uma solução fácil.

Os biscoitos, Rã pensa, poderiam ir para uma caixa! Claro, mas então você poderia simplesmente abrir a caixa, Sapo aponta.

A caixa poderia ser amarrada com barbante! Claro, mas então você poderia cortar o barbante, observa o sempre prático Sapo.

Os biscoitos, na caixa amarrada, poderiam ficar no topo do armário, acessível apenas por uma escada! Claro, mas então você poderia subir a escada, cortar o barbante, abrir a caixa e devorar o que tiver sobrado, Sapo observa, pessimista.

Rã tem uma ideia melhor. Depois de subir a escada, cortar o barbante e abrir a caixa, ele a leva para fora. E grita o mais alto que pode: "Ei, passarinhos, tem biscoitos aqui!". Em instantes, os pássaros voam das árvores e devoram o conteúdo da caixa.

Rã, enfim satisfeito por ter se livrado da tentação, conclui feliz que ele e seu amigo exerceram uma boa dose de força de vontade.

No entanto, esse é um sentimento de que Sapo não compartilha. Pode ficar com a sua força de vontade, ele diz a Rã: "Estou indo para casa agora fazer um bolo".[199]

Assim como esses dois melhores amigos anfíbios, podemos entrar em batalhas semelhantes sobre dispositivos de comprometimento dentro de nós mesmos. Assim como Rã, temos as melhores intenções quando nos comprometemos com um curso de ação e eliminamos opções futuras. Mas nossos eus atuais – os Sapos – podem furtivamente descobrir maneiras de frustrar esses planos.

Para criar a maior harmonia possível entre esses eus belicosos, os dispositivos de comprometimento devem atingir o equilíbrio ideal entre serem fortes o suficiente para limitar o comportamento questionável, mas não tão fortes a ponto de os dispositivos se tornarem indesejáveis.

Simplificando, essas estratégias só vão funcionar se forem adotadas. E elas não serão adotadas se forem muito severas. Thomas Schelling, o economista que teorizou sobre estratégias de comprometimento, escreveu sobre o caso de uma clínica de dependência química em Denver. Como parte do programa, os pacientes escreviam "cartas autoincriminatórias" e as entregavam à equipe médica, com a promessa de que essas cartas seriam entregues aos seus destinatários no caso de um teste de drogas positivo. Se, digamos, um médico com dependência de cocaína fizesse um teste aleatório para essa droga e desse positivo, uma carta seria enviada ao conselho médico confessando violações da lei estadual.[200] É algo que parece bastante extremo e promete eficácia, mas que pode deixar de ser adotado em massa.

A solução, então, pode ser introduzir punições futuras que sejam *adequadas*. Em outras palavras, a punição por desviar do caminho precisa ser dolorosa o suficiente para servir como um dissuasor, mas não tão dolorosa a ponto de ninguém querer correr o risco de arcar com ela.

Considere, por exemplo, uma estratégia que o autor Nir Eyal chama de técnica de "queimar ou queimar". Em uma entrevista, ele me disse que mantém um calendário em sua cômoda. Afixada na data de hoje está uma nota de 100 dólares, mas sobre a cômoda há um isqueiro. Todos os dias, ele tem uma decisão a tomar: "Posso queimar algumas calorias ou queimar a nota de 100 dólares". Trata-se da "aversão à perda" em ação: em certos contextos, perdas potenciais têm um impacto emocional extra que pode ser motivador.[201] Eyal, em outras palavras, pode não querer suar, mas o que ele não quer *mesmo* é perder seu dinheiro.

Essa atividade de queima de calorias pode ser qualquer coisa - dar uma caminhada, ir à academia, fazer abdominais... qualquer coisa que o faça se mover. A ameaça de precisar queimar 100 dólares foi o suficiente para forçá-lo a não cair no estado sedentário em que ele tantas vezes se viu antes de introduzir essa escolha em sua rotina diária. É uma ameaça dolorosa o suficiente para levá-lo a agir, mas não tão dolorosa a ponto de fazê-lo querer pular do barco. Três anos se passaram, e ele ainda toma todos os dias a decisão de queimar ou queimar. Eyal, que já foi clinicamente obeso, está agora, aos 44 anos, mais saudável do que nunca.

A estratégia de "acrescentar uma punição adequada" foi testada em ambientes mais formais. Janet Schwartz e seus colegas trabalharam com clientes de supermercados já inscritos em um programa de incentivo à alimentação saudável. Os clientes tiveram a chance de receber um desconto em suas contas, mas apenas se se comprometessem a aumentar suas compras saudáveis em 5% a cada mês durante seis meses. Se não fizessem isso, eles perderiam os descontos que já tinham acumulado durante esse período. Não é exatamente a mesma coisa que queimar notas de 100 dólares, mas é algo bem perto disso. Cerca de um terço dos compradores se inscreveram nesse dispositivo de comprometimento razoavelmente forte, mas não excessivamente extremo. E o programa funcionou: para aqueles que se inscreveram, houve um aumento de 3,5% na compra de itens alimentares saudáveis.[202]

(Para ser justo, não foi a meta de 5% com a qual os clientes se comprometeram, ressaltando que mudar de hábitos ao longo do tempo é muito desafiador.)

O sucesso para esse tipo de dispositivo de comprometimento "baseado em punição" também foi encontrado fora dos contextos de alimentação e exercícios. Por exemplo, um programa para parar de fumar ofereceu aos fumantes a chance de depositar dinheiro em uma conta poupança por seis meses. Depois desse tempo, se um teste de urina detectasse que eles tinham fumado, a poupança seria perdida e doada para uma instituição de caridade. Cerca de um em cada dez fumantes se inscreveu e, em comparação com um grupo que não participou do programa, eles se mostraram 3% mais propensos a passar no teste de urina após seis meses.[203] (Também tinham maior probabilidade de passar em um teste surpresa um ano depois.) Seguindo uma linha semelhante, em uma série de pesquisas, o economista John Beshears e seus colegas descobriram que contas de investimento com penalidades para o saque antecipado atraíam mais depósitos do que contas que prometiam a mesma taxa de juros, mas sem nenhuma punição em caso de saque antecipado.[204] (Essa é a lógica por trás dos planos 401(k) e outras contas em que uma taxa de juros é garantida, mas penalidades são aplicadas se você quiser sacar seu dinheiro antes da data combinada.)

O tema comum nesses dispositivos de comprometimento – sejam eles voltados para promover uma alimentação saudável, abandonar o tabagismo ou melhorar hábitos de poupança – é que um terceiro está colocando as punições em prática, e essas punições ocorrem *automaticamente*. É fácil entender por que isso importa: se coubesse a você executar suas punições – ou criar um sistema frágil em algum outro aspecto –, seria fácil se livrar do castigo por não ter feito o que disse que faria.

Ter um terceiro aplicando a punição também pode ser a força motriz por trás do sucesso de um site chamado Stickk.com, fundado por Dean Karlan, economista comportamental da Universidade Northwestern, e seus colegas. No site, você pode colocar em prática esses tipos de estratégias de punição. Por exemplo, se você quer caminhar por trinta minutos diariamente, vai ao site e define como meta caminhar trinta minutos por dia. Mas você também fornece ao site os detalhes do seu cartão de crédito. No final do dia, se você não conseguir fazer sua meia hora de caminhada (conforme relatado por você ou por um parceiro responsável), uma dolorosa quantia de dinheiro (decidida por você) será cobrada do seu cartão e doada para um movimento político que você não apoia.

No entanto, nem todos os compromissos no Stickk.com precisam estar vinculados a uma punição. Você pode simplesmente se comprometer a caminhar trinta minutos por dia sem nenhuma ameaça de doação para um movimento político indesejável. Com base nos trabalhos que abordei anteriormente neste capítulo, eu especularia que fazer isso é provavelmente melhor do que não se comprometer com nenhum tipo de plano. Mas a estratégia mais eficaz pode ser acrescentar uma punição. Uma análise recente de quase 20 mil usuários do Stickk.com descobriu que, embora apenas um terço dos usuários tenha optado por uma conta com riscos monetários, aqueles que o fizeram tinham uma probabilidade de mais de quatro vezes maior de cumprir seus compromissos.[205]

Há algo de atraente na estratégia do dispositivo de comprometimento. Seja por meio da introdução de um compromisso psicológico simples, da eliminação de opções tentadoras ou do estabelecimento de uma punição futura, os dispositivos de comprometimento nos levam a permanecer fiéis aos nossos futuros eus. Mas eles podem ser mais eficazes para pessoas que estão cientes de suas tendências a sucumbir às tentações. É irônico, mas é verdade: antes de podermos aumentar nosso autocontrole, precisamos reconhecer nossas falhas.

Depois de apenas três meses, James Cannon decidiu encerrar seu teste com o dissulfiram - ele sentiu, naquele momento, que não precisava mais da droga para manter a sobriedade. O medicamento o ajudou a identificar alguns dos gatilhos que levariam a bebedeiras. Ainda assim, sua decisão de encerrar o teste talvez tenha sido prematura, pois ele acabou tendo uma recaída. O Dr. DeLuca, que tratou Cannon, observou que, em sua própria experiência com o dissulfiram, ele frequentemente parava de tomar a droga após um período prolongado de sobriedade, apenas para voltar a usá-la mais tarde.

Nessa linha, evidências preliminares do estudo bancário nas Filipinas que discuti anteriormente sugerem que os clientes mais autoconscientes - ou seja, aqueles mais conscientes da própria tendência a sucumbir à tentação - eram os que faziam mais uso das contas bloqueadas.[206] Outros trabalhos, conduzidos em ambientes laboratoriais mais bem controlados, chegaram a conclusões semelhantes.[207] Essas descobertas acrescentam nuances ao ditado "Se não está quebrado, não conserte": precisamos reconhecer que algo está quebrado antes de tentar uma solução.

Em outras palavras, antes de começarmos a restringir nossos futuros cursos de ação, precisamos primeiro aceitar que há coisas em nosso ambiente que nos tentam e, então, identificá-las. Mas, como a experiência de Cannon demonstra, é provável que não possamos parar aí. O sucesso inicial com dispositivos de comprometimento pode ser sedutor; depois de algumas vitórias iniciais, o autoengano pode nos levar a pensar que não precisamos mais deles. Se isso acontecer, seria sensato manter os fracassos pretéritos em mente ao debater se devemos aposentar um dispositivo de comprometimento.

Além de "manter o curso", há outra solução para nossos problemas de viagem no tempo, que não envolve tomar pílulas que simulam uma ressaca ou botar fogo em notas de 100 dólares. No capítulo final, vou me concentrar nos nossos sacrifícios atuais e em como podemos torná-los mais fáceis de realizar.

DESTAQUES

- Para garantir que você chegue ao futuro que deseja, considere estratégias de "dispositivo de comprometimento" que tornem mais difícil ceder à tentação.
- A forma mais fraca desses dispositivos é conhecida como "compromisso psicológico": faça um plano para se comprometer com um curso de ação. Tente recrutar um parceiro de responsabilidade – alguém capaz de garantir que você fará o que disse que faria.
- Mais fortes ainda são os dispositivos de comprometimento nos quais opções tentadoras são eliminadas do seu ambiente (por exemplo, dê uma olhada no KSafe).
- Mais extremos ainda são os dispositivos de comprometimento nos quais punições são aplicadas se você se desviar do caminho. Se possível, automatize as punições para não deixar espaço para negociações consigo mesmo.

CAPÍTULO 9

Tornar o presente mais fácil

Mitch Hedberg era um comediante adorado pelos comediantes. Ativo entre a década de 1990 e o início dos anos 2000, ele era famoso pelas piadas curtas, o modo impessoal como as contava e a atitude tranquilona. Geralmente usando óculos escuros, um boné desleixado, roupas largas e barba rala, ele de fato se parecia com o estereótipo do comediante "chapado". Na maioria de seus números, ele evitava piadas obscenas ou sujas. Em vez disso, concentrava-se em observações absurdas, quase surreais, sobre a vida cotidiana. Considere a opinião dele sobre barbear-se: "Toda vez que vou me barbear, presumo que há outra pessoa no planeta se barbeando. Então eu digo: 'Eu também vou me barbear'".[208]

Mas foi uma piada que ele fez sobre *junk food* que ficou comigo: "Seria legal se você pudesse comer uma comida boa com uma comida ruim e a comida boa compensasse a comida ruim quando chegasse ao seu estômago", ele observou. "Tipo, se você pudesse comer uma cenoura e anéis de cebola frita; eles viajariam até seu estômago, chegariam lá e então a cenoura diria: 'Tudo certo, eles estão comigo.'".[209]

Hedberg, que morreu em 2005, estava explorando um sentimento familiar a muitas pessoas que tentam manter uma dieta saudável. Quem, afinal, nunca quis que uma bola extra de sorvete ou um pedaço de chocolate simplesmente "não contassem"? A cenoura no bolo de cenoura não deveria cancelar a parte do bolo?

A piada conversa com um desejo profundamente humano: fazer nossos sacrifícios e lutas do presente parecerem menos dolorosos. Afinal, da perspectiva do seu eu atual, pensar no seu futuro quase tem somente pontos negativos: o Você Atual faz o sacrifício, mas é o Você Futuro quem colhe os benefícios (incertos). Claro, esses cabos de guerra temporais se aplicam a muitos dos nossos problemas de economia *versus* gastos e exercícios versus preguiça, mas eles também são relevantes em outros contextos.

Pense em confrontos - ou melhor, potenciais confrontos - com entes queridos ou colegas de trabalho. Como qualquer pessoa próxima a mim poderia lhe dizer, eu evito conflitos cronicamente. Sei, no entanto, que, quando os evito, o que estou evitando é a possibilidade de uma conversa desagradável. E, no extremo, a possibilidade de um relacionamento se desfazer. Mas, embora evitar conflitos permita que eu (ou você) contorne sentimentos de desconforto e medo, serve também para piorar as coisas no longo prazo. Tensões que antes eram pequenas se transformam em algo muito pior, até que uma conversa que poderia ter sido calma acaba sendo tudo menos isso.

Caso não esteja claro, aqui o sacrifício feito no presente é o sacrifício do seu conforto no momento atual a serviço de melhores relacionamentos no futuro. Nesse cenário - assim como na economia de dinheiro e nos exercícios -, a ação "desagradável" ocorre agora pela promessa de algo melhor em um momento posterior.

A tensão inerente a essas negociações foi perfeitamente capturada em uma frase atribuída a Groucho Marx: "Por que eu deveria me importar com as gerações futuras? O que elas já fizeram por mim?".

E o que podemos fazer sobre isso? Neste capítulo final, em vez de me concentrar em nossos eus distantes ou quase distantes, quero destacar nossos eus atuais e discutir maneiras de fazer nossos "sacrifícios" presentes parecerem subjetivamente mais fáceis. A primeira estratégia – "juntar o bom com o ruim" – é mais bem ilustrada por uma experiência radical conduzida nos corredores da Escola de Medicina de Stanford.

Juntar o bom com o ruim

Na década de 1970, quando David Spiegel era um jovem professor de Psiquiatria em Stanford, ele foi convidado para coliderar uma série de sessões de "terapia em grupo de apoio e expressão" para mulheres com câncer de mama metastático. Na época, a ideia era nova: normalmente, as conversas entre médicos e pacientes se davam em um contexto individual (ocasionalmente, com um membro da família presente). E, no entanto, Spiegel e seus colaboradores propuseram que benefícios poderiam ser colhidos da reunião periódica de pequenos grupos de mulheres com câncer de mama para se expressar e apoiar umas às outras.

Apesar disso, os outros médicos – em particular os oncologistas – não ficaram otimistas com essas sessões. Como o Dr. Spiegel me disse em uma entrevista, achavam que ele era louco por querer fazer esse experimento. A preocupação era que ter oito mulheres sentadas em uma sala falando sobre suas experiências com o câncer e observando umas às outras ficarem mais e mais doentes com o tempo (e por fim morrerem) só as desanimaria. Como se as sessões em grupo de alguma forma fossem apresentá-las à ideia de morrer. "Mas elas já não pensavam nisso?", Spiegel me disse.

Apesar dessas críticas, ele seguiu em frente, para grande vantagem das mulheres que acabaram fazendo parte de suas sessões. Sim, com frequência elas enfrentaram situações intensas e desafiadoras, especialmente quando testemunharam a perda de algumas das outras participantes do grupo. Mas elas também aprenderam a lidar com os estressores - grandes e pequenos - que todas estavam enfrentando. Como Spiegel aponta, a terapia de grupo não fez os aspectos negativos do câncer desaparecerem. Em vez disso, as pacientes simplesmente se tornaram mais adeptas a confrontar essas experiências e traumas negativos. Nas palavras de uma mulher, "Estar no grupo é meio como olhar para o Grand Canyon quando você tem medo de altura. Você sabe que, se caísse, seria um desastre, mas você se sente melhor consigo mesma porque consegue pelo menos olhar para baixo. Não posso dizer que me sinto serena, mas consigo olhar para a coisa".

Assim como essa paciente, muitas das outras mulheres nas sessões de Spiegel também enfrentaram assuntos negativos de cabeça. Por exemplo, em um de seus estudos, Spiegel e seus coautores analisaram as expressões emocionais e o conteúdo das sessões de grupo minuto a minuto. Quando más notícias surgiam - e isso inevitavelmente acontecia -, o tom das conversas mudava. As discussões assumiam um tom mais sério, mas não desanimador. Ao serem capazes de expressar negatividade junto ao apoio positivo das outras, as mulheres nas sessões de Spiegel se tornaram mais plenamente capazes de processar informações que poderiam ter sido ignoradas ou deixadas de lado, criando ansiedade sem resolução.

Aprender a confrontar e processar as más notícias levou a melhores resultados. Spiegel e seus colaboradores descobriram que, quanto mais expressivas as mulheres foram ao longo do tempo, menos ansiosas e deprimidas elas se tornaram.[210]

Aquelas que passaram pela terapia de grupo tiveram até mesmo um aumento da sobrevida. Por exemplo, em um estudo inicial, em comparação a mulheres que não participaram das sessões de terapia de grupo, aquelas que fizeram parte viveram aproximadamente dezoito meses a mais.[211] Estudos subsequentes sugerem que essa quantidade de sobrevida pode ser um caso extremo.[212] Porém, revisões recentes de pesquisas relevantes descobriram que mulheres que passam por essas sessões - sobretudo as mais velhas e com menos apoio social - não apenas vivem mais como vivem melhor: as mulheres consistentemente relatam sentir menos ansiedade e depressão, além de uma elevação na qualidade de vida.[213]

Existem vários mecanismos em ação aqui, mas um deles foi provavelmente uma mudança de perspectiva. De maneira mais específica, as mulheres começaram a reconhecer que poderiam vivenciar o negativo junto com o positivo, e vice-versa. Por exemplo, uma das pacientes de Spiegel era fã de ópera, mas depois de ser diagnosticada com câncer de mama parou de visitar sua amada casa de ópera em Santa Fé. Como ela poderia frequentar algo tão bonito, tranquilo e alegre como a ópera enquanto o câncer assolava-a por dentro? Ela decidiu esperar até se sentir melhor. Após discussões de apoio com suas parceiras de terapia de grupo, porém, ela percebeu que esse momento poderia nunca chegar. Como relatou a Spiegel, ela finalmente decidiu ir à ópera: "Eu levei meu câncer comigo e o coloquei na poltrona ao lado. Ele estava lá, mas eu tive uma ótima noite".[214]

Uma coexistência pacífica

Nas palavras de Spiegel, essa e muitas outras mulheres no tratamento de terapia de grupo perceberam que "felicidade e tristeza não eram dois polos de uma dimensão", e sim que poderiam coexistir pacificamente.[215] Jeff Larsen, psicólogo da Universidade do Tennessee, passou a maior parte de sua carreira estudando esse tipo de emoção mista.[216] Com artigos como "As pessoas podem se sentir felizes e tristes ao mesmo tempo?", "A questão das emoções mistas" e "Mais evidências das emoções mistas", Larsen usa técnicas de ponta para demonstrar que podemos experimentar ao mesmo tempo diferentes sabores de emoções, seja felicidade e tristeza, raiva e orgulho, ou empolgação e medo.

Por que a capacidade de experimentar emoções conflitantes é importante? Do ponto de vista prático, há uma razão pela qual essas descobertas são essenciais.

Para Larsen e seus colaboradores, ser capaz de vivenciar emoções positivas ao lado de negativas – como as mulheres nos grupos de terapia de Spiegel – pode produzir certos benefícios que você não consegue obter ao vivenciar apenas uma emoção por vez.

A ideia é simples, mas as implicações são profundas. Pense um minuto sobre a última vez em que você lutou contra um estressor ou obstáculo. Pode ter sido algo relativamente menor, como a sensação de não querer cozinhar uma refeição saudável durante a semana quando você poderia facilmente pedir delivery (mas sabendo, o tempo todo, que você se sentiria melhor depois se simplesmente cozinhasse). Ou algo mais significativo, como lidar com a dor de uma demissão e os desafios logísticos subsequentes que a acompanham.

Quando enfrentamos esses estressores, uma opção é chafurdar na negatividade, gastar nosso tempo nos culpando pelas coisas que controlamos e pelas que não controlamos. Ou podemos agir como avestruzes e enterrar a cabeça no chão, na tentativa de evitar completamente quaisquer sentimentos desagradáveis. No entanto, há uma terceira maneira de responder, aquela que a fã de ópera empregou: fazer o nosso melhor para experimentar alegria junto com as coisas que nos trazem desconforto. Poderia isso melhorar a vida dos nossos futuros eus?

Alguns anos atrás, meu colaborador Jon Adler e eu colocamos essa ideia à prova. Jon, professor de Psicologia Clínica do Olin College, tinha conduzido uma pesquisa examinando as experiências das pessoas com a psicoterapia. Por três meses, ele acompanhou pacientes ambulatoriais que estavam passando por sessões semanais de terapia. No final de cada sessão, os pacientes registravam o que estavam pensando e sentindo em pequenas entradas em um diário. A cada semana, os pacientes também relatavam seu "bem-estar psicológico".

A forma como Jon configurou o experimento apresentava uma oportunidade perfeita para explorar quão útil seria "juntar o bom com o ruim". Talvez adicionar uma dose de esperança ou alegria a experiências negativas permitiria melhores resultados no longo prazo.

Para descobrir, pedimos aos assistentes de pesquisa que codificassem as entradas do diário. Algumas eram do tipo "uma nota só", dominadas por uma única emoção, como tristeza, medo ou até mesmo felicidade. Mas revelou-se que outras estavam cheias de sentimentos mistos. Veja esta, por exemplo, que contém uma mistura de felicidade e tristeza:

> *Essas últimas duas semanas foram difíceis. Minha esposa e eu comemoramos a boa-nova de uma avaliação de gravidez saudável de nove semanas (o momento em que perdemos nosso bebê em janeiro passado). Mas também sinto a tristeza de ainda estar procurando um emprego e pela perda muito sentida da avó da minha esposa. Sinto algo como "o que mais eu consigo aguentar?". Mas, na*

verdade, também me sinto razoavelmente confiante e feliz. Não que eu não me sinta deprimido, mas também me sinto feliz com meu casamento.[217]

Após três meses de terapia, a saúde mental das pessoas - isto é, seu bem-estar psicológico - melhorou. Isso se alinha com décadas de pesquisas em psicoterapia.

Mas as emoções mistas também tiveram importância: pacientes que mais experienciaram uma mistura de felicidade *e* tristeza de uma sessão para a outra também foram os que mostraram as melhorias mais significativas de bem-estar psicológico. E isso continuou verdadeiro mesmo quando retiramos o impacto de vivenciar felicidade ou tristeza isoladamente. O trabalho pesado, em outras palavras, estava sendo feito pela combinação do positivo e do negativo, e não apenas por uma emoção ou outra por si só. Isso sugere que o bem-estar não se resume a buscar felicidade - trata-se de aprender a encontrar vislumbres de alegria e prazer mesmo em nossos momentos mais difíceis.

Ainda mais surpreendente foi que a influência das emoções mistas sobre o bem-estar não era sentida de imediato. Salpicar um pouco de alegria, felicidade ou esperança em um evento que de outra forma produziria ansiedade não eliminou magicamente o negativo. Pelo contrário, emoções mistas experienciadas durante uma sessão de terapia foram associadas a um bem-estar psicológico melhorado na semana seguinte. Em outras palavras, o verdadeiro benefício de juntar o bom com o ruim pode não ser instantâneo, e sim algo que se desdobra gradualmente ao longo do tempo.[218]

Outros trabalhos também destacaram as vantagens de juntar o bom com o ruim. Por exemplo, adultos enlutados que expressam emoções positivas ao falar sobre seu cônjuge falecido apresentam níveis mais baixos de tristeza ao longo do tempo.[219] Da mesma forma, reviver memórias felizes junto a sentimentos de tristeza resulta em uma experiência mais saudável de luto.[220] Por fim, vivenciar emoções mistas diante de objetivos conflitantes (por exemplo, o desejo de ter uma dieta mais saudável, mas também de comer um donut extra na copa do escritório) está associado a mais esforços despendidos para resistir às tentações.[221] A lição maior é que, ao acrescentar uma medida de emoção positiva à negativa, tornamos mais fácil lidar com os estressores da vida e superar os momentos difíceis no presente com vistas a tempos melhores no futuro.

Em um nível mais prático, quando estamos lidando com algo doloroso no presente, podemos ter mais sorte se articularmos o esforço com algo que nos faça sorrir. Essa é uma percepção subjacente à popularidade de algo conhecido como "poupança premiada". A ideia? Fazer as pessoas economizarem mais dinheiro (o sacrifício doloroso) articulando o ato de economizar a algo potencialmente mais divertido: a chance de ganhar prêmios semelhantes aos da loteria.[222]

É também uma ideia que ocorreu a Katy Milkman, uma economista comportamental da Wharton School, da Universidade da Pensilvânia, ao lidar com os obstáculos que enfrentou em sua própria vida. No início de seu doutorado, ela lidou com duas lutas distintas: motivar-se para ir à academia e manter-se a par de uma disciplina de ciência da computação particularmente desafiadora. Ela não tinha problema nenhum, no entanto, quando o assunto era relaxar. Ela adorava passar as noites lendo ficção envolvente – livros como *Harry Potter* ou o último thriller de James Patterson.[223] Embora normalmente pensemos na busca prazerosa como inimiga da meta desafiadora de trabalho – considere quão produtivos seríamos se não fosse pela Netflix –, Katy se perguntou se haveria uma maneira de transformar o prazer em aliado. Será que seu desejo por uma boa narrativa poderia torná-la mais produtiva?

De ir à academia a escovar os dentes

Katy, uma amiga e colaboradora, é uma pesquisadora extraordinariamente criativa. Suspeito que essa criatividade provenha de um senso de necessidade: ela constantemente tenta arquitetar soluções para obstáculos na própria vida (assim como na vida de inúmeras outras pessoas). Certa vez, quando precisávamos nos encontrar, mas estávamos ambos sem agenda, ela propôs que marcássemos uma ligação de dez minutos antes de cada um de nós ter outro compromisso – dessa forma, ela sugeriu, não perderíamos tempo e poderíamos ir direto ao assunto. Foi esse mesmo grau de engenhosidade que ela aplicou à sua incapacidade de malhar. Ela pensou: e se eu lesse o próximo capítulo de um thriller apenas quando estivesse na academia me exercitando? Ou e se ela fizesse parte dos trabalhos da disciplina enquanto estivesse na pedicure?

Essa estratégia, que ela chamou de "agrupamento de tentações", a ajudou a cumprir melhor coisas de sua vida que eram difíceis e estressantes. Pesquisas que ela conduziu descobriram que isso também funciona para outras pessoas. Por exemplo, em um estudo, Katy e seus colaboradores fizeram uma parceria com a academia no campus da Universidade da Pensilvânia. Eles encorajaram grupos de alunos a se exercitarem no início do primeiro semestre letivo. Um grupo foi simplesmente encorajado a se exercitar. Outro foi instruído a fazer o melhor para articular seus treinos com algo tentador – mais especificamente, um audiolivro atraente que os pesquisadores baixaram nos iPods pessoais dos alunos. Mas para um terceiro grupo a coisa foi ainda mais extrema: os alunos só podiam acessar o próximo capítulo dos audiolivros que tinham escolhido - os quais foram baixados em iPods deixados na academia - *quando* apareciam para se exercitar.

Nas primeiras semanas do estudo, a forma mais extrema de agrupamento de tentações levou a um aumento de 51% nos treinos em relação aos alunos que foram simplesmente encorajados a se exercitar.[224] E a forma intermediária de agrupamento de tentações - no qual as pessoas eram incentivadas a ouvir audiolivros enquanto se exercitavam - levou a um aumento de 29%.

Em um experimento de campo diferente conduzido com a 24 Hour Fitness, Katy e seus colegas descobriram que, ao longo de uma intervenção de quatro semanas e até aproximadamente quatro meses depois, quando os frequentadores da academia receberam um audiolivro gratuito e também o incentivo para agrupar suas tentações, a probabilidade de irem à academia aumentou.[225]

Quando conversei com Katy sobre esse trabalho, ela enfatizou que parte da beleza do agrupamento de tentações é que você pode modificar constantemente o "presente" tentador - pode ser sempre um livro, mas a cada poucas semanas, é claro, um livro diferente. O que importa é que seja algo que *você* ache divertido.

Trata-se de uma estratégia com um potencial que vai muito além da academia. Allie Lieberman, professora de Marketing e minha colega na UCLA, examinou recentemente outro comportamento nesse contexto: escovar os dentes. Como Allie é rápida em mencionar, a maioria de nós não escova os dentes por tanto tempo quanto deveríamos; sinto-me obrigado a dizer que ela também fala sobre outros tópicos, mas, tendo trabalhado na saúde pública, ela é apaixonada pelo tempo gasto na escovação de dentes. Os dentistas recomendam dois minutos (duas vezes por dia - mas espero que isso seja óbvio). Claro, dois minutos podem não parecer tanto tempo quando você está assistindo a um seriado, navegando nas redes sociais ou comendo um saco de batata frita no automático. Mas de pé no seu banheiro, escovando os dentes? Esses dois minutos podem ser intermináveis.

Para superar esse obstáculo, Allie propôs algo que ela chama de "imersão tangencial". Se corremos o risco de interromper uma tarefa chata, mas importante – como escovar os dentes, lavar as mãos ou até mesmo sair para caminhar –, podemos ter mais sorte se nos envolvermos simultaneamente em outra coisa que ocupe parte da nossa atenção, mas não toda. De fato, em um estudo conduzido por Allie e seus colegas, participantes que assistiram a um trecho de um documentário relativamente envolvente sobre ursos e lobos enquanto escovavam os dentes os escovaram por cerca de 30% mais de tempo do que aqueles que assistiram a um clipe menos envolvente de cenas da natureza.[226]

A nuance aqui – onde esse trabalho vai além da clássica pesquisa de agrupamento de tentações que mencionei anteriormente – é que a tarefa envolvente precisa ser apenas *um pouco* mais interessante do que a chata. Se você for longe demais e tentar articular sua atividade tediosa com algo significativamente mais complexo – digamos, um jogo de palavras desafiador no seu celular –, talvez você abandone a tarefa mais cedo do que pretendia. Há outra diferença fundamental: o agrupamento de tentações ajuda você a *dar início* a um comportamento (por exemplo, ir à academia), enquanto a imersão tangencial faz você realizar uma tarefa por mais tempo.

É uma tática que também pode ser aplicada à vida profissional. Por exemplo, como Allie sugeriu, se uma empresa quiser incentivar seus funcionários a lavar bem as mãos, notícias do dia podem ser exibidas nos espelhos do banheiro para eles lerem.[227] Ou pode ser que você tenha alguma tarefa de trabalho tediosa que consiga fazer enquanto ouve um audiolivro, um podcast ou até mesmo o novo álbum de um artista favorito.

Então, juntar o bom com o ruim pode ser extremamente útil em várias situações, desde escovar os dentes até declarar o imposto e passar o aspirador. Mas devo ser claro: uma vida em que estamos constantemente tentando matar dois coelhos com uma cajadada só pode nos impedir de estar genuinamente presentes em algumas de nossas indulgências. Não precisamos *apenas* combinar atividades prazerosas com outras menos desejáveis; deve haver momentos em que "somente" lemos um livro envolvente, assistimos à próxima série digna de ser maratonada ou vamos ao salão de beleza. E pode-se ir longe demais com esse tipo de estratégia: um McDonald's na China recentemente virou notícia quando surgiu uma foto de um cliente comendo um Big Mac enquanto usava uma bicicleta ergométrica dentro do restaurante.[228] Não acho que esse seja o tipo de "bom compensando o ruim" que Mitch Hedberg queria. Mas articular ocasionalmente indulgências com as coisas que sabemos que devemos fazer – e criar uma boa combinação entre as duas – pode nos ajudar a nos tornarmos as pessoas que queremos ser.

Essa, porém, não é a única maneira de fazer os sacrifícios do presente *parecerem* mais fáceis. Outra solução vem do que eu consideraria uma fonte improvável de inspiração: a indústria de máquinas de escrever.

Tornar o grande... pequeno

Se em 26 de agosto de 1960 você abrisse o *Deseret News Salt Lake Telegram*, jornal de Salt Lake City, teria visto um pequeno artigo detalhando os pontos fortes e fracos de John F. Kennedy e Richard Nixon, então candidatos à presidência dos Estados Unidos, um editorial sobre os benefícios de voltar à escola e uma charge sobre o fim dos terríveis dias de verão. E, no canto inferior, ao lado de alguns outros anúncios, teria visto uma promoção da máquina de escrever Olympia, de última geração. Um modelo Precision Portable, para ser exato.

Logo abaixo de uma imagem granulada da máquina de escrever, um texto grande grita: "É SUA... por apenas alguns centavos por dia!". Mais de seis décadas depois, tenho certeza de que você já viu outras campanhas que usavam esse tipo de abordagem. Por exemplo, uma empresa de colchões de Chicago afirmou que por apenas dez centavos por noite você poderia desfrutar do melhor sono da sua vida. E, na década de 1980, as editoras de revistas começaram a reformular suas assinaturas em termos de preço por edição em vez de preço por ano.

Essa tática publicitária parece um pouco... óbvia? Talvez, mas também foi bem-sucedida em contextos específicos. Aquelas editoras de revistas dos anos 1980? Elas afirmam que seus anúncios de preço por edição eram de 10% a 40% mais eficazes do que os de preço por ano.[229]

Por que é assim? Na superfície, quando os anunciantes usam uma estratégia de "centavos por dia", o que eles estão fazendo é pegar uma despesa maior e fazê-la parecer menor. Em um nível mais profundo, porém, como o economista John Gourville descobriu, eles estão fazendo você pensar em outras despesas semelhantes e triviais.

Um colchão por mil dólares? Isso é muito dinheiro! Provavelmente é difícil pensar em outras coisas – além de, talvez, seu aluguel ou hipoteca – que poderiam se enquadrar na categoria de despesas "grandes". Mas, se você ficasse com esse colchão por sete anos, seus custos equivaleriam a aproximadamente 40 centavos por noite. Isso *parece* muito menos caro, e provavelmente é mais fácil imaginar abrir mão de 40 centavos por dia. (Para mim, a primeira coisa que me vem à mente nesse patamar de preços é um selo... que eu raramente uso, o que facilita muito pensar que eu alegremente abriria mão de 40 centavos por dia em troca de um sono melhor!)

Essa estratégia de "tornar o grande pequeno" é mais uma maneira de fazer os sacrifícios presentes parecerem mais fáceis. E é algo que coloco em prática com meus colaboradores Steve Shu, Shlomo Benartzi e uma empresa de tecnologia financeira no sul da Califórnia chamada Acorns, proprietária de um aplicativo de poupança e investimento voltado principalmente para investidores novatos.

Na época do nosso projeto, alguns milhares de pessoas por dia estavam se inscrevendo para investir seu dinheiro com a empresa. Embora fosse uma boa notícia que tantos estivessem começando a investir, suas contas se sairiam melhor se continuassem a economizar ao longo do tempo. Como os economistas comportamentais descobriram, uma maneira de atingir esse objetivo é tornar o ato de economizar automático.[230] Ou seja, fazer dele algo em que você não precisa pensar ou tomar nenhuma atitude para que aconteça.

Mas como fazer *isso*? Decidimos criar uma forma um pouco mais astuta de pedir aos usuários que aderissem a um plano automatizado de poupança. Perguntamos a um grupo se eles gostariam de economizar 150 dólares por mês, a outro se eles gostariam de economizar 35 dólares por semana e a outro se eles gostariam de economizar 5 dólares por dia. Embora as três abordagens somem aproximadamente o mesmo valor mensal, a dor psicológica associada a cada uma pode ser diferente.

Você provavelmente concordará que 5 dólares por dia parecem um sacrifício mais fácil: podemos rapidamente chegar a despesas nesse valor das quais estaríamos dispostos a abrir mão. Quando falo sobre essa pesquisa com outras pessoas, muitos apontam para um único item: um café da Starbucks. De fato, em termos anuais, 5 dólares por dia equivalem a mais dinheiro no total (1.825 dólares por ano) do que 150 dólares por mês (1.800 dólares por ano) ou 35 dólares por semana (1.820 dólares por ano). Ainda assim, como você pode ver no gráfico, quatro vezes mais usuários se inscreveram no plano de poupança quando ele foi elaborado em termos diários em vez de mensais (ou semanais).[231]

INSCRIÇÕES EM POUPANÇA AUTOMATIZADA

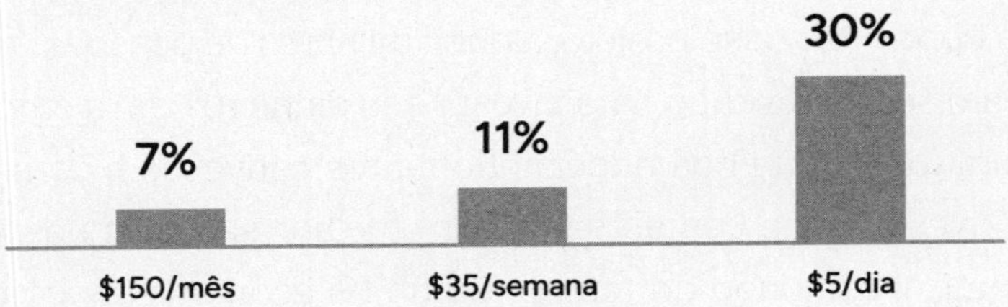

Mas o enquadramento diário fez mais do que simplesmente aumentar as inscrições. Também ajudou a resolver algo conhecido como "lacuna de renda", em que pessoas menos ricas têm mais dificuldade em guardar dinheiro simplesmente porque têm menos. Apesar dessa forte tendência, descobrimos que, quando o plano foi elaborado em termos de dólares por dia (em comparação a dólares por semana ou mês), a lacuna de renda se fechou: consumidores de renda mais baixa e mais alta se inscreveram na mesma proporção.

Não é preciso procurar muito para ver essa estratégia em ação, para compras grandes e, também, para pequenas.[232] Embora estejam disponíveis há anos, os chamados esquemas de pagamento "compre agora e pague depois" – nos quais os consumidores podem dividir o custo de uma compra em várias parcelas – explodiram em popularidade durante a pandemia de covid-19, com mais e mais pessoas comprando no conforto de suas casas. Há um perigo aqui, no entanto: seja uma bolsa nova, um utensílio de cozinha ou um aparelho de som, podemos ser levados a comprar coisas pelas quais não podemos pagar. Na verdade, no momento em que eu escrevia este livro, com quase quatro em cada cinco consumidores norte-americanos usando regularmente tais planos de pagamento, alguns economistas sugeriram que em algum momento poderia haver uma bolha do "compre agora e pague depois".[233]

No entanto, tornar o grande pequeno não se aplica somente à compra de bens de consumo; há outras áreas em que essa estratégia ajudará. Por exemplo, quando se trata de pagar dívidas, as pessoas têm mais facilidade em seguir um plano de pagamento de dívidas em que começam pagando contas menores.[234] E pedir às pessoas que doem quatro horas de seu tempo por semana – ou oito horas a cada duas semanas – resulta em mais sucesso do que pedir duzentas horas anualmente.[235]

De modo geral, dividir uma meta maior em seus componentes menores pode ajudar a fazer os desafios do presente parecerem mais fáceis, mesmo que haja alguma nuance na estratégia. Como a pesquisadora Szu-chi Huang e seus colegas descobriram, decompor as coisas em partes menores é especialmente eficaz quando você está começando a perseguir uma meta. Você estará mais motivado a queimar duzentas calorias subindo escadas se pensar no treino em pedaços de cinquenta calorias, por exemplo. Mas, quando chegar perto do fim da sua meta, pode ser melhor manter aquela imagem mais ampla em mente (isto é, pensar na meta geral maior e em como você está perto de queimar todas as duzentas calorias).[236]

Quando somamos as evidências, os benefícios de tornar o grande algo pequeno superam os custos. Apesar disso, devemos considerar cuidadosamente quando essa abordagem nos beneficiará ao longo do tempo em comparação a quando tornará nossas vidas mais difíceis. Aqui estão duas regras práticas para simplificar as coisas: use a estratégia de "tornar o grande pequeno" quando estiver (1) acumulando seus recursos em vez de gastando-os (por exemplo: quando estiver economizando para uma grande viagem, pense no valor em termos decompostos, mas, quando estiver pensando em comprar um novo aparelho de som, pense no custo geral); e (2) começando um empreendimento em vez de chegando perto de terminá-lo (por exemplo, se estiver planejando fazer uma corrida de trinta minutos, no começo pense nela apenas em pedaços de cinco minutos, mas, quando estiver perto do fim, tenha em mente quão perto você está da marca dos trinta minutos).

Deixe-me oferecer uma última estratégia para fazer o presente parecer mais fácil: celebre hoje e pule o sacrifício completamente.

Celebre o presente

Vários anos atrás, Carl Richards e sua família se mudaram para a Nova Zelândia. Como eram dos Estados Unidos e estavam muito longe dos amigos, era difícil para Carl e sua esposa passar algum tempo longe dos filhos. Finalmente, porém, depois de criarem vínculos em sua comunidade, eles se sentiram confortáveis em deixar a cidade sem as crianças a tiracolo. Carl me disse que eles começaram a planejar uma viagem – especificamente, uma aventura marítima de caiaque em Nydia Bay, uma bela e remota região na costa nordeste da Nova Zelândia.

No entanto, a aventura de três dias não seria barata. Entre o aluguel do caiaque, as refeições e uma estadia em uma pequena pousada, a viagem inteira custaria mais de mil dólares. Richards, um planejador financeiro certificado, está acostumado a pesar os prós e os contras desse tipo de decisão financeira, e esta estava começando a parecer excessivamente cara. Ele também é o criador da coluna "Sketch Guy", um cartum semanal publicado pelo *The New York Times* desde 2010. Nele, ele pega conceitos e enigmas financeiros complicados e, em desenhos de um único quadrinho, os destila em ideias fáceis de entender.

No começo, a aventura de caiaque no mar parecia um problema matemático simples. Mil dólares era muito dinheiro! Se Richards o investisse de forma inteligente, com um retorno médio de 7,5%, ele teria 4.461 dólares depois de vinte anos! Ele poderia fazer um sacrifício aqui – possivelmente escolhendo uma viagem mais barata ou abrindo mão dela. Afinal, não era uma irresponsabilidade completa gastar todo esse dinheiro para passar só três dias fora?

Pode-se argumentar que, na superfície, o instinto inicial de Richards estava alinhado com os desejos de seu futuro eu. Ao economizar em vez de gastar, ele colocaria o Carl mais velho em uma posição financeira melhor.

E se, no entanto, essa não fosse a decisão certa? E se houver momentos em que agir de acordo com o que *achamos* ser o melhor para nosso futuro eu não tornará o futuro melhor?

Como Richards, podemos pular ou adiar alguma experiência para mais tarde. Se você não se identifica com isso, pense em quantas atrações turísticas você visitou perto de onde mora. Se você estiver em Chicago, pense no Art Institute, no Field Museum e na Willis Tower. Ou, se estiver na cidade de Nova York, há inúmeros exemplos, do Empire State Building à Estátua da Liberdade. É muito provável que você não tenha ido à maioria desses locais recentemente (se é que foi alguma vez). Na verdade, como minha colaboradora Suzanne Shu descobriu, pessoas que visitam Chicago e Nova York por algumas semanas, em média, visitam quase seis locais durante sua estadia. Mas e os moradores dessas cidades? Eles normalmente visitaram apenas três atrações no primeiro ano na cidade.[237]

Às vezes, guardamos essas experiências para o momento *certo*. Se você está apenas visitando um lugar, o momento certo é agora; quando mais teria a oportunidade? No entanto, se você mora lá, pode ir aos museus, monumentos, edifícios e locais históricos quando for conveniente. Você pode guardá-los para o seu futuro eu aproveitar. Mas, assim como o amanhã parece nunca chegar quando você precisa começar uma dieta ou limpar o sótão, ele também pode não chegar para algumas das coisas mais *prazerosas* da vida, como visitar um museu famoso, fazer uma reserva em um restaurante fino ou comprar uma boa garrafa de vinho para comemorar um dia especial ou uma conquista.

Ao adiar as experiências por tempo demais, podemos diminuir seu valor por completo. Uma ilustração perfeita dessa ideia vem de um dos meus memes favoritos. É a imagem do que parece uma gôndola veneziana, e, enquanto o barqueiro dá um largo sorriso, seus dois passageiros idosos estão curvados um sobre o outro, dormindo profundamente. Como um usuário do Twitter comentou: "Não espere até estar velho desse jeito para se aposentar e viajar pelo mundo".[238]

Se você já se apressou para usar milhas aéreas antes de elas expirarem – e topou fazer uma viagem menos que ideal apenas para usá-las –, sofre do mesmo mal. Ou talvez você tenha esperado pela ocasião perfeita para usar um vale-presente de um restaurante apenas para encontrá-lo fechado.

Esses exemplos podem parecer relativamente triviais. Mas essa mesma tendência de adiar as coisas para amanhã – talvez com a melhor das intenções – pode resultar em consequências muito mais graves.

Para ilustrar, quero apresentar a você um movimento chamado FIRE, cujos membros se dedicam a alcançar uma vida de independência financeira, que permita que se aposentem mais cedo - na casa dos vinte ou no começo dos trinta anos.* Para atingir esse objetivo aparentemente impossível, eles cortam suas despesas ao máximo e economizam intensamente (até metade ou mais de sua renda).

Claro, certamente há pessoas que prosperam com esse estilo de vida austero. E devo observar que alguns princípios do movimento fazem sentido. Claramente, se você quer ter mais recursos mais adiante, descobrir quais despesas você pode cortar agora é um movimento sensato.

Mas algumas pessoas perceberam que o esforço hercúleo para tornar o futuro livre de trabalho pode ter um custo que elas não estão dispostas a pagar. Lisa Harrison, que fez parte do movimento por dois anos, é um exemplo. Ela adorava assistir a "programas sobre decoração doméstica antes de dormir, sair para comer pizza na sexta-feira e tomar café no nosso lugar favorito no centro da cidade todo domingo". Claro, essas coisas custam dinheiro, ela percebeu, e ao removê-las de seu orçamento ela e seu marido passaram a economizar mais para uma aposentadoria antecipada. "Mas cortar essas coisas custou nossa felicidade cotidiana."[239] À medida que seu patrimônio líquido aumentava, seu bem-estar despencava. E essa percepção acabou levando-a a deixar o movimento.

* FIRE é a sigla da expressão "Financial Independence, Retire Early" - Independência financeira, aposente-se cedo. (N.T.)

Sua experiência com o FIRE demonstra os perigos de viver excessivamente para o amanhã. Pesquisadores chamaram esse tipo de comportamento de "hipermétrope": ele ocorre quando olhamos tanto para o futuro que depois nos arrependemos de nossas escolhas.[240]

Passei a maior parte deste livro pregando a importância de conhecer e fazer amizade com nossos eus futuros. Pode parecer estranho que, de repente, eu esteja discutindo momentos em que deveríamos pular os sacrifícios e... simplesmente buscar a alegria no presente. Mas não acho isso: viver muito para o amanhã pode piorar a vida do nosso eu atual e também do futuro.

Lisa Harrison lidou com essa tensão introduzindo mais equilíbrio na vida de sua família. Embora ela e o marido tenham abandonado a ideia de se aposentar cedo, eles mantiveram um aspecto do tempo que passaram no movimento FIRE. Mais especificamente, eles agora consideram seus valores com mais cuidado ao gastar dinheiro. Coisas como TV por assinatura, pizza na sexta-feira e saídas para tomar café estão de volta à mesa. Mas também um orçamento e uma abordagem mais intencionais das decisões financeiras.

Como resultado, Lisa percorreu um longo caminho desde sua queda livre na felicidade.[241] A abordagem financeira mais equilibrada ajudou a criar "uma vida de opções que queremos... tanto agora quanto depois".

Infelizmente, não há um guia para descobrir o chamado equilíbrio ideal entre agora e depois. O que funcionou para Lisa e sua família pode ser diferente do que funciona para você. No entanto, pensar quando faz sentido ceder em vez de se conter, e quando faz sentido priorizar nosso eu atual ou futuro, pode ser muito útil para criar harmonia ao longo do tempo.

No final, Carl Richards e sua esposa decidiram gastar o dinheiro e fazer a viagem de caiaque. Cerca de meia hora depois de remarem mar adentro, eles passaram por uma pequena enseada cheia de estrelas-do-mar, arraias e ouriços-do-mar. Conforme me explicou, ele e sua esposa se entreolharam e se perguntaram, incrédulos, como eles podiam ter cogitado *não* fazer a viagem.

Somos regularmente lembrados de que precisamos economizar para o amanhã. Até certo ponto, essa é a mensagem central deste livro. Mas, como Richards afirmou, esse é apenas um lado da moeda: "Não se esqueça do outro lado: gaste para o amanhã. Porque não é só de dinheiro que você vai precisar no futuro distante".[242] Se vivermos apenas para o amanhã, privaremos nosso futuro eu das próprias memórias, experiências, amigos e familiares que ajudam a fazer a vida valer a pena.

É claro que a percepção de Richards não se aplica apenas a despesas financeiras. No ano passado, dediquei cada vez mais do meu tempo a projetos de trabalho. Como a maioria das pessoas, a covid afetou minha produtividade, e me convenci de que trabalhar mais agora me ajudará a voltar aos trilhos, o que, em última análise, trará benefícios para meu futuro eu.

Alguns meses atrás, porém, decidi tirar uma manhã de folga para levar meu filho à pré-escola. Embora seja uma longa caminhada, eu sabia que isso me daria a chance de passar um tempo só com ele, algo que quase nunca acontece. Mas, cerca de vinte minutos depois de sair de casa, notamos uma pequena comoção começando a acontecer. Dois carros pararam e um caminhão do Controle de Animais estacionou perto deles. Quando nos aproximamos, imediatamente percebemos o porquê: uma pequena e confusa galinha estava correndo pela rua. Moramos em Los Angeles, então o número de vezes em que vimos aves vivas na vizinhança antes desse momento era exatamente... zero. Eu estava me divertindo, mas meu filho estava fora de si, gritando alegremente a plenos pulmões que havia uma "GALINHA NA RUA!" de verdade. Pelo resto do caminho, ele só conseguia falar disso, e foi a primeira coisa que ele contou aos professores quando o deixei na escola. Seis meses depois, a história da galinha se tornou parte da nossa tradição familiar e continua sendo uma narrativa contada alegremente pelo meu filho a estranhos e amigos.

Se eu tivesse passado aquela manhã trabalhando, certamente teria adiantado meus projetos. Mas também está muito claro o que eu teria perdido.

A última maneira de tornar o presente mais fácil, portanto, é ceder de vez em quando. Pular o sacrifício e se entregar às experiências que custam dinheiro e tempo, mas que trazem um tipo diferente de riqueza. Essa pode ser uma maneira de tornar não apenas o amanhã melhor, mas também o hoje.

DESTAQUES

- Existe tensão quando Você Atual precisa se sacrificar em benefício de Você Futuro. Mas você pode melhorar os resultados futuros tornando esses sacrifícios do presente mais fáceis de enfrentar.
- Uma categoria de estratégias é "juntar o bom com o ruim": experienciar emoções positivas diante de eventos negativos pode servir como uma espécie de amortecedor, permitindo uma melhor percepção de grandes e pequenos estressores. O "agrupamento de tentações", que é a combinação de atividades positivas tentadoras com coisas que parecem ser um sacrifício, pode ser eficaz. E a "imersão tangencial", que é a combinação da tarefa chata com algo um pouco mais interessante, pode ajudá-lo a permanecer nos trilhos.

- Você também pode "tornar o grande pequeno" e decompor os sacrifícios em pedaços menores e mais fáceis de concretizar.
- Também devemos encontrar maneiras de celebrar o presente. Reconheça que se vivermos apenas para o amanhã podemos chegar a um futuro desprovido de memórias e experiências que fazem a vida valer a pena.

Epílogo

Durante a pesquisa e a escrita deste livro, o mundo passou por uma série de eventos catastróficos. É uma lista que parece ter saído de um filme ruim: nações em guerra, um vírus mutante, inflação crescente, convulsão sociopolítica, desastres climáticos e assim por diante. (Só falta um asteroide iminente.) Alguma – ou talvez muita – ansiedade sobre nossas circunstâncias atuais certamente parece justificada! Na verdade, a Organização Mundial da Saúde anunciou que, somente em 2020, os casos de depressão maior e de transtornos de ansiedade aumentaram em mais de 25%.[243]

Diante dessas incertezas e perturbações, pode parecer inútil fazer planos para o futuro. Um relatório recente da Fidelity, por exemplo, descobriu que quase metade dos adultos entre 18 e 35 anos não via sentido naquele período pandêmico em economizar para o futuro "até que as coisas voltem ao normal".[244] A comediante Hannah Jones, de 27 anos, explicou essa mesma questão referente à covid desta forma: "Não vou me privar agora de alguns dos confortos da vida por um futuro que parece que pode ser arrancado de mim a qualquer momento... Não, não vou economizar para me aposentar. Vou gastar meu dinheiro *agora*, enquanto ainda temos uma cadeia de suprimentos".[245]

Essas observações captam nosso cansaço coletivo. No entanto, vejo motivos para esperança em meio a toda a tristeza e desgraça. Embora nunca devamos parar de fazer planos para o futuro por completo, fazer uma pausa pode permitir mais reflexões sobre o que importa. Como analogia, aniversários marcantes geralmente criam pequenos intervalos em nossas vidas, oferecendo-nos uma chance de fazer um balanço do que conquistamos (ou não) na década anterior e o que esperamos enfrentar na próxima.[246] Da mesma forma, a grande pausa global que a covid infligiu, por exemplo, pode ter levado muitos de nós a nos concentrar no que de fato valorizamos. Como meus colaboradores Adam Galinsky e Laura Kray disseram, a pandemia criou uma espécie de "crise universal de meia-idade", forçando-nos a reconsiderar como gastamos nossos preciosos recursos de tempo e dinheiro.[247]

Ainda assim, no entanto, o estado atual das coisas não significa que podemos ignorar por completo nosso futuro distante ou muito distante. A marcha do tempo é cega para a luta do presente, e o futuro chegará, quer tenhamos feito planos para ele ou não. Afinal, o período da pandemia não foi a primeira vez que uma incerteza galopante fez o planejamento parecer inútil. Considere, por exemplo, como as pessoas se sentiram em outros momentos históricos precários, como a Grande Depressão, a Crise dos Mísseis de Cuba ou a crise financeira de 2008. Certamente, deve ter sido difícil pensar sobre os anos vindouros durante aqueles períodos de angústia. O que teria acontecido, no entanto, se a elaboração de planos tivesse cessado completamente?

Zander Rose, diretor-executivo da Long Now Foundation, uma organização sem fins lucrativos dedicada ao pensamento de longo prazo, resumiu elegantemente essas tensões: "Muitos dos nossos problemas atuais", ele me disse, "se devem a uma falta de pensamento de longo prazo no passado". É claro que os problemas atuais devem exigir a maior parte da nossa atenção. Mas focar somente os problemas do momento pode significar que esses mesmos problemas talvez apareçam de novo e se intensifiquem perniciosamente nos anos, décadas e séculos vindouros.

Dadas essas demandas conflitantes - o presente estressante *versus* o futuro distante -, como devemos alocar nossos recursos mentais? É uma pergunta difícil, que dá origem a uma pergunta ainda mais difícil, já que muitos de nossos planos para o futuro devem agora levar em conta períodos muito mais longos do que nossas próprias vidas. Em essência, estamos sendo solicitados a fazer escolhas que beneficiarão pessoas que viverão muito depois de termos partido.

Em nenhum lugar esse tópico é mais relevante do que no contexto do meio ambiente. Com o aumento das temperaturas e das marés, e um aumento nos eventos climáticos catastróficos em todo o mundo, agora o impacto das mudanças climáticas está sendo sentido. No entanto, muitas das consequências severamente negativas - algumas das quais já começaram a ocorrer - impactarão as gerações futuras. Gerações futuras, devo acrescentar, que não conhecemos e que mal conseguimos imaginar. É difícil imaginar e nos relacionar com nosso próprio futuro eu, mas é muito mais difícil se relacionar com nossos descendentes ainda não nascidos. Eles não são apenas estranhos - eles ainda nem existem.

O que podemos fazer, então, para mudar esse perigoso futuro? Em face dos desafios psicológicos, devemos simplesmente desistir e queimar mais combustíveis fósseis? Não conseguimos nem nos motivar para ir à academia; mudar a economia moderna parece uma ambição assustadora.

Mas não estou pronto para me render – acho que há medidas práticas que podemos adotar para facilitar nossas ações em nome do planeta e de nossos descendentes, mesmo que nunca habitemos essa Terra futura ou conheçamos essas pessoas futuras. Trabalhos recentes produzidos por mim e meus colegas apontam para uma abordagem inicial: para aumentar as chances de as pessoas agirem com vistas ao futuro distante, faça prestarem atenção ao *passado*. Sentir-se enraizado mais profundamente na sua comunidade – sentir-se parte do que foi e do que virá a ser –, por exemplo, está ligado a maior probabilidade de adotar painéis solares.[248] E ter como foco a longa e rica história do seu país torna muito mais fácil olhar mais adiante para o futuro e, depois, investir no meio ambiente.[249]

É um trabalho preliminar, mas levanta uma possibilidade interessante: em vez de pensar em futuros mais vívidos, se quisermos salvar nossos bisnetos de um planeta em ebulição, talvez devêssemos considerar as pessoas que vieram antes de nós e os sacrifícios que fizeram em nosso nome. Assim como somos uma cadeia de seres separados que paira acima de nossas próprias vidas, em uma escala maior somos parte de uma cadeia de seres humanos que remonta a centenas de milhares de anos. Aqueles primeiros humanos não nos conheciam e nunca poderiam ter imaginado o mundo de hoje, mas nós existimos apenas porque eles foram capazes de considerar o futuro de algum modo rudimentar. Não é nosso dever fazer o mesmo, tanto para nos dar um amanhã mais promissor quanto para garantir que as pessoas que nunca conheceremos continuem a prosperar?

Essas perguntas não fazem mais que arranhar a superfície, e decerto mais trabalho precisa ser feito. Uma coisa, no entanto, é clara. Não importa se estamos em uma linha do tempo de quinze ou cento e cinquenta anos, se estamos focados em nosso futuro eu ou em nossos futuros netos, e se os mares do presente estão calmos ou agitados - teremos uma chance melhor de melhorar nossas vidas quando entendermos, conhecermos e amarmos as pessoas que um dia nos tornaremos.

Agradecimentos

Um grande obrigado à equipe que trabalhou comigo incansavelmente para tornar este projeto uma realidade. Tracy Behar, quando pensei em meu editor dos sonhos, queria alguém com seu olhar afiado, mas não imaginava o quanto eu também apreciaria e valorizaria seu calor e generosidade. Obrigado, também, ao meu agente engenhoso, Rafe Sagalyn; sou grato pela orientação e pelo forte incentivo que você me deu desde o início. Para Karina Leon, Talia Krohn, Juliana Horbachevsky, Katherine Akey, Betsy Uhrig, Lucy Kim, Pat Godefroy, Travis Tatman e Dave Nussbaum, obrigado por tudo o que fizeram para garantir que mais pessoas conhecessem e melhorassem seus futuros eus.

Este livro representa pesquisas e pensamentos que ocorreram ao longo de muitos anos com o apoio de alguns mentores verdadeiramente maravilhosos. Laura Carstensen, obrigado por me dar a liberdade de pensar em grandes ideias e sempre me incentivar a considerar os grandes problemas que podemos resolver com nosso trabalho. Brian Knutson, sou grato a você por me tornar um pesquisador e pensador mais cuidadoso. Martha Shenton, valorizo o fato de que você me ensinou a abrir espaço para uma vida acadêmica rigorosa, assim como para uma vida pessoal rica. Keith Maddox, obrigado por alimentar meu interesse inicial em psicologia social. E Adam Galinsky, obrigado por me ajudar a aprender que o processo de pesquisa pode ser muito divertido.

Ao longo da minha jornada de escrita, vários amigos e colegas leram rascunhos e me ajudaram a expressar minhas ideias com mais clareza. Agradeço a Adam Alter, Eugene Caruso, J. D. Lopez, Sam Maglio e Kathleen Vohs pelo olhar crítico, ouvidos abertos e conselhos práticos. Nem acredito na sorte que tive de conhecer e poder passar tempo com cada um de vocês. E obrigado a Jonah Lehrer; seus superpoderes de edição tornaram minhas arestas mais suaves.

Tive a sorte de ter um grupo de colegas da UCLA que posso chamar com segurança de meus amigos próximos. Para Craig Fox, Noah Goldstein, Cassie Mogilner Holmes, Allie Lieberman, Suzanne Shu, e o pessoal das áreas de Marketing e Administração Franklin Shaddy, Sanjay Sood, Stephen Spiller, vocês fazem do trabalho significativo um prazer diário. Como passei os primeiros anos da minha carreira acadêmica na NYU, tenho a sorte de ter um grupo de colegas igualmente amados de lá: obrigado a Geeta Menon, Tom Meyvis, Priya Raghubir, Yaacov Trope e Russ Winer, por me ajudarem a me firmar no mundo acadêmico.

Nenhum dos trabalhos que realizei teria sido possível sem tantos colaboradores dedicados, todos os quais levaram meu pensamento mais longe e tornaram a experiência de conduzir pesquisas muito mais agradável do que eu poderia imaginar. Em particular, pelo trabalho relacionado a este livro, agradeço a Jennifer Aaker, Jon Adler, Dan Bartels, Shlomo Benartzi, Debbie Bocian, Bryan Bollinger, Chris Bryan, Dan Goldstein, Cassie Mogilner Holmes, Derek Isaacowitz, Sue Kerbel, Jeff Larsen, Sam Maglio, Joe Mikels, Katy Milkman, Loran Nordgren, Mike North, Jordi Quoidbach, Abe

Rutchick, Greg Samanez-Larkin, Anuj Shah, Avni Shah, Marissa Sharif, Bill Sharpe, Steve Shu, Abby Sussman, Diana Tamir, Jean-Louis van Gelder, Dan Walters e Adam Waytz, por passarem tantas de suas preciosas horas comigo.

Aos meus alunos de doutorado e pós-doutorado – Steph Tully, Adam Greenberg, Kate Christensen, Elicia John, Joey Reiff, David Zimmerman, Malena de la Fuente, Taylor Bergstrom, Poruz Khambatta, Megan Weber, Ilana Brody e Eitan Rud –, obrigado por sempre me ajudarem a permanecer na vanguarda da ciência e por fazerem minha família acadêmica parecer mais uma família de verdade.

Eu me beneficiei tremendamente de uma dedicada equipe de assistentes de pesquisa que me ajudaram a entender melhor os detalhes. Sou grato aos alunos da minha turma do Fiat Lux, Anmol Bhide, Zoe Curran, Celia Gleason, Audrey Goman, Haley Karchmer, Elizabeth O'Brien e Hannah Zhou, por todas as horas que passaram trabalhando comigo. Além dos detalhes, no entanto, tive a sorte de poder conversar com muitos colegas, amigos e pessoas que nunca conheci e que tinham histórias interessantes para contar. A Eve-Marie Blouin-Hudon, Cesar Cruz, Rodica Damian, Alex DeLuca, Utpal Dholikia, Michael Dukakis, Liz Dunn, Eric Eskin, Alex Genevsky, Dan Gilbert, Dave Krippendorf, George Loewenstein, Meghan Meyer, B. J. Miller, Sarah Molouki, John Monterosso, Tim Mueller, Ann Napolitano, Daphna Oyserman, Tim Pychyl, Jordi Quoidbach, Brent Roberts, Michael Schrage, Janet Schwartz, Marissa Sharif, Fuschia Sirois, Deborah Small, Nina Strohminger, Oleg Urminsky e Gal Zauberman: sou muito grato pela disposição de vocês em responder às minhas perguntas, bem como pelos insights inestimáveis que vocês me deram.

O processo de trabalho neste livro – durante uma pandemia, nada menos – teve seus previsíveis altos e baixos. Tenho a sorte de ter uma comunidade robusta de amigos que estavam ao meu lado para ambos os casos, e vários dos quais forneceram conselhos preciosos ao longo do caminho. A Mike Ashton, Sarah Ashton, Mike Champion, Annie Cox, Danny Cox, Brad Dakake, Daniel Farag, Perry Farag, Tori Fram, James Myers e Laurel Myers: obrigado pelo seu apoio regular, bem como pelas suas opiniões sobre tudo, desde a fonte escolhida para a capa até o número de pontos de exclamação que eu deveria usar. E para Adam Alter e Nicholas Hengen Fox, obrigado por ouvirem meus pensamentos quase diariamente e por me fornecerem perspectivas profundas que vão muito além das minhas.

Além dos meus amigos e colegas, eu não poderia ter escrito este livro sem o apoio da minha família. Para meus pais, Robin e Seth Ersner-Hershfeld: eu sempre disse que nossa família não precisava de outro psicólogo, mas, neste caso, a imitação é realmente a forma mais elevada de lisonja. Não consigo expressar minha gratidão por tudo o que vocês fizeram por mim, desde incutir em mim o amor pelo aprendizado quando eu era pequeno até ajudar a cuidar das crianças agora. De muitas maneiras, vocês dois representam meu próprio futuro eu, e isso me dá muita esperança. Para minha avó Deenah Ersner, que fez 99 anos enquanto eu trabalhava neste projeto: eu me considero uma das pessoas mais sortudas por ter você, sua sabedoria e seu calor em minha vida.

Eu também tive a grande sorte de ter uma segunda família incrível na forma de meus sogros afetuosos e atenciosos. Obrigado a John Heil, Nancy Heil, Whitney Abramo e John Abramo por agregarem tanta alegria aos meus dias.

Existe um debate acadêmico em torno dos benefícios para o bem-estar de ter filhos, com muitos dados sugerindo que os níveis de felicidade pós-filhos não são exatamente iguais aos níveis pré-filhos. Quando eu estava a meses de me tornar pai, encontrei um colega maravilhoso, Yaacov Trope, e disse a ele que estava animado por ter meu primeiro filho, mas também ansioso que as descobertas de pesquisa pudessem ser verdadeiras na minha vida. Pare de se preocupar, ele me disse; depois que você tem filhos, a felicidade não é mais de uma cor, mas se torna um fenômeno multicolorido. Como ele estava certo... Hayes e Smith, vocês acrescentam muito significado, risos e insights à minha vida todos os dias. Hayes, seja seu senso de humor espirituoso ou sua forma amorosa de encarar amizades, adorei ver você crescer. Smith, não estou ofendido por você preferir sua mãe a mim – quem não preferiria? –, mas ainda adoro o tempo que passamos juntos. Nos próximos anos, vou caminhar com você para onde quer que você precise ir, sempre que você quiser, haja ou não uma galinha na rua. E, claro, não posso esquecer o Oliver, o "filho" amoroso original na nossa vida, cujo latido regularmente me interrompia, mas também afastava muitos intrusos imaginários.

Finalmente, obrigado, Jennifer. Quando nos conhecemos, eu via meu futuro eu como um homem mais velho cercado por uma pergunta gigante: quem seria minha parceira na vida? Eu não poderia estar mais feliz que a resposta seja você, com sua mente brilhante, sua paixão por ajudar os outros e seu desejo de fazer o certo no mundo. Eu tenho sorte por poder viajar no tempo ao seu lado. Valorizo tudo o que você faz para garantir que nossa família esteja contente agora e nos anos que virão. E seja lendo cada palavra que escrevo, me ouvindo falar animadamente sobre minha última pesquisa ou fazendo mais do que sua metade do trabalho parental, obrigado por me dar amor e apoio incomensuráveis ao longo dos anos.

Notas

Introdução

1 T. Chiang, *The Merchant and the Alchemist's Gate* (Burton, MI: Subterranean Press, 2007).

2 M. E. Raichle, A. M. MacLeod, A. Z. Snyder, W. J. Powers, D. A. Gusnard e G. L. Shulman, "A Default Mode of Brain Function", *Proceedings of the National Academy of Sciences of the United States of America* 98, n. 2 (2001): 676-682.

3 S. Johnson, "The Human Brain Is a Time Traveler", *The New York Times*, 15 nov. 2018, https://www.nytimes.com/interactive/2018/11/15/magazine/tech-designaiprediction.html.

4 M. E. P. Seligman e J. Tierney, "We Aren't Built to Live in the Moment", *The New York Times*, 19 maio 2017, https://www.nytimes.com/2017/05/19/opinion/sunday/why-the-futureisalwaysonyour-mind.html.

5 C. Yu, "A Simple Exercise for Coping with Pandemic Anxiety", *Rewire*, 27 nov. 2020, https://www.rewire.org/asimple-exercise-for-coping-with-pandemic-anxiety/?fbclid=IwAR3jRvJFN98AXg998P3UCI3mRaO583uhUSf7Pr-dXJENkDOn7ZUqXHiHzeI.

6 Carta anônima, 5 maio 2017, *FutureMe*, https://www.futureme.org/letters/public/9115689aletter-from-may-5th-2017? offset=0.

7 Carta anônima, 11 set. 2016, *FutureMe*, https://www.futureme.org/letters/public/8565331aletter-from-september-11th-2016?offset=7.

8 Anônimo, "Read me", 24 out. 2009, *FutureMe*, https://www.futureme.org/letters/public/893193-readme?offset=3.

9 Pesquisadores anteriores falam sobre essa ideia em termos das "identidades possíveis" de nossos futuros eus, algumas positivas e outras negativas. Embora os futuros eus negativos também possam ser motivadores em certas circunstâncias, neste livro, concentro-me nos futuros eus positivos, ideais e realistas que desejamos nos tornar. Para um mergulho mais profundo em eus possíveis, ver o trabalho de Daphna Oyserman e seus colegas, especialmente D. Oyserman e L. James, "Possible Identities", em *Handbook of Identity Theory and Research*, org. S. Schwartz, K. Luyckx e V. Vignoles (New York: Springer, 2011), 117-145; e D. Oyserman e E. Horowitz, "Future Self and Current Action: Integrated Review and Identity-Based Motivation Synthesis", *Advances in Motivation Science*, https://psyarxiv.com/24wvd/.

10 H. E. Hershfield, D. G. Goldstein, W. F. Sharpe et al., "Increasing Saving Behavior Through Age-Progressed Renderings of the Future Self", *Journal of Marketing Research* 48, edição especial (2011): S23-S37.

11 J. D. Robalino, A. Fishbane, D. G. Goldstein e H. E. Hershfield, "Saving for Retirement: A Real-World Test of Whether Seeing Photos of One's Future Self Encourages Contributions", *Behavioral Science and Policy*.

Capítulo 1: Somos os "mesmos" ao longo do tempo?

12 Para detalhes sobre a vida de Pedrinho ex-Matador, ver "Case 127: Killer Petey", *Casefile*, 4 fev. 2021, acesso em 13 jul. 2022, https://casefilepodcast.com/case-127-killer-petey/.

13 Plutarch, Plutarch's Lives, trad. B. Perrin (Cambridge, MA: Harvard University Press, 1926).

14 D. Hevesi, "Jerzy Bielecki Dies at 90; Fell in Love in a Nazi Camp", *The New York Times*, 11 out. 2011, https://www.nytimes.com/2011/10/24/world/europe/jerzy-bielecki-diesat90fellinloveinanazi-camp.html. Li sobre essa história pela primeira vez em R. I. Damian, M. Spengler, A. Sutu e B. W. Roberts, "Sixteen Going on Sixty-Six: A Longitudinal

Study of Personality Stability and Change Across 50 Years", *Journal of Personality and Social Psychology* 117, n. 3 (2019): 674-695.

15 A. de Botton, "Why You Will Marry the Wrong Person", *The New York Times*, 28 maio 2016, https://www.nytimes.com/2016/05/29/opinion/sunday/why-you-will-marry-the-wrong-person.html.

16 Damian et al., "Sixteen Going on Sixty-Six."

17 O aumento da consciência e da estabilidade emocional não ocorre simplesmente como resultado de se casar ou ter filhos. Em vez disso, parece que o crescimento dessas características é algo que acontece organicamente ao longo do tempo. Mesmo adultos que ficaram presos durante parte de seus anos de juventude mostram níveis semelhantes de crescimento aos de seus pares não encarcerados depois de cumprirem suas penas. J. Morizot e M. Le Blanc, "Continuity and Change in Personality Traits from Adolescence to Midlife: A 25-Year Longitudinal Study Comparing Representative and Adjudicated Men", *Journal of Personality*, 71, n. 5 (2003): 705-755.

18 Ao falar sobre a continuidade da identidade ao longo do tempo, os filósofos frequentemente se referem à identidade "qualitativa" e à identidade "numérica". Identidade qualitativa significa que duas coisas compartilham todas as propriedades. Identidade numérica implica que duas coisas são de fato a mesma coisa. Se, por exemplo, estamos comendo em um restaurante juntos, e ambos pedimos uma fatia de pizza de calabresa com cogumelos, essas duas fatias são qualitativamente idênticas. Ambas contêm os mesmos ingredientes. Mas elas claramente não são numericamente idênticas – há duas fatias de pizza! E, se você comer a sua, isso não tem impacto na minha. Em termos de pessoas, quando perguntamos sobre "continuidade" ou "identidade", estamos de fato perguntando sobre identidade qualitativa, reconhecendo que um eu anterior e um eu posterior não são numericamente idênticos.

19 E. Olson, *The Human Animal: Personal Identity Without Psychology* (Oxford: Oxford University Press, 1997); B. A. Williams, "Personal Identity and Individuation", *Proceedings of the Aristotelian Society*, 57 (1956): 229-252.

20 Para visão geral e acessível da filosofia da identidade, ver E. T. Olson, "Personal Identity", em *The Stanford Encyclopedia of Philosophy*, org. Edward N. Zalta (Stanford University, 2022), https://plato.stanford.edu/

archives/sum2022/entries/identity-personal/; e "Personal Identity: Crash Course Philosophy #19", *CrashCourse*, 27 jun. 2016, YouTube, 8:32, acesso em 13 jul. 2022, https://www.youtube.com/watch?v=trqDnLNRuSc.

21 Williams, "Personal Identity".

22 P. F. Snowdon, *Persons, Animals, Ourselves* (Oxford: Oxford University Press, 2014).

23 J. Locke, *An Essay Concerning Human Understanding* (Philadelphia: Kay & Troutman, 1847).

24 S. Blok, G. Newman, J. Behr e L. J. Rips, "Inferences About Personal Identity", em *Proceedings of the Annual Meeting of the Cognitive Science Society*, v. 23 (Mahwah, NJ: Erlbaum, 2001), 80-85. Há um segundo experimento nesse artigo, no qual Blok e seus colegas mudam as coisas ainda mais. As pessoas no estudo continuam lendo sobre Jim, o contador que precisa de um transplante de cérebro. Mas agora alguns deles leem que o conteúdo de seu cérebro é transferido para um computador, que é então colocado dentro de um robô. Outros, no entanto, leem que o próprio cérebro é transplantado para o robô (assim como no primeiro estudo sobre o qual falei). Novamente, as memórias de Jim são preservadas ou apagadas. Agora, o robô só é considerado Jim se tiver o cérebro físico *e* as memórias. Se apenas as memórias forem transplantadas para o robô por meio de um computador (e sem um cérebro físico), então as pessoas são muito menos propensas a dizer que o robô ainda pode ser considerado Jim. Então, da perspectiva de um leigo, pode ser que exista uma mistura da teoria do corpo e da teoria da memória. O que importa não são apenas as memórias, mas o cérebro que as abriga.

25 N. Strohminger e S. Nichols, "Neurodegeneration and Identity", *Psychological Science* 26, n. 9 (2015): 1469-1479.

26 Esse resultado não se deveu simplesmente a alguma diferença na severidade da doença – as funções do dia a dia foram similares para os três tipos de doença.

27 L. Heiphetz, N. Strohminger, S. A. Gelman, e L. L. Young, "Who Am I? The Role of Moral Beliefs in Children's and Adults' Understanding of Identity", *Journal of Experimental Social Psychology*, 78 (set. 2018): 210-219.

Capítulo 2: Seria o eu do futuro realmente... eu?

28 J. H. Ólafsson, B. Sigurgeirsson e R. Pálsdóttir, "Psoriasis Treatment: Bathing in a Thermal Lagoon Combined with UVB, Versus UVB Treatment Only", *Acta Derm Venereol* (Stockh), 76 (1996): 228-230; S. Grether-Beck, K. Mühlberg, H. Brenden, et al., "Bioactive Molecules from the Blue Lagoon: In Vitro and In Vivo Assessment of Silica Mud and Microalgae Extracts for Their Effects on Skin Barrier Function and Prevention of Skin Ageing", *Experimental Dermatology* 17, n. 9 (2008): 771-779.

29 Para uma discussão completa do problema do vampiro e do conceito de experiências transformadoras de forma mais geral, ver L. A. Paul, *Transformative Experience* (Oxford: Oxford University Press, 2014).

30 W. Damon e D. Hart, "The Development of Self-Understanding from Infancy Through Adolescence", *Child Development*, 53, n. 4 (1982): 841-864.

31 D. Hume, *A Treatise of Human Nature*, org. D. F. Norton e M. J. Norton (Oxford: Oxford University Press, 2007).

32 Para um perfil da vida de Parfit, ver L. MacFarquhar, "How to Be Good", *The New Yorker*, 5 set. 2011, https://www.newyorker.com/magazine/2011/09/05/howtobegood.

33 D. Parfit, *Reasons and Persons* (Oxford: Oxford University Press, 1984).

34 D. Parfit, "Personal Identity", *Philosophical Review*, 80, n. 1 (1971): 3-27.

35 B. Wallace-Wells, "An Uncertain New Phase in the Pandemic, in Which Cases Surge but Deaths Do Not", *The New Yorker*, 31 jul. 2021, https://www.newyorker.com/news/annalsofinquiry/anuncertain-new-phaseofthe-pandemicinwhich-cases-surge-but-deathsdonot. Estatísticas vacinais conforme https://data.cdc.gov/Vaccinations/Archive-COVID-19-Vaccination-and-Case-Trends-by-Ag/gxj9-t96f/data.

36 T. Lorenz, "To Fight Vaccine Lies, Authorities Recruit an 'Influencer Army'", *The New York Times*, 1 ago. 2021, https://www.nytimes.com/2021/08/01/technology/vaccine-lies-influencer-army.html?action=click&module=Spotlight&pgtype=Homepage.

37 Parfit, *Reasons and Persons*, 319-320.

38 *Seinfeld*, temporada 5, episódio 7, "The Glasses", escrito por T. Gammill e M. Pross, produzido by J. Seinfeld, P. Melmanand, M. Gross, e S. Greenberg, dirigido por T. Cherones, transmitido em 30 set. 1993, na NBC.

39 E. Pronin e L. Ross, "Temporal Differences in Trait Self-Ascription: When the Self Is Seen as an Other", *Journal of Personality and Social Psychology*, 90, n. 2 (2006): 197-209. No estudo original que descrevi, havia três condições adicionais, em que os participantes imaginavam uma refeição de um passado muito distante (da infância), de ontem ou de amanhã. Para as imagens de ontem e amanhã, era extremamente provável que uma perspectiva de primeira pessoa fosse usada. Mas, assim como a condição de futuro distante, era mais provável que uma perspectiva de terceira pessoa fosse adotada para o passado distante. Também devo observar com cautela que esse estudo em particular continha uma amostra pequena de pessoas (cerca de vinte por condição). No entanto, há seis outros estudos nesse artigo que mostram evidências convergentes para a ideia de que futuros eus são vistos como "outra" pessoa, a maioria dos quais usando amostras maiores.

40 E. Pronin, C. Y. Olivola e K. A. Kennedy, "Doing unto Future Selves as You Would Do unto Others: Psychological Distance and Decision Making", *Personality and Social Psychology Bulletin* 34, n. 2 (2008): 224-236.

41 Outras pesquisas também descobriram, indiretamente, que o futuro eu é visto como outro. Ao descrever os outros, podemos usar categorias de nível amplo (por exemplo, mulher, preto) ou mais concretas e específicas (por exemplo, executiva da General Motors, um ativista preto na vanguarda do movimento Black Lives Matter). Tendemos a usar categorias mais abstratas ao falar sobre nosso eu futuro – assim como somos propensos a fazer ao falar sobre os outros –, mas menos a usar categorias específicas ao nos referirmos a nós mesmos, hoje. C. J. Wakslak, S. Nussbaum, N. Liberman, e Y. Trope, "Representations of the Self in the Near and Distant Future", *Journal of Personality and Social Psychology*, 95, n. 4 (2008): 757-773.

42 H. Ersner-Hershfield, G. E. Wimmer e B. Knutson, "Saving for the Future Self: Neural Measures of Future Self-Continuity Predict Temporal Discounting", *Social Cognitive and Affective Neuroscience*, 4, n. 1 (2009): 85-92.

43 W. M. Kelley, C. N. Macrae, C. L. Wyland, S. Caglar, S. Inati e T. F. Heatherton, "Finding the Self? An Event-Related fMRI Study", *Journal of Cognitive Neuroscience*, 14, n. 5 (2002): 785-794.

44 Ver, por exemplo, K. M. Lempert, M. E. Speer, M. R. Delgado e E. A. Phelps, "Positive Autobiographical Memory Retrieval Reduces Temporal Discounting", *Social Cognitive and Affective Neuroscience*, 12, n. 10 (2017): 1584-1593; e J. P. Mitchell, J. Schirmer, D. L. Ames, e D. T. Gilbert, "Medial Prefrontal Cortex Predicts Intertemporal Choice", *Journal of Cognitive Neuroscience*, 23, n. 4 (2011): 857-866.

45 L. L. Carpenter, P. G. Janicak, S. T. Aaronson, et al., "Transcranial Magnetic Stimulation (TMS) for Major Depression: A Multisite, Naturalistic, Observational Study of Acute Treatment Outcomes in Clinical Practice", *Depression and Anxiety*, 29, n. 7 (2012): 587-596.

46 A. Soutschek, C. C. Ruff, T. Strombach, T. Kalenscher e P. N. Tobler, "Brain Stimulation Reveals Crucial Role of Overcoming Self-Centeredness in Self-Control", *Science Advances*, 2, n. 10 (2016): e1600992.

47 S. Brietzke e M. L. Meyer, "Temporal Self-Compression: Behavioral and Neural Evidence That Past and Future Selves Are Compressed as They Move Away from the Present", *Proceedings of the National Academy of Sciences*, 118, n. 49 (2021): e2101403118.

48 No exame mais direto dessa analogia, Sarah Molouki e Daniel Bartels pediram aos participantes para dividir uma alocação hipotética de dinheiro para outros ou para seus futuros eus. Os futuros eus eram mesmo tratados como outros? De maneiras importantes, sim. Quatro características ditaram as decisões de alocação – necessidade, merecimento, gosto e similaridade –, e a influência desses quatro fatores foi semelhante, independentemente de as alocações terem sido feitas para o futuro eu ou para outros. No entanto, as pessoas consistentemente escolheram doar mais dinheiro para seus futuros eus do que para outros, sugerindo que a analogia do "futuro eu como outro" só vai até certo ponto. Sim, o futuro eu pode ser tratado como outra pessoa, mas provavelmente é um tipo especial de outro, a quem estamos mais dispostos a ajudar. S. Molouki e D. M. Bartels, "Are Future Selves Treated Like Others? Comparing Determinants and Levels of Intrapersonal and Interpersonal Allocations", *Cognition*, 196 (2020): 104150.

49 Essa perspectiva foi descrita com eloquência pela filósofa Jennifer Whiting. Observando que frequentemente fazemos sacrifícios em nome de outros que nos são próximos, o mesmo "vale para nossos eus futuros; benefícios para eles podem compensar os fardos impostos aos nossos eus presentes, caso estes se importem com aqueles de maneiras análogas a como nos importamos com nossos amigos". J. Whiting, "Friends and Future Selves", *Philosophical Review*, 95, n. 4 (1986): 547-580; citação, 560.

Capítulo 3: Relacionamentos com nossos futuros eus

50 B. Franklin, *Mr. Franklin: A Selection from His Personal Letters*, org. L. W. Labree e J. B. Whitfield Jr. (New Haven, CT: Yale University Press, 1956), 27-29.

51 B. M. Tausen, A. Csordas e C. N. Macrae, "The Mental Landscape of Imagining Life Beyond the Current Life Span: Implications for Construal and Self-Continuity", *Innovation in Aging*, 4, n. 3 (2020): 1-16.

52 Em uma escala de sete pontos, indo de 1 (Não gosto do meu futuro eu de jeito nenhum) a 7 (Gosto muito do meu futuro eu), eles pontuaram uma média de aproximadamente 6.

53 UC Berkeley, "The Science of Love with Arthur Aron", 12 fev. 2015, YouTube, 3:17, https://www.youtube.com/watch?v=gVff7TjzF3A.

54 A. Aron, E. Melinat, E. N. Aron, R. D. Vallone e R. J. Bator, "The Experimental Generation of Interpersonal Closeness: A Procedure and Some Preliminary Findings", *Personality and Social Psychology Bulletin*, 23, n. 4 (1997): 363-377.

55 A. Aron, E. N. Aron, M. Tudor e G. Nelson, "Close Relationships as Including Other in the Self", *Journal of Personality and Social Psychology*, 60, n. 2 (1991): 241-253. Outros pesquisadores também falaram sobre "expansividade do eu" em contextos diferentes, como H. L. Friedman, "The Self-Expansive Level Form: A Conceptualization and Measurement of a Transpersonal Construct", *Journal of Transpersonal Psychology*, 15, n. 1 (1983): 37-50.

56 A. Aron, E. N. Aron e D. Smollan, "Inclusion of Other in the Self Scale and the Structure of Interpersonal Closeness", *Journal of Personality and Social Psychology*, 63, n. 4 (1992): 596-612.

57 H. Ersner-Hershfield, M. T. Garton, K. Ballard, G. R. Samanez-Larkin e B. Knutson, "Don't Stop Thinking About Tomorrow: Individual Differences in Future Self-Continuity Account for Saving", *Judgment and Decision Making*, 4, n. 4 (2009): 280-286. Notavelmente, trabalhos anteriores também analisaram a ligação entre similaridade em relação ao eu futuro e o comportamento em uma tarefa de tomada de decisão financeira no laboratório, mas não encontraram nenhuma relação. Nesse artigo em particular, o pesquisador Shane Frederick pediu às pessoas que relatassem a similaridade que sentiam em relação a seus futuros eus em uma escala de 100 pontos. E, em vez de uma série de escolhas financeiras simples entre quantias menores de dinheiro agora *versus* quantias maiores depois, Frederick pediu aos participantes de sua pesquisa que relatassem de quanto dinheiro precisariam em um, cinco, dez, vinte, trinta ou quarenta anos para não estarem interessados em receber cem dólares amanhã. É possível que ambas as tarefas – a medida de similaridade e o questionário financeiro – fossem abstratas demais para os participantes, dificultando a obtenção de resultados significativos. S. Frederick, "Time Preference and Personal Identity", em *Time and Decision*, org. G. Loewenstein, D. Read, e R. Baumeister (New York: Russell Sage Press, 2003), 89-113. Além disso, na mesma época em que eu estava trabalhando nessa pesquisa com meus colaboradores, Dan Bartels estava investigando de maneira independente os vínculos entre a conexão com os futuros eus e a tomada de decisão. Em uma série rigorosa de estudos, ele pediu aos participantes que julgassem diferentes níveis de conexão entre os eus atuais e futuros de outras pessoas. Quanto mais conexão as pessoas percebiam, mais pacientes elas eram em fazer escolhas financeiras para esses personagens. D. M. Bartels e L. J. Rips, "Psychological Connectedness and Intertemporal Choice", *Journal of Experimental Psychology: General*, 139, n. 1 (2010): 49-69.

58 D. Byrne, "Interpersonal Attraction and Attitude Similarity", *Journal of Abnormal and Social Psychology*, 62, n. 3 (1961): 713-715.

59 A janela de tempo da escala dos círculos do futuro eu era da ordem de dez anos, e ainda assim a escala de tempo para as decisões financeiras variou de hoje à noite até seis meses a partir de agora. Pode parecer estranho ter cronogramas tão diferentes para as duas tarefas, mas observe que, se tivéssemos escolhido uma escala do eu futuro muito curta, poderíamos ter encontrado o que é conhecido como "efeito de teto", com todos escolhendo pontuações muito

altas. Ou, se tivéssemos escolhido uma tarefa financeira na qual os pagamentos não ocorressem por mais dez anos, poderíamos ter encontrado "efeitos de piso", em que todos optam pela recompensa menor e mais cedo.

60 B. Jones e H. Rachlin, "Social Discounting", *Psychological Science*, 17, n. 4 (2006): 283-286.

61 Só para dar uma noção dos números: se você é um *millennial*, ganhando cerca de 60 mil dólares por ano, aqueles que têm uma forte conexão com seus futuros eus têm um diferencial de cerca de 10% no bem-estar financeiro. Se você é um *boomer* ganhando cerca de 100 mil dólares, aqueles com uma forte conexão têm um diferencial de cerca de 7% no bem-estar financeiro... e isso se aplica também a todos os que estão entre eles. H. E. Hershfield, S. Kerbel, e D. Zimmerman, "Exploring the Distribution and Correlates of Future Self-Continuity in a Large, Nationally Representative Sample" (UCLA, jul. 2022).

62 Nossos resultados foram fortes mesmo diante de características de personalidade como a propensão a planejar e o grau em que alguém considerou consequências futuras em suas vidas diárias. Esse estudo em particular, no entanto, não mediu variáveis clássicas de personalidade como extroversão, neuroticismo, abertura a novas experiências, afabilidade e escrupulosidade. Notavelmente, outro trabalho de Dan Bartels e Oleg Urminsky descobriu que as ligações entre a conexão do eu futuro e o comportamento paciente ainda se mantêm diante dessas variáveis dos "Cinco Grande Traços da Personalidade". Ver D. M. Bartels e O. Urminsky, "On Intertemporal Selfishness: How the Perceived Instability of Identity Underlies Impatient Consumption", *Journal of Consumer Research*, 38, n. 1 (2011): 182-198.

63 J. P. Mitchell, C. N. Macrae e M. R. Banaji, "Dissociable Medial Prefrontal Contributions to Judgments of Similar and Dissimilar Others", *Neuron*, 50, n. 4 (2006): 655-663.

64 Algo digno de nota: quase todos os participantes da nossa pesquisa retornaram ao laboratório para participar da tarefa de tomada de decisão financeira. Mas dois deles não. E eles foram os que tiveram a maior lacuna na atividade cerebral entre pensamentos sobre seus eus atual e futuro. H. Ersner-Hershfield, G. E. Wimmer e B. Knutson,

"Saving for the Future Self: Neural Measures of Future Self-Continuity Predict Temporal Discounting", *Social Cognitive and Affective Neuroscience*, 4, n. 1 (2009): 85-92.

65 Sobre a conexão entre relacionamento com o futuro eu e decisões éticas, ver H. E. Hershfield, T. R. Cohen e L. Thompson, "Short Horizons and Tempting Situations: Lack of Continuity to Our Future Selves Leads to Unethical Decision Making and Behavior", *Organizational Behavior and Human Decision Processes*, 117, n. 2 (2012): 298-310. Sobre a conexão com exercício e saúde, ver A. M. Rutchick, M. L. Slepian, M. O. Reyes, L. N. Pleskus e H. E. Hershfield, "Future Self-Continuity Is Associated with Improved Health and Increases Exercise Behavior", *Journal of Experimental Psychology: Applied*, 24, n. 1 (2018): 72-80. Sobre a conexão com notas no ensino médio, ver R. M. Adelman, S. D. Herrmann, J. E. Bodford et al., "Feeling Closer to the Future Self and Doing Better: Temporal Psychological Mechanisms Underlying Academic Performance", *Journal of Personality*, 85, n. 3 (2017): 398-408; e, para notas no ensino superior, ver M. T. Bixter, S. L. McMichael, C. J. Bunker et al., "A Test of a Triadic Conceptualization of Future Self-Identification", *PLOS One*, 15, n. 11 (2020): e0242504.

66 Ao longo dos anos, diferentes pesquisadores criaram maneiras distintas de medir e definir os relacionamentos que as pessoas têm com seus futuros eus. Por exemplo, em minha própria pesquisa com meus alunos e colaboradores, concentrei-me principalmente em percepções de similaridade com um futuro eu, por uma razão declarada anteriormente: quando sentimos um senso compartilhado de similaridade com outra pessoa, há uma probabilidade maior de que gostaremos dela (e, presumivelmente, faremos coisas a seu favor). Também medi um construto relacionado: "conectividade", ou um senso de conexão das pessoas com seus futuros eus. Existem diferenças teóricas entre similaridade e conectividade, mas, na prática, elas produzem resultados semelhantes quando você olha para o vínculo entre relacionamentos com o futuro eu e resultados importantes (como economizar). Recentemente, um conjunto de pesquisadores tentou definir o relacionamento com o futuro eu de alguém com mais precisão, usando o termo "autoidentificação futura", um composto de similaridade e conectividade, facilidade de imaginar vividamente o futuro eu e positividade em relação a esse futuro eu. O resultado mais concreto que os pesquisadores examinaram – notas na faculdade – foi positivamente relacionado à similaridade e à conectividade, mas não à vivacidade e à positividade (Bixter et al., "A Test of a Triadic Conceptualization"). Pode haver ligações importantes entre quão similar eu me sinto em relação ao meu futuro eu, quão positivo eu me sinto em relação a ele e quão vividamente eu consigo imaginar esse eu. No entanto, meu foco aqui é na similaridade (e conectividade) na medida em que esses dois aspectos dos relacionamentos com o futuro eu parecem ter sido os mais comumente testados e os mais fáceis de entender. Para uma descrição mais completa desses diferentes aspectos e as ligações entre eles, ver H. E. Hershfield, "Future Self-Continuity: How Conceptions of the Future Self Transform Intertemporal Choice", *Annals of the New York Academy of Sciences*, 1235, n. 1 (2011): 30-43; e O. Urminsky, "The Role of Psychological Connectedness to the Future Self in Decisions over Time", *Current Directions in Psychological Science*, 26, n. 1 (2017): 34-39.

67 Esses achados permaneceram fortes mesmo quando levamos em conta os níveis iniciais de satisfação com a vida em 1995, bem como os fatores demográficos padrão e o status socioeconômico. J. S. Reiff, H. E. Hershfield, e J. Quoidbach, "Identity over Time: Perceived Similarity Between Selves Predicts Well-Being 10 Years Later", *Social Psychological and Personality Science*, 11, n. 2 (2020): 160-167. Para um resumo acessível desse trabalho e um conjunto intrigante de questões que ele levanta, ver J. Ducharme, "Self-Improvement Might Sound Healthy, but There's a Downside to Wanting to Change", *Time*, 3 maio 2019, https://time.com/5581864/self-improvement-happiness/.

68 S. Molouki e D. M. Bartels, "Personal Change and the Continuity of the Self", *Cognitive Psychology*, 93 (2017): 1-17.

69 Tecnicamente, você também precisaria de um terceiro grupo de pessoas para estarem na condição de "controle", que você apenas acompanharia ao longo do tempo, sem qualquer tipo de intervenção. Para tornar o exemplo um pouco mais fácil de entender, porém, deixemos nosso cientista maluco com apenas dois grupos de pessoas.

70 Ver J. L. Rutt e C. E. Löckenhoff, "From Past to Future: Temporal Self-Continuity Across the Life Span", *Psychology and Aging*, 31, n. 6 (2016): 631-639; e C. E. Löckenhoff e J. L. Rutt, "Age Differences in Self-Continuity: Converging Evidence and Directions for Future Research", *Gerontologist*, 57, n. 3 (2017): 396-408.

71 E. Rude, J. S. Reiff e H. E. Hershfield, "Life Shocks and Perceptions of Continuity" (UCLA, jul. 2022).

72 Bartels e Urminsky, "On Intertemporal Selfishness".

73 V. S. Periyakoil, E. Neri e H. Kraemer, "A Randomized Controlled Trial Comparing the Letter Project Advance Directive to Traditional Advance Directive", *Journal of Palliative Medicine*, 20, n. 9 (2017): 954-965.

74 A. A. Wright, B. Zhang, A. Ray et al., "Associations Between EndofLife Discussions, Patient Mental Health, Medical Care Near Death, and Caregiver Bereavement Adjustment", *Journal of the American Medical Association 300*, n. 14 (2008): 1665-1673.

75 D. Parfit, *Reasons and Persons* (Oxford: Oxford University Press, 1984), 281-282.

Capítulo 4: Perder o voo

76 Esse exemplo de loteria é uma adaptação de outro que Madden e Johnson trazem em sua acessível revisão sobre desconto temporal e sua ligação com a impulsividade. G. J. Madden e P. S. Johnson, "A Delay-Discounting Primer", em *Impulsivity: The Behavioral and Neurological Science of Discounting*, org. G. J. Madden e W. K. Bickel (Washington, DC: American Psychological Association, 2010), 11-37.

77 Especificamente, economistas e psicólogos se referem a essa tendência como "desconto temporal". Há uma rica literatura que tenta caracterizar melhor a natureza desse desconto, não apenas por razões acadêmicas, mas para que possamos prever melhor como as pessoas se comportarão quando confrontadas com diferentes escolhas em suas vidas, em diferentes períodos. Retomando o exemplo que discuti, você pode precisar de cada vez menos dinheiro agora se a recompensa maior for colocada cada vez mais longe no tempo. Ou seja, se os mil dólares fossem dados a você em, digamos, um ano em vez de seis meses, então talvez você aceitasse os 950 dólares agora (em oposição a 990 dólares). Esse tipo de comportamento assume a forma do que é conhecido como "desconto exponencial", e a ideia é que você estaria desvalorizando uma recompensa posterior a uma taxa constante quanto mais distante no futuro ela ocorresse. Um livro inteiro poderia ser escrito sobre as diferentes formas de

desconto e todas as pesquisas que foram conduzidas nos últimos cinquenta anos sobre esse tópico, não apenas com pessoas, mas também com outras espécies, como pombos. Neste capítulo, tento cobrir os principais insights relacionados à nossa discussão sobre os eus presente e futuro e, ao fazer isso, necessariamente deixo de fora algumas das minúcias que foram descobertas por uma série de pesquisadores dedicados. Se você quiser ler mais, um resumo curto e acessível sobre o "comportamento intertemporal" pode ser encontrado aqui: G. Zauberman e O. Urminsky, "Consumer Intertemporal Preferences", *Current Opinion in Psychology*, 10 (ago. 2016): 136-141.

78 Josh Eels, "Night Club Royale", *The New Yorker*, 23 set. 2013, https://www.newyorker.com/magazine/2013/09/30/night-club-royale.

79 Para dizer de forma mais técnica, o desconto hiperbólico, em contraste com o desconto exponencial, implica que as pessoas descontam recompensas futuras a uma taxa mais acentuada quando os atrasos entre duas recompensas são mais curtos (isto é, quando a menor das duas recompensas está disponível mais perto do momento presente, como explico no texto). As taxas de desconto, no entanto, tornam-se mais superficiais (isto é, o futuro não é descontado tão acentuadamente) quando há um atraso entre duas recompensas disponíveis. Os modelos de desconto hiperbólico remontam a R. H. Strotz, "Myopia and Inconsistency in Dynamic Utility Maximization", *Review of Economic Studies*, 23, n. 3 (1955): 165-180.

80 Esse estudo em particular teve um pequeno número de participantes, mas eu o destaco aqui porque ele representa um dos paradigmas de pesquisa mais diretos usados para examinar o desconto hiperbólico (K. N. Kirby e R. J. Herrnstein, "Preference Reversals Due to Myopic Discounting of Delayed Reward", *Psychological Science*, 6, n. 2 [1995]: 83-89). Em outro estudo típico, quando a recompensa menor estava disponível em 26 semanas, pouco mais de um terço dos participantes a escolheram em vez da recompensa maior. No entanto, quando essa mesma recompensa menor estava disponível imediatamente, quatro em cada cinco participantes a escolheram em vez da maior (G. Keren e P. Roelofsma, "Immediacy and Certainty in Intertemporal Choice", *Organizational Behavior and Human Decision Processes*, 63, n. 3 [1995]: 287-297).

81 D. Read e B. Van Leeuwen, "Predicting Hunger: The Effects of Appetite and Delay on Choice", *Organizational Behavior and Human Decision Processes*, 76, n. 2 (1998): 189-205.

82 É importante notar que, apesar do apelo intuitivo desse conceito de desconto hiperbólico, é algo relativamente difícil de isolar em ambientes de laboratório. Em um teste rigoroso da ideia, os participantes da pesquisa não foram apenas solicitados a considerar recompensas com atrasos menores e maiores; eles de fato fizeram escolhas em um ponto no tempo, e em seguida novamente em outro, no que é conhecido como um teste longitudinal. Especificamente, os participantes da pesquisa foram questionados se prefeririam ter uma quantia de dinheiro em um dia ou uma quantia maior após uma semana (por exemplo, 20 dólares em uma semana ou 21 dólares em duas semanas). Na semana seguinte, eles receberam novamente uma série de opções, que reproduziram as que eles fizeram uma semana antes. Por exemplo, eles foram solicitados a escolher entre 20 dólares que poderiam obter no dia e 21 dólares em uma semana. Nesse teste específico de desconto hiperbólico, os pesquisadores não encontraram evidências de reversões de preferência (D. Read, S. Frederick e M. Airoldi, "Four Days Later in Cincinnati: Longitudinal Tests of Hyperbolic Discounting", *Acta Psychologica*, 140, n. 2 [2012]: 177-185). A lição importante das pesquisas atuais pode ser que nem *sempre* vemos as pessoas revertendo suas preferências quando recompensas menores se tornam disponíveis. E, às vezes, como discutido no Capítulo 9, pode haver casos em que aquilo que as pessoas mostram é um *excesso* de preferência por recompensas maiores e posteriores de uma forma que provoca resultados menos ideais.

83 J. M. Rung e G. J. Madden, "Experimental Reductions of Delay Discounting and Impulsive Choice: A Systematic Review and Meta-Analysis", *Journal of Experimental Psychology: General*, 147, n. 9 (2018): 1349-1381.

84 L. Green, E. B. Fisher, S. Perlow e L. Sherman, "Preference Reversal and Self Control: Choice as a Function of Reward Amount and Delay", *Behaviour Analysis Letters*, 1, n. 1 (1981): 43-51.

85 Para uma revisão das similaridades e diferenças no comportamento de desconto em humanos, ratos e pombos, ver A. Vanderveldt, L. Oliveira e L. Green, "Delay Discounting: Pigeon, Rat, Human — Does It

Matter?", *Journal of Experimental Psychology: Animal Learning and Cognition*, 42, n. 2 (2016): 141-162.

86 F. C. Conybeare, J. R. Harris e A. S. Lewis, *The Story of Ahikar from the Syriac, Arabic, Armenian, Ethiopic, Greek and Slavonic Versions* (London: C. J. Clay and Sons, 1898), 6.

87 John Monterosso, professor de Neurociência da Universidade do Sul da Califórnia e especialista no estudo da dependência e do autocontrole, me disse que, até certo ponto, há casos em que é "racional" optar rapidamente por uma aposta certa agora. Mudar de preferência para optar por uma recompensa menor, mas imediata, demonstra flexibilidade, que pode ter sido – e continua sendo – adaptativa para muitas espécies.

88 Essa ressalva – o desconto hiperbólico é determinado por múltiplas causas – é feita por Zauberman e Urminsky ("Consumer Intertemporal Preferences") em sua análise. É um ponto que eu acho particularmente importante considerar: assim como não há explicações fáceis para comportamentos que achamos mal adaptativos, também não há soluções fáceis. O lado positivo é que o fato de existirem múltiplas explicações possíveis suscita múltiplas maneiras possíveis de intervir (um ponto ao qual retorno na parte final do livro).

89 E. W. Dunn, D. T. Gilbert e T. D. Wilson, "If Money Doesn't Make You Happy, Then You Probably Aren't Spending It Right", *Journal of Consumer Psychology*, 21, n. 2 (2011): 115-125; citação, 121.

90 G. Loewenstein, "Out of Control: Visceral Influences on Behavior", *Organizational Behavior and Human Decision Processes*, 65, n. 3 (1996): 272-292.

91 Para uma discussão mais detalhada sobre esses sistemas, ver S. M. McClure, D. I. Laibson, G. Loewenstein e J. D. Cohen, "Separate Neural Systems Value Immediate and Delayed Monetary Rewards", *Science*, 306, n. 5695 (2004): 503-507.

92 F. Lhermitte, "Human Autonomy and the Frontal Lobes. Part II: Patient Behavior in Complex and Social Situations: The 'Environmental Dependency Syndrome'", *Annals of Neurology*, 19, n. 4 (1986): 335-343. (Descobri esse artigo ao assistir a palestras de Samuel McClure, professor de Psicologia da Universidade Estadual do Arizona.)

93 B. Shiv e A. Fedorikhin, "Heart and Mind in Conflict: The Interplay of Affect and Cognition in Consumer Decision Making", *Journal of Consumer Research*, 26, n. 3 (1999): 278-292.

94 Nessa linha, trabalhos recentes descobriram que a mera presença do telefone pode reduzir o prazer das interações sociais. Participantes aleatoriamente designados para colocar seus celulares na frente deles (em oposição a guardá-los) relataram estar mais distraídos e, portanto, menos capazes de aproveitar totalmente a interação com um parceiro social. R. J. Dwyer, K. Kushlev e E. W. Dunn, "Smartphone Use Undermines Enjoyment of FacetoFace Social Interactions", *Journal of Experimental Social Psychology*, 78 (2018): 233-239.

95 S. Mirsky, "Einstein's Hot Time", *Scientific American*, 287, n. 3 (2002): 102.

96 G. Zauberman, B. K. Kim, S. A. Malkoc e J. R. Bettman, "Discounting Time and Time Discounting: Subjective Time Perception and Intertemporal Preferences", *Journal of Marketing Research*, 46, n. 4 (2009): 543-556.

97 A. Alter, "Quirks in Time Perception", *Psychology Today*, 13 abr. 2010, https://www.psychologytoday.com/us/blog/alternative-truths/201004/quirksintime-perception.

98 B. K. Kim and G. Zauberman, "Perception of Anticipatory Time in Temporal Discounting", *Journal of Neuroscience, Psychology, and Economics*, 2, n. 2 (2009): 91-101.

99 No capítulo anterior, mencionei uma pesquisa que se concentrou em futuros eus que existem três meses a partir de agora. Esse, de fato, é um período relevante para discutir futuros eus. Quando falamos sobre o presente, no entanto, a ideia principal pode ser a de que há uma variedade de maneiras de pensar sobre como definir esse período presente. Na minha pesquisa com Sam Maglio, deliberadamente mantivemos as coisas neutras e abertas ao pedir aos participantes que nos contassem sobre o presente "em geral". Mas, como mencionei na introdução do livro, quando estamos buscando planos de longo prazo, pode haver vários períodos presentes (abrigando nossos eus atuais) que alimentam vários futuros (abrigando nossos eus futuros). O mais importante é o contexto específico de tomada de decisão em que você se encontra e os vários "presentes" e "futuros" que o acompanham. Para obter mais informações sobre a pesquisa por trás dessas questões sobre quando o presente termina, ver

H. E. Hershfield e S. J. Maglio, "When Does the Present End and the Future Begin?", *Journal of Experimental Psychology: General*, 149, n. 4 (2020): 701-718; e S. J. Maglio e H. E. Hershfield, "Pleas for Patience from the Cumulative Future Self", *Behavioral and Brain Sciences*, 44 (2021): 38-39.

100 Imagem criada por Neil Bage, baseado em dados de Hershfield e Maglio, "When Does the Present End and the Future Begin?". Os números somam mais de 100% devido ao arredondamento.

Capítulo 5: Planejar mal a viagem

101 J. M'Diarmid, org., *The Scrap Book: A Collection of Amusing and Striking Pieces, in Prose and Verse: With an Introduction, e Occasional Remarks and Contributions* (London: Oliver & Boyd, Tweeddale-Court, and G. & W. B. Whittaker, 1825).

102 Essa história nunca foi oficialmente confirmada. Como disse um historiador, de todas as lendas sobre *Don Giovanni*, esta é a mais duradoura "talvez porque possa até ser verdade". J. Rushton, W. A. *Mozart: Don Giovanni* (Cambridge: Cambridge University Press, 1981), 3. Ver também M. Solomon, *Mozart: A Life* (New York: HarperCollins, 1995). Meus agradecimentos a Jane Bernstein por me indicar esse trabalho.

103 J. R. Ferrari, J. O'Callaghan e I. Newbegin, "Prevalence of Procrastination in the United States, United Kingdom, and Australia: Arousal and Avoidance Delays Among Adults", *North American Journal of Psychology*, 7, n. 1 (2005): 1-6.

104 Essa estatística vem de uma sondagem informal que o pesquisador Tim Pychyl conduziu em seu site.

105 F. Sirois e T. Pychyl, "Procrastination and the Priority of Short-Term Mood Regulation: Consequences for Future Self", *Social and Personality Psychology Compass*, 7, n. 2 (2013): 115-127.

106 A procrastinação está associada ao adiamento de uma série de compromissos, incluindo aqueles em contextos como o médico (F. M. Sirois, M. L. Melia-Gordon e T. A. Pychyl, "'I'll Look After My Health, Later': An Investigation of Procrastination and Health", *Personality and Individual Differences*, 35, n. 5 [2003]: 1167-1184), os cuidados odontológicos (F. M. Sirois, "'I'll Look After My Health, Later': A

Replication and Extension of the Procrastination-Health Model with Community-Dwelling Adults", *Personality and Individual Differences*, 43, n. 1 [2007]: 15-26) e a saúde mental (R. Stead, M. J. Shanahan e R. W. Neufeld, "'I'll Go to Therapy, Eventually': Procrastination, Stress and Mental Health", *Personality and Individual Differences*, 49, n. 3 [2010]: 175-180).

107 C. Lieberman, "Why You Procrastinate (It Has Nothing to Do with Self-Control)", *New York Times*, 25 mar. 2019, https://www.nytimes.com/2019/03/25/smarter-living/why-you-procrastinateithas-nothingtodowith-self-control.html.

108 Blouin-Hudon e Pychyl também se concentraram em estados emocionais positivos e negativos. O trabalho deles era correlacional. Como mais pesquisas ainda estão sendo conduzidas nessa área, decidi focar as principais conclusões: em termos simples, aqueles que conseguem imaginar vividamente o futuro procrastinam menos, e aqueles que sentem uma sensação de conexão com seus futuros, eus também procrastinam menos. E. M. C. Blouin-Hudon e T. A. Pychyl, "Experiencing the Temporally Extended Self: Initial Support for the Role of Affective States, Vivid Mental Imagery, and Future Self-Continuity in the Prediction of Academic Procrastination", *Personality and Individual Differences*, 86 (nov. 2015): 50-56.

109 É importante notar que não aconteceu de os alunos que tiveram melhores notas no primeiro exame serem aqueles com mais facilidade em perdoar-se por procrastinar. M. J. Wohl, T. A. Pychyl e S. H. Bennett, "I Forgive Myself, Now I Can Study: How Self-Forgiveness for Procrastinating Can Reduce Future Procrastination", *Personality and Individual Differences*, 48, n. 7 (2010): 803-808. Outras pesquisas também analisaram a ligação entre o autoperdão e a procrastinação (por exemplo, L. Martinceková e R. D. Enright, "The Effects of Self-Forgiveness and Shame-Proneness on Procrastination: Exploring the Mediating Role of Affect", *Current Psychology*, 39, n. 2 [2020]: 428-437). Embora pareça que deveria ser simples ensinar alguém sobre autoperdão - algo que foi demonstrado com sucesso com outros comportamentos problemáticos, como jogos de azar -, nenhum estudo de pesquisa bem controlado analisou especificamente os impactos de ensinar as pessoas a se perdoarem e o comportamento de procrastinação subsequente.

110 M. J. Wohl e K. J. McLaughlin, "Self-Forgiveness: The Good, the Bad, and the Ugly", *Social and Personality Psychology Compass*, 8, n. 8 (2014): 422-435.

111 K. S. Kassam, D. T. Gilbert, A. Boston e T. D. Wilson, "Future Anhedonia and Time Discounting", *Journal of Experimental Social Psychology*, 44, n. 6 (2008): 1533-1537. Uma das razões pelas quais deixamos as coisas para amanhã – ou "planejamos mal nossas viagens" – é que subestimamos a força das nossas emoções futuras. Mas observe: *nem sempre* subestimamos nossas emoções futuras. Há momentos, de fato, em que podemos pensar em nossas reações emocionais futuras como mais intensas do que elas acabam sendo (por exemplo, um possível término pode parecer pior do que realmente acaba sendo; P. W. Eastwick, E. J. Finkel, T. Krishnamurti e G. Loewenstein, "Mispredicting Distress Following Romantic Breakup: Revealing the Time Course of the Affective Forecasting Error", *Journal of Experimental Social Psychology*, 44, n. 23 [2008]: 800-807).

112 Depois de fazerem suas previsões sobre quanto elas iriam gostar do encontro, todas as mulheres receberam a informação que elas ainda não tinham recebido (ou seja, as mulheres que tinham acabado de receber o perfil do homem receberam o relatório substituto, e as mulheres que tinham acabado de receber o relatório substituto receberam o perfil do homem). Dessa forma, todas as mulheres foram para o encontro munidas das mesmas informações.

113 D. T. Gilbert, M. A. Killingsworth, R. N. Eyre e T. D. Wilson, "The Surprising Power of Neighborly Advice", *Science*, 323, n. 5921 (2009): 1617-1619.

114 F. de La Rochefoucauld, *Collected Maxims and Other Reflections* (Oxford: Oxford University Press, 2007).

115 P. Khambatta, S. Mariadassou e S. C. Wheeler, "Computers Can Predict What Makes People Better Off Even More Accurately Than They Can Themselves" (UCLA, 2021).

116 D. Wallace, *Yes Man* (New York: Simon & Schuster, 2005).

117 G. Zauberman e J. G. Lynch Jr., "Resource Slack and Propensity to Discount Delayed Investments of Time Versus Money", *Journal of Experimental Psychology: General*, 134, n. 1 (2005): 23-37. No artigo original, Zauberman e Lynch mostram que essa tendência a perceber mais "folga" - isto é, mais excedente de um dado recurso - no futuro é mais forte para o tempo do que para o dinheiro. As pessoas ainda exibem o efeito "folga" para o dinheiro, no sentido de que acham que terão mais dinheiro disponível no futuro do que agora, mas não é um efeito tão grande quanto para o tempo. Por quê? Pode ser que sejamos relativamente melhores em avaliar nossas necessidades financeiras. De agora até algum ponto posterior no tempo, nossos compromissos financeiros podem ser relativamente semelhantes (sabemos que ainda teremos as mesmas contas para pagar no mês que vem).

Capítulo 6: Levar as roupas erradas

118 J. Bote, "In 1998, These Men Got a Tattoo to Snag Free Tacos for Life. Here's What Happened After", *SF Gate*, 20 set. 2021, https://www.sfgate.com/food/article/casa-sanchez-tattoos-free-meal-promo-san-francisco-16465800.php.

119 L. Shannon-Missal, "Tattoo Takeover: Three in Ten Americans Have Tattoos, and Most Don't Stop at Just One", *Harris Poll*, fev. 2016, https://www.prnewswire.com/news-releases/tattoo-takeover-threeinten-americans-have-tattoos-and-most-dont-stopatjust-one-300217862.html. Essa pesquisa foi conduzida com 2.225 adultos dos Estados Unidos e, para avaliar o arrependimento, os entrevistados foram questionados se já tinham se arrependido de ter feito uma de suas tatuagens. Quase um quarto (23%) disse ter se arrependido de alguma. Outra pesquisa reportou uma porcentagem menor (8%), mas perguntou sobre arrependimento por todas as tatuagens, e não por apenas uma tatuagem específica (Ipsos, "More Americans Have Tattoos Today Than Seven Years Ago", *press release*, 2019, https://www.ipsos.com/sites/default/files/ct/news/documents/201908/tattoo-topline-20190829v2_0.pdf).

120 WantStats Research and Media, "Tattoo Removal Market", *Market Research Future*, 2021, https://www.marketresearch future.com/reports/tattoo-removal-market-1701.

121 R. Morlock, "Tattoo Prevalence, Perception and Regret in U.S. Adults: A 2017 Cross-Sectional Study", *Value in Health*, 22 (2019): S778.

122 R. Partington, "Nobel Prize in Economics Due to Be Announced", *Guardian*, 9 out. 2017, https://www.theguardian.com/world/2017/oct/09/nobel-economics-prize-duetobeannounced.

123 Loewenstein expôs essas ideias pela primeira vez num artigo sobre "fatores viscerais", que mencionei brevemente no Capítulo 4. G. Loewenstein, "Out of Control: Visceral Influences on Behavior", *Organizational Behavior and Human Decision Processes*, 65, n. 3 (1996): 272-292.

124 G. J. Badger, W. K. Bickel, L. A. Giordano, E. A. Jacobs, G. Loewenstein e L. Marsch, "Altered States: The Impact of Immediate Craving on the Valuation of Current and Future Opioids", *Journal of Health Economics*, 26, n. 5 (2007): 865-876.

125 G. Loewenstein, T. O'Donoghue e M. Rabin, "Projection Bias in Predicting Future Utility", *Quarterly Journal of Economics*, 118, n. 4 (2003): 1209-1248.

126 D. Read e B. Van Leeuwen, "Predicting Hunger: The Effects of Appetite and Delay on Choice", *Organizational Behavior and Human Decision Processes*, 76, n. 2 (1998): 189-205. Também destaquei esse estudo no Capítulo 4 porque, além de mostrar o impacto da fome nas escolhas alimentares, demonstra como as preferências podem se reverter ao longo do tempo.

127 M. R. Busse, D. G. Pope, J. C. Pope e J. Silva-Risso, "The Psychological Effect of Weather on Car Purchases", *Quarterly Journal of Economics*, 130, n. 1 (2015): 371-414. Uma versão anterior desse artigo também concluiu que os efeitos descobertos se estendem igualmente ao mercado imobiliário: casas com piscinas são vendidas por cerca de 0,4% a mais no verão do que quando a mesma casa é colocada à venda no inverno.

128 J. Lee, "The Impact of a Mandatory Cooling-Off Period on Divorce", *Journal of Law and Economics*, 56, n. 1 (2013): 227-243.

129 K. Haggag, R. W. Patterson, N. G. Pope e A. Feudo, "Attribution Bias in Major Decisions: Evidence from the United States Military Academy", *Journal of Public Economics*, 200 (ago. 2021): 104445. Esse artigo faz um acréscimo a outro trabalho sobre vieses de projeção. Quando os alunos escolhem uma especialização, eles devem tentar lembrar seus sentimentos a respeito de aulas anteriores cursadas sobre aquela disciplina. Aqui, os alunos estavam relembrando sentimentos passados de fadiga, atribuindo-os erroneamente ao conteúdo da disciplina e, então, projetando seus sentimentos esperados no futuro. Dessa forma, Haggag e seus colaboradores demonstram um modo interessante de

viés de projeção, em que a lembrança dos sentimentos do nosso eu anterior recebe peso demais em projeções sobre o futuro.

130 Pesquisas embasam essas afirmações: para o impacto da especialização universitária sobre o bem-estar, ver M. Wiswall e B. Zafar, "Determinants of College Major Choice: Identification Using an Information Experiment", *Review of Economic Studies*, 82, n. 2 (2015): 791-824. Para um exemplo do impacto da especialização universitária sobre os rendimentos futuros, ver L. J. Kirkeboen, E. Leuven e M. Mogstad, "Field of Study, Earnings, and Self-Selection", *Quarterly Journal of Economics*, 131, n. 3 (2016): 10571111.

131 M. Kaufmann, "Projection Bias in Effort Choices", arXiv:2104.04327, 2021, https://arxiv.org/abs/2104.04327.

132 L. F. Nordgren, F. V. Harreveld e J. V. D. Pligt, "The Restraint Bias: How the Illusion of Self-Restraint Promotes Impulsive Behavior", *Psychological Science*, 20, n. 12 (2009): 1523-1528.

133 J. Quoidbach, D. T. Gilbert e T. D. Wilson, "The End of History Illusion", *Science*, 339, n. 6115 (2013): 96-98.

134 J. Quoidbach, D. T. Gilbert e T. D. Wilson, "Your Life Satisfaction Will Change More Than You Think: A Comment on Harris and Busseri (2019)", *Journal of Research in Personality*, 86 (jun. 2020): 103937. Mais pesquisas reforçam essa conclusão: em um estudo com quase 40 mil brasileiros, pesquisadores descobriram que os valores mudaram de forma substancial ao longo da vida, dos 12 aos 65 anos (V. V. Gouveia, K. C. Vione, T. L. Milfont e R. Fischer, "Patterns of Value Change During the Life Span: Some Evidence from a Functional Approach to Values", *Personality and Social Psychology Bulletin*, 41, n. 9 [2015]: 1276-1290).

135 Quoidbach, Gilbert e Wilson, "The End of History Illusion", 98.

136 E. O'Brien e M. Kardas, "The Implicit Meaning of (My) Change", *Journal of Personality and Social Psychology*, 111, n. 6 (2016): 882-894.

137 Ver R. F. Baumeister, D. M. Tice e D. G. Hutton, "Self-Presentational Motivations and Personality Differences in Self-Esteem", *Journal of Personality*, 57, n. 3 (1989): 547-579; e R. F. Baumeister, J. D. Campbell, J. I. Krueger e K. D. Vohs, "Does High Self-Esteem Cause Better Performance, Interpersonal Success, Happiness, or Healthier Lifestyles?", *Psychological Science in the Public Interest*, 4, n. 1 (2003): 1-44.

138 S. Vazire e E. N. Carlson, "Self-Knowledge of Personality: Do People Know Themselves?", *Social and Personality Psychology Compass*, 4, n. 8 (2010): 605-620.

139 Em uma conversa comigo, Quoidbach sugeriu outro motivo, o qual ele descobriu recentemente em um projeto em andamento: é possível que, quando pensamos em nós mesmos nos desdobrando ao longo do tempo, possamos mudar de duas maneiras diferentes. Por exemplo, podemos nos tornar mais conscienciosos ou menos conscienciosos. Sem saber a direção da mudança, ao pensar no futuro, você talvez anule as duas probabilidades e relate que não prevê nenhuma mudança, ou apenas uma mudança mínima.

140 G. G. Van Ryzin, "Evidence of an 'End of History Illusion' in the Work Motivations of Public Service Professionals", *Public Administration*, 94, n. 1 (2016): 263-275.

141 J. Mooallem, "One Man's Quest to Change the Way We Die", *The New York Times*, 3 jan. 2017, https://www.nytimes.com/2017/01/03/magazine/one-mans-questtochange-the-waywedie.html.

142 Ver, por exemplo, B. J. Miller, "What Really Matters at the End of Life", gravado em março de 2015 em Vancouver, BC, TED, 18:59, https://www.ted.com/talks/bj_miller_what_really matters_at_the_end_of_life.

143 M. S. North e S. T. Fiske, "Modern Attitudes Toward Older Adults in the Aging World: A Cross-Cultural Meta-Analysis", *Psychological Bulletin*, 141, n. 5 (2015): 993-1021.

144 K. N. Yadav, N. B. Gabler, E. Cooney et al., "Approximately One in Three US Adults Completes Any Type of Advance Directive for EndofLife Care", *Health Affairs*, 36, n. 7 (2017): 1244-1251.

145 M. L. Slevin, H. Plant, D. A. Lynch, J. Drinkwater, e W. M. Gregory, "Who Should Measure Quality of Life, the Doctor or the Patient?", *British Journal of Cancer*, 57, n. 1 (1988): 109-112.

146 D. J. Lamas, "When Faced with Death, People Often Change Their Minds", *The New York Times*, 3 jan. 2022, https://www.nytimes.com/2022/01/03/opinion/advance-directives-death.html.

Capítulo 7: Tornar o futuro mais próximo

147 P. Slovic, D. Västfjäll, A. Erlandsson e R. Gregory, "Iconic Photographs and the Ebb and Flow of Empathic Response to Humanitarian Disasters", *Proceedings of the National Academy of Sciences*, 114, n. 4 (2017): 640-644.

148 S. Slovic e P. Slovic, "The Arithmetic of Compassion", *The New York Times*, 4 dez. 2015, https://www.nytimes.com/2015/12/06/opinion/the-arithmeticofcompassion.html.

149 D. A. Small, "Sympathy Biases and Sympathy Appeals: Reducing Social Distance to Boost Charitable Contributions", em *Experimental Approaches to the Study of Charity*, org. D. M. Oppenheimer e C. Y. Olivola (New York: Taylor & Francis, 2011), 149-160.

150 D. A. Small e G. Loewenstein, "Helping a Victim or Helping the Victim: Altruism and Identifiability", *Journal of Risk and Uncertainty*, 26, n. 1 (2003): 5-16. Ver também D. A. Small, "On the Psychology of the Identifiable Victim Effect", em *Identified Versus Statistical Lives: An Interdisciplinary Perspective*, org. I. G. Cohen, N. Daniels e N. Eyal (Oxford: Oxford University Press, 2015), 13-16.

151 J. Galak, D. Small e A. T. Stephen, "Microfinance Decision Making: A Field Study of Prosocial Lending", *Journal of Marketing Research*, 48, edição especial (2011): S130-S137.

152 A. Genevsky, D. Västfjäll, P. Slovic e B. Knutson, "Neural Underpinnings of the Identifiable Victim Effect: Affect Shifts Preferences for Giving", *Journal of Neuroscience*, 33, n. 43 (2013): 17188-17196.

153 B. Jones e H. Rachlin, "Social Discounting", *Psychological Science*, 17, n. 4 (2006): 283-286; T. Strombach, B. Weber, Z. Hangebrauk et al., "Social Discounting Involves Modulation of Neural Value Signals by Temporoparietal Junction", *Proceedings of the National Academy of Sciences of the United States of America*, 112, n. 5 (2015): 1619-1624.

154 H. E. Hershfield, D. G. Goldstein, W. F. Sharpe et al., "Increasing Saving Behavior Through Age-Progressed Renderings of the Future Self", *Journal of Marketing Research*, 48, edição especial (2011): S23-S37.

155 Hunter (@Hunter Mitchell14), "I signed up for my company's 401k, but I'm nervous because I've never run that far before", Twitter, 9 jul. 2019, 19:19., https://twitter.com /huntermitchell14/status/1148733329245528065?lang=en.

156 J. D. Robalino, A. Fishbane, D. G. Goldstein, e H. E. Hershfield, "Saving for Retirement: A Real-World Test of Whether Seeing Photos of One's Future Self Encourages Contributions", *Behavioral Science and Policy* (2022). O aumento no comportamento de poupança foi relativamente pequeno, com 1,7% dos clientes que viram seus eus distantes de fato contribuindo, em comparação a 1,5% que não o fizeram. (Mais precisamente, observamos um aumento de 16% de uma intervenção executada somente por e-mail e mensagem de texto, um espaço no qual geralmente é difícil convencer os clientes a responder.) O aumento no valor economizado foi consideravelmente maior: interagir com eus futuros aumentou o valor total economizado em 54% (1.675.974 pesos) em comparação a clientes que não interagiram com seus eus mais velhos (1.087.422 pesos).

157 T. Sims, S. Raposo, J. N. Bailenson e L. L. Carstensen, "The Future Is Now: Age-Progressed Images Motivate Community College Students to Prepare for Their Financial Futures", *Journal of Experimental Psychology: Applied*, 26, n. 4 (2020): 593-603.

158 A. John e K. Orkin, "Can Simple Psychological Interventions Increase Preventive Health Investment?" (NBER 25731, 2021).

159 N. Chernyak, K. A. Leech e M. L. Rowe, "Training Preschoolers' Prospective Abilities Through Conversation About the Extended Self", *Developmental Psychology*, 53, n. 4 (2017): 652-661.

160 S. Raposo e L. L. Carstensen, "Can Envisioning Your Future Improve Your Health?", *Innovation in Aging*, 2, suplemento 1 (2018): 907.

161 J. L. van Gelder, H. E. Hershfield e L. F. Nordgren, "Vividness of the Future Self Predicts Delinquency", *Psychological Science*, 24, n. 6 (2013): 974-980.

162 J. L. van Gelder, E. C. Luciano, M. Weulen Kranenbarg e H. E. Hershfield, "Friends with My Future Self: Longitudinal Vividness Intervention Reduces Delinquency", *Criminology*, 53, n. 2 (2015): 158-179.

163 J. L. van Gelder, L. J. Cornet, N. P. Zwalua, E. C. Mertens e J. van der Schalk, "Interaction with the Future Self in Virtual Reality Reduces Self-Defeating Behavior in a Sample of Convicted Offenders", *Scientific Reports*, 12, n. 1 (2022): 1-9.

164 M. No, "18 FaceApp Tweets That Are as Funny as They Are Accurate", *BuzzFeed*, 18 jul. 2019, https://www.buzzfeed.com/michelleno/funny-faceapp-tweets?bftw&utm_term=4ldqpfp# 4ldqpfp.

165 Um ponto que eu também levantei aqui: H. E. Hershfield, "A Lesson from FaceApp: Learning to Relate to the Person We Will One Day Become", *Los Angeles Times*, 26 jul. 2019, https://www.latimes.com/opinion/story/20190726/hershfield-faceapp-relatingtoour-future-selves.

166 D. M. Bartels e O. Urminsky, "To Know and to Care: How Awareness and Valuation of the Future Jointly Shape Consumer Spending", *Journal of Consumer Research*, 41, n. 6 (2015): 1469-1485.

167 A. Napolitano, "'Dear Me': A Novelist Writes to Her Future Self", *The New York Times*, 24 jan. 2020, https://www.nytimes.com/2020/01/24/books/review/emilyofnew-moon-montgomery-letters-ann-napolitano.html.

168 A. M. Rutchick, M. L. Slepian, M. O. Reyes, L. N. Pleskus e H. E. Hershfield, "Future Self-Continuity Is Associated with Improved Health and Increases Exercise Behavior", *Journal of Experimental Psychology: Applied*, 24, n. 1 (2018): 72-80.

169 A. Shah, D. M. Munguia Gomez, A. Fishbane e H. E. Hershfield, "Testing the Effectiveness of a Future Selves Intervention for Increasing Retirement Saving: Evidence from a Field Experiment in Mexico" (Universidade de Toronto, 2022).

170 Y. Chishima, I. T. Huai-Ching Liu, e A. E. Wilson, "Temporal Distancing During the COVID-19 Pandemic: Letter Writing with Future Self Can Mitigate Negative Affect", *Applied Psychology: Health and Well-Being*, 13, n. 2 (2021): 406-418.

171 Y. Chishima e A. E. Wilson, "Conversation with a Future Self: A Letter-Exchange Exercise Enhances Student Self-Continuity, Career Planning, and Academic Thinking", *Self and Identity*, 20, n. 5 (2021): 646-671.

172 K. L. Christensen, H. E. Hershfield e S. J. Maglio, "Back to the Present: How Direction of Mental Time Travel Affects Thoughts and Behavior" (UCLA, 2022).

173 P. Raghubir, V. G. Morwitz e A. Chakravarti, "Spatial Categorization and Time Perception: Why Does It Take Less Time to Get Home?", *Journal of Consumer Psychology*, 21, n. 2 (2011): 192-198.

174 N. A. Lewis Jr. e D. Oyserman, "When Does the Future Begin? Time Metrics Matter, Connecting Present and Future Selves", *Psychological Science*, 26, n. 6 (2015): 816-825.

Capítulo 8: Manter o curso

175 J. Cannon, "My Experience with Antabuse", Alexander DeLuca, set. 2004, https://doctordeluca.com/Library/AbstinenceHR/MyExperienceWithAntabuse04.htm. Site acessado pela última vez em 25 set. 2021, mas agora parece desativado. Confirmei os detalhes dessa história na entrevista que fiz com o Dr. DeLuca.

176 J. Cannon, "My Experience with Antabuse".

177 J. Cannon, "My Experience with Antabuse".

178 Substance Abuse and Mental Health Services Administration, "2019 National Survey on Drug Use and Health", 2019, https://www.samhsa.gov/data/sites/default/files/reports/rpt29394/NSDUHDetailedTabs2019/NSDUHDetTabsSect5pe2019.htm#tab54a.

179 T. C. Schelling, "An Essay on Bargaining", *American Economic Review*, 46, n. 3 (1956): 281-306.

180 V. Postrel, "A Nobel Winner Can Help You Keep Your Resolutions", *The New York Times*, 29 dez. 2005, https://www.nytimes.com/2005/12/29/business/anobel-winner-can-help-you-keep-your-resolutions.html.

181 W. A. Reynolds, "The Burning Ships of Hernán Cortés", *Hispania*, 42, n. 3 (1959): 317-324.

182 R. A. Gabriel, *The Great Armies of Antiquity* (Westport, CT: Greenwood, 2002). Eu soube dessa história em S. J. Dubner e S. D. Levitt, "The Stomach-Surgery Conundrum", *The New York Times*, 18 nov. 2007, http://www.nytimes.com/2007/11/18/magazine/18wwln-freakonomicst.html?_r=1&ref=magazine&oref=slogin.

183 T. C. Schelling, "Self-Command in Practice, in Policy, and in a Theory of Rational Choice", *American Economic Review*, 74, n. 2 (1984): 1-11.

184 J. Krasny, "The Creative Process of the Legendary Maya Angelou", *Inc.*, 28 maio 2014, https://www.inc.com/jill-krasny/maya-angelou-creative-writing-process.html.

185 G. Bryan, D. Karlan e S. Nelson, "Commitment Devices", *Annual Review of Economics*, 2, n. 1 (2010): 671-698.

186 Bryan, Karlan e Nelson, "Commitment Devices".

187 R. H. Thaler e S. Benartzi, "Save More Tomorrow™: Using Behavioral Economics to Increase Employee Saving", *Journal of Political Economy*, 112, suplemento 1 (2004): S164-S187.

188 A. Breman, "Give More Tomorrow: Two Field Experiments on Altruism and Intertemporal Choice", *Journal of Public Economics*, 95, ns. 11-12 (2011): 1349-1357.

189 M. M. Savani, "Can Commitment Contracts Boost Participation in Public Health Programmes?", *Journal of Behavioral and Experimental Economics*, 82 (2019): 101457.

190 J. Reiff, H. Dai, J. Beshears e K. L. Milkman, "Save More Today or Tomorrow: The Role of Urgency and Present Bias in Nudging Pre-Commitment", *Journal of Marketing Research*, http://dx.doi.org/10.2139/ssrn.3625338.

191 F. Kast, S. Meier e D. Pomeranz, "Under-Savers Anonymous: Evidence on Self-Help Groups and Peer Pressure as a Savings Commitment Device", *National Bureau of Economic Research*, n. w18417, 2012.

192 R. Bénabou e J. Tirole, "Willpower and Personal Rules", *Journal of Political Economy*, 112, n. 4 (2004): 848-886.

193 JhanicManifold, "Extreme Precommitment: Towards a Solution to Akrasia", *Reddit*, 5 set. 2020, https://www.reddit.com/r/TheMotte/comments/in0j6g/extreme_precommitmenttowards_a_solutio n_to/.

194 W. Leith, "How I Let Drinking Take Over My Life", *Guardian*, 5 jan. 2018, https://www.theguardian.com/news/2018/jan/05/william-leith-alcohol-how-didilet-drinking-take-overmylife.

195 M. Konnikova, "The Struggles of a Psychologist Studying Self-Control", *The New Yorker*, 9 out. 2014, https://www.newyorker.com/science/maria-konnikova/struggles-psychologist-studying-self-control.

196 N. Ashraf, D. Karlan e W. Yin, "Tying Odysseus to the Mast: Evidence from a Commitment Savings Product in the Philippines", *Quarterly Journal of Economics*, 121, n. 2 (2006): 635-672.

197 P. Dupas e J. Robinson, "Savings Constraints and Microenterprise Development: Evidence from a Field Experiment in Kenya", *American Economic Journal: Applied Economics*, 5, n. 1 (2013): 163-192; L. Brune, X. Giné, J. Goldberg e D. Yang, "Commitments to Save: A Field Experiment in Rural Malawi" (World Bank Policy Research 5748, 2011).

Se você estiver curioso para pesquisar se contas de poupança restritivas são genuinamente eficazes, o ideal seria testá-las usando resultados que importam. No entanto, testar com a renda de vários meses é caro em países *desenvolvidos*, então esses experimentos específicos são geralmente conduzidos em economias *em desenvolvimento*. As quantias de dinheiro são menores, mas os resultados são tão consequentes quanto se usassem quantias maiores de dinheiro em países desenvolvidos.

198 J. Schwartz, J. Riis, B. Elbel e D. Ariely, "Inviting Consumers to Downsize Fast-Food Portions Significantly Reduces Calorie Consumption", *Health Affairs*, 31, n. 2 (2012): 399-407.

199 A. Lobel, Frog and Toad Together (New York: Harper & Row, 1972), 41.

200 Schelling, "Self-Command in Practice".

201 A. L. Brown, T. Imai, F. Vieider e C. F. Camerer, "Meta-Analysis of Empirical Estimates of Loss-Aversion" (CESifo 8848, 2021), https://ssrn.com/abstract=3772089.

202 J. Schwartz, D. Mochon, L. Wyper, J. Maroba, D. Patel e D. Ariely, "Healthier by Precommitment", *Psychological Science*, 25, n. 2 (2014): 538-546.

203 X. Giné, D. Karlan e J. Zinman, "Put Your Money Where Your Butt Is: A Commitment Contract for Smoking Cessation", *American Economic Journal: Applied Economics*, 2, n. 4 (2010): 213-235.

204 J. Beshears, J. J. Choi, C. Harris, D. Laibson, B. C. Madrian e J. Sakong, "Which Early Withdrawal Penalty Attracts the Most Deposits to a Commitment Savings Account?", *Journal of Public Economics*, 183 (2020): 104144.

205 C. Brimhall, D. Tannenbaum e E. M. Epps, "Choosing More Aggressive Commitment Contracts for Others Than for the Self" (Universidade de Utah, 2022).

206 Ashraf, Karlan e Yin, "Tying Odysseus to the Mast".

207 S. Toussaert, "Eliciting Temptation and Self-Control Through Menu Choices: A Lab Experiment", *Econometrica*, 86, n. 3 (2018): 859-889. Ver também H. Sjåstad e M. Ekström, "Ulyssean Self-Control: Pre-Commitment Is Effective, but Choosing It Freely Requires Good Self-Control" (Norwegian School of Economics, 2022), https://psyarxiv.com/w24eb/download?format=pdf.

Capítulo 9: Tornar o presente mais fácil

208 M. Hedberg, Strategic Grill Locations (Comedy Central Records, 2002).

209 Hedberg, Strategic Grill Locations.

210 C. Classen, L. D. Butler, C. Koopman et al., "Supportive-Expressive Group Therapy and Distress in Patients with Metastatic Breast Cancer: A Randomized Clinical Intervention Trial", *Archives of General Psychiatry*, 58, n. 5 (2001): 494-501.

211 D. Spiegel, H. Kraemer, J. Bloom e E. Gottheil, "Effect of Psychosocial Treatment on Survival of Patients with Metastatic Breast Cancer", *Lancet*, 334, n. 8668 (1989): 888-891.

212 D. Spiegel, L. D. Butler, J. Giese-Davis et al., "Effects of Supportive-Expressive Group Therapy on Survival of Patients with Metastatic Breast Cancer: A Randomized Prospective Trial", *Cancer*, 110, n. 5 (2007): 1130-1138.

213 Ver, por exemplo, a meta-análise de Spiegel e colegas a respeito da sobrevivência (e como tais tratamentos têm um impacto mais positivo para mulheres casadas, mulheres com mais de 50 anos e quando introduzidos numa fase inicial do câncer): S. Mirosevic, B. Jo, H. C. Kraemer, M. Ershadi, E. Neri e D. Spiegel, "'Not Just Another Meta-Analysis': Sources of Heterogeneity in Psychosocial Treatment Effect on Cancer Survival", *Cancer Medicine*, 8, n. 1 (2019): 363-373. Para uma meta-análise dos impactos psicossociais da terapia, ver J. Lai, H. Song, Y. Ren, S. Li e F. Xiao, "Effectiveness of Supportive-Expressive Group Therapy in Women with Breast Cancer: A Systematic Review and Meta-Analysis", *Oncology Research and Treatment*, 44, n. 5 (2021): 252-260.

214 D. Spiegel, "Getting There Is Half the Fun: Relating Happiness to Health", *Psychological Inquiry*, 9, n. 1 (1998): 66-68.

215 Spiegel, "Getting There Is Half the Fun".

216 J. T. Larsen, A. P. McGraw e J. T. Cacioppo, "Can People Feel Happy and Sad at the Same Time?", *Journal of Personality and Social Psychology*, 81, n. 4 (2001): 684-696; J. T. Larsen e A. P. McGraw, "The Case for Mixed Emotions", *Social and Personality Psychology Compass*, 8, n. 6 (2014): 263-274; J. T. Larsen e A. P. McGraw, "Further Evidence for Mixed Emotions", *Journal of Personality and Social Psychology*, 100, n. 6 (2011): 1095-1110.

217 J. M. Adler e H. E. Hershfield, "Mixed Emotional Experience Is Associated with and Precedes Improvements in Psychological Well-Being", *PLOS One*, 7, n. 4 (2012): e35633, 3.

218 Adler e Hershfield, "Mixed Emotional Experience".

219 G. A. Bonanno e D. Keltner, "Facial Expressions of Emotion and the Course of Conjugal Bereavement", *Journal of Abnormal Psychology*, 106, n. 1 (1997): 126-137.

220 S. Folkman e J. T. Moskowitz, "Positive Affect and the Other Side of Coping", *American Psychologist*, 55, n. 6 (2000): 647-654.

221 R. Berrios, P. Totterdell, e S. Kellett, "Silver Linings in the Face of Temptations: How Mixed Emotions Promote Self-Control Efforts in Response to Goal Conflict", *Motivation and Emotion*, 42, n. 6 (2018): 909-919.

222 S. Cole, B. Iverson e P. Tufano, "Can Gambling Increase Savings? Empirical Evidence on Prize-Linked Savings Accounts", *Management Science*, 68, n. 5 (2022): 3282-3308.

223 K. Milkman, *How to Change: The Science of Getting from Where You Are to Where You Want to Be* (New York: Penguin Random House, 2021).

224 K. L. Milkman, J. A. Minson, e K. G. Volpp, "Holding the Hunger Games Hostage at the Gym: Na Evaluation of Temptation Bundling", *Management Science*, 60, n. 2 (2014): 283-299.

225 E. L. Kirgios, G. H. Mandel, Y. Park et al., "Teaching Temptation Bundling to Boost Exercise: A Field Experiment", *Organizational Behavior and Human Decision Processes*, 161 (2020): 20-35.

226 A. Lieberman, A. C. Morales, e O. Amir, "Tangential Immersion: Increasing Persistence in Boring Consumer Behaviors", *Journal of Consumer Research*, 49, n. 3 (2022): 450-472.

227 A. Lieberman, "How to Power Through Boring Tasks", *Harvard Business Review*, 28 abr. 2022, https://hbr.org/2022/04/research-howtopower-through-boring-tasks.

228 H. Tan, "McDonald's Has Installed Exercise Bikes in Some of Its Restaurants in China So Customers Can Work Out and Charge Their Phones While Eating", *Insider*, 22 dez. 2021, https://www.businessinsider.com/mcdonalds-china-installed-exercise-bikes insome-restaurants-202112.

229 J. T. Gourville, "PenniesaDay: The Effect of Temporal Reframing on Transaction Evaluation", *Journal of Consumer Research*, 24, n. 4 (1998): 395-408.

230 Ver, por exemplo, B. C. Madrian e D. F. Shea, "The Power of Suggestion: Inertia in 401(k) Participation and Savings Behavior", *Quarterly Journal of Economics*, 116, n. 4 (2001): 1149-1187.

231 H. E. Hershfield, S. Shu e S. Benartzi, "Temporal Reframing and Participation in a Savings Program: A Field Experiment", *Marketing Science*, 39, n. 6 (2020): 1039-1051. Note que houve alguns usuários que acabaram reconhecendo que cinco dólares por dia resultavam em bastante economia ao longo do tempo. Acompanhamos os usuários por três meses e, com certeza, após cerca de quatro semanas, cerca de 25% das pessoas do grupo de cinco dólares por dia tinham desistido, em comparação a 15% no grupo semanal e 14% no grupo mensal. Mas, pela grande diferença na inscrição inicial entre os grupos, mesmo com essa maior taxa de desistência, mais usuários do grupo de cinco dólares por dia ainda estavam inscritos. Além disso, dois meses e três meses após a intervenção inicial, as taxas de desistência permaneceram pequenas e aproximadamente iguais nos três grupos.

232 S. A. Atlas e D. M. Bartels, "Periodic Pricing and Perceived Contract Benefits", *Journal of Consumer Research*, 45, n. 2 (2018): 350-364.

233 J. Dickler, "Buy Now, Pay Later Is Not a Boom, It's a Bubble, Harvard Researcher Says", *CNBC*, 13 maio 2022, https://www.cnbc.com/2022/05/13/buy-now-pay-laterisnotaboom-itsabubble-harvard-fellow-says-.html.

234 D. Gal e B. B. McShane, "Can Small Victories Help Win the War? Evidence from Consumer Debt Management", *Journal of Marketing Research*, 49, n. 4 (2012): 487-501.

235 A. Rai, M. A. Sharif, E. Chang, K. Milkman e A. Duckworth, "A Field Experiment on Goal Framing to Boost Volunteering: The Tradeoff Between Goal Granularity and Flexibility", *Journal of Applied Psychology* (2022), https://psycnet.apa.org/record/2023-01062-001.

236 S. C. Huang, L. Jin e Y. Zhang, "Step by Step: Sub-Goals as a Source of Motivation", *Organizational Behavior and Human Decision Processes*, 141 (jul. 2017): 1-15.

237 S. B. Shu e A. Gneezy, "Procrastination of Enjoyable Experiences", *Journal of Marketing Research*, 47, n. 5 (2010): 933-944.

238 Danny Baldus-Strauss (@BackpackerFI), "Don't wait till you're this old to retire and travel the world", Twitter, 20 set. 2021, 11h31, https://twitter.com/BackpackerFI/status/1439975578749345797 ?s=20.

239 L. Harrison, "Why We Ditched the FIRE Movement and Couldn't Be Happier", *MarketWatch*, 1 out. 2019, https://www.marketwatch.com/story/whyweditched-the-fire-movement-and-couldnt behappier-20190930.

240 R. Kivetz e A. Keinan, "Repenting Hyperopia: An Analysis of Self-Control Regrets", *Journal of Consumer Research*, 33, n. 2 (2006): 273-282.

241 Harrison, "Why We Ditched the FIRE Movement."

242 C. Richards (@behaviorgap), "Spend the Money... life experiences give you an incalculable return on investment", Twitter, 15 maio 2020, 8h04, https://twitter.com/behaviorgap/status/1261266163931262976. Derek Thompson, da *The Atlantic*, fez recentemente uma observação semelhante: "Aqueles que passam a vida adiando a gratificação podem um dia descobrir que são ricos em poupanças, mas pobres em memórias, tendo sacrificado alegria demais no altar dos juros compostos" (D. Thompson, "All the Personal-Finance Books Are Wrong", *The Atlantic*, 1 set. 2022, https://www.theatlantic.com/ideas/archive/2022/09/personal-finance-books-wrong/671298/). Note que alguns trabalhos acadêmicos recentes dão algum suporte a essas afirmações: em um estudo correlacional, pesquisadores encontraram uma relação "em forma de U" entre a tendência a adiar a gratificação (em tarefas no laboratório) e a felicidade. Enquanto uma quantidade moderada de paciência pode ser ideal para a felicidade, uma quantidade extrema de paciência está associada a uma queda no bem-estar. P. Giuliano e P. Sapienza, "The Cost of Being Too Patient", *AEA Papers and Proceedings*, 110 (2020): 314-318.

Epílogo

243 World Health Organization, "Mental Health and COVID19: Early Evidence of the Pandemic's Impact; Scientific Brief", 2 mar. 2022, https://www.who.int/publications/i/item/WHO-2019-nCoV-Sci_Brief-Mental_health-2022.1.

244 Fidelity Investments, "2022 State of Retirement Planning", 2022, https://www.fidelity.com/bin-public/060_www_fidelity_com/documents/about-fidelity/FID-SORP-DataSheet.pdf.

245 A. P. Kambhampaty, "The World's a Mess. So They've Stopped Saving for Tomorrow", *The New York Times*, 13 maio 2022, https://www.nytimes.com/2022/05/13/style/saving-less-money.html.

246 Ver A. L. Alter e H. E. Hershfield, "People Search for Meaning When They Approach a New Decade in Chronological Age", *Proceedings of the National Academy of Sciences of the United States of America*, 111, n. 48 (2014): 17066-17070; e T. Miron-Shatz, R. Bhargave e G. M. Doniger, "Milestone Age Affects the Role of Health and Emotions in Life Satisfaction: A Preliminary Inquiry", *PLOS One*, 10, n. 8 (2015): e0133254.

247 A. Galinsky e L. Kray, "How COVID Created a Universal Midlife Crisis", *Los Angeles Times*, 15 maio 2022, https://www.latimes.com/opinion/story/20220515/covid-universal-midlife-crisis.

248 C. J. Corbett, H. E. Hershfield, H. Kim, T. F. Malloy, B. Nyblade e A. Partie, "The Role of Place Attachment and Environmental Attitudes in Adoption of Rooftop Solar", *Energy Policy*, 162 (2022): 112764.

249 H. E. Hershfield, H. M. Bang, e E. U. Weber, "National Differences in Environmental Concern and Performance Are Predicted by Country Age", *Psychological Science*, 25, n. 1 (2014): 152-160.

Índice remissivo

Sobre o autor

Hal Hershfield é professor de Marketing, de Tomada de Decisão Comportamental e de Psicologia. Ocupa uma cadeira no conselho da Escola de Administração Anderson, UCLA, onde ganhou vários prêmios por suas atividades de ensino. Sua pesquisa sobre futuros eus recebeu ampla atenção no *The New York Times*, no *The Wall Street Journal*, no *The Boston Globe*, no *The Washington Post* e na *The Atlantic*, e foi destaque no programa de sucesso da Netflix *Money, Explained* e nas emissoras norte-americanas NPR, CBS, ABC e PBS. A pesquisa de Hershfield foi publicada em prestigiosos periódicos acadêmicos de Negócios, Psicologia e Ciências Gerais, e também no *Harvard Business Review*, na *Scientific American* e no *Psychology Today*.

Acreditamos nos livros

Este livro foi composto em Fields e impresso pela Lis Gráfica para a Editora Planeta do Brasil em julho de 2025.